臺灣歷史與文化 研究輯刊

二 編

第 11 冊

動盪時代中的變異風景——
日據時期臺灣、「滿洲國」小說中「空間」描寫之比較

郭 靜 如 著

花木蘭文化出版社

國家圖書館出版品預行編目資料

動盪時代中的變異風景——日據時期臺灣、「滿洲國」小說中
「空間」描寫之比較／郭靜如 著 — 初版 — 新北市：花木蘭文
化出版社，2013〔民 102〕
目 2+188 面：19×26 公分
（臺灣歷史與文化研究輯刊 二編：第 11 冊）
ISBN：978-986-322-235-4（精裝）
1. 臺灣小說 2. 文學評論
733.08   102002848

ISBN-978-986-322-235-4

9 789863 222354

臺灣歷史與文化研究輯刊
二 編 第十一冊   ISBN：978-986-322-235-4

動盪時代中的變異風景——
日據時期臺灣、「滿洲國」小說中「空間」描寫之比較

作　　者　郭靜如
總 編 輯　杜潔祥
出　　版　花木蘭文化出版社
發 行 所　花木蘭文化出版社
發 行 人　高小娟
聯絡地址　235 新北市中和區中安街七二號十三樓
　　　　　電話：02-2923-1455／傳真：02-2923-1452
網　　址　http://www.huamulan.tw 信箱 sut81518@gmail.com
印　　刷　普羅文化出版廣告事業
初　　版　2013 年 3 月
定　　價　二編　28 冊（精裝）新臺幣 56,000 元

動盪時代中的變異風景——
日據時期臺灣、「滿洲國」小說中「空間」描寫之比較

郭靜如　著

作者簡介

郭靜如，國立清華大學台灣文學研究所碩士。專攻日治時期台灣文學、「滿洲國」文學、東亞殖民地文學比較研究。曾獲得行政院國家發展委員會「中華發展基金會獎助研究生赴大陸地區研究獎學金」、國立台灣文學館「2010 台灣文學研究論文獎助」獎助。另有單篇論文〈變異中的未變：日治時期台灣、「滿洲國」小說中「未變空間」之文化意涵〉（2012）、〈日治時期臺灣、「滿洲國」小說中的「空間變異」書寫比較〉（2011）等多篇論文刊戴。

提　　要

　　本文以「空間」重新觀看台灣、「滿洲國」文學作品，透過爬梳日本對兩地進行空間改造的歷史背景，及被統治者回應帝國統治政策、殖民空間重塑之相關史料，理解台、滿空間產生變異之歷史條件與政治環境，以此作為閱讀台、滿小說中「空間」書寫之異同，分析小說中「空間」與「人」的關連性，及觀察殖民地「空間」的變異與否如何影響「人」之身心反應的方法論。

　　在比較台、滿作家「在地」、「離鄉」觀看故鄉及作品中「鄉土空間」的文化意義後，兩地的「在地」作家多以描寫小說空間中高聳建築、現代性產物象徵統治者、「空間」因帝國統治政策而產生「變異」的現象，象徵統治者的介入與影響。作品中的「未變」空間，象徵的是傳統文化仍得以在殖民壓力下續存的契機；小說人物之各個典型形象，則呈現出被統治者在殖民外力介入、生活空間產生變異之際，力圖於「已變異」空間中開拓「生存空間」，產生「地改」而「人變」的反應。以「離鄉」作為「在地」的參照，「在地」作家筆下的「鄉土空間」多呈現黑暗、髒亂、死亡的樣態；「離鄉」作家筆下的「鄉土空間」則呈現光明、生機、野性的形貌，各賦予了作品中的「鄉土空間」不同的文化與歷史意涵。

本論文寫作承蒙

「2010 年國立台灣文學館台灣文學研究論文獎助」

特此致謝

本論文寫作承蒙

「99 年第 1 期中華發展基金管理會獎助

研究生赴大陸地區獎助」

特此感謝

謝　誌

如果要爲在清華學習的這段日子下一個註解，那會是：「我很幸運！」

總是向家人及朋友們說道，自己何其幸運，這三年多來，能夠在清華台文所學習。對我而言，清華台文所就像自己另一個家。這個家，有溫文敦厚的大家長——陳萬益所長，有認眞負責的優秀教師們，也有相親相愛的同學，在新竹這個氣候「極其惡劣」的地方，清華台文所可以說是我得以寄託思鄉之情及重獲溫暖的精神寓所。

還記得這些日子以來，在清華的點點滴滴。

猶記得剛進研究所時，由於對異地的陌生感及對新生活的諸多不適應，使得深陷在忐忑不安情緒中的自己，還曾經懷疑過自己是否有足夠的心力勝任「清華研究生」的角色。幸好，在陳萬益所長、胡萬川老師、柳書琴老師、陳建忠老師的指引下，自己逐漸卸除心防，慢慢步上學習軌道，開始擁抱並期待「新生活」的開展。此外，爾後加入教學團隊的王惠珍老師、謝世宗老師、王鈺婷老師、李癸雲老師、石婉舜老師，感謝您們對學生無私的用心，因爲您們，我才了解所謂的「學術」不是追求個人成就的累積，而是持有良好的學習態度、思考所學何事及莫忘學習初衷。感謝您們讓我們看見了何謂「學者風範」，讓我們感受到家的溫暖。親愛的同學們，因爲你們，我才開始喜歡上新竹的生活、習慣研究生的生活。感謝上天，讓我們有緣能同聚一堂，一齊學習、一起感受及面對生活的歡樂、徬徨、悲傷、痛楚、壓力。很開心學習的路上有你們相伴。對我來說，你們就像是兄弟姐妹，還記得我們在課後一起聚餐談天、一起車遊賞桐、一起辦讀影會、一起夜唱、一起打造「培養皿」、一起唸書、一起討論報告或論談時事、一起和外校研究生交流學習、

一起「集體失蹤」去花東「畢業班遊」、一起舉辦「華盛頓（誠實爲上）論文討論會」的日子嗎？每每憶及昔日相處的點滴，想起大家笑談間的神情，總會會心一笑。我相信，這份深厚「革命情感」會讓日後在各地爲自己生活而努力的大家，永遠都不孤單。因爲我們會知道，遠方還有「家人」在關心著自己。

不得不說，這本書的完成，著實費了自己極大的心力。最要感謝的，莫過於我的指導教授——柳書琴老師。感謝書琴老師在自己學業及生活上的指導和提攜，老師總是在我低潮之際，給予自己最大的鼓勵、最好的建言，讓自己有勇氣再每一次的挫敗中，學習面對缺失，學習成長。同時，也要感謝所有幫助過自己的老師：王確老師、賀照田老師、李春燕老師、孫中田老師、張泉老師、劉曉麗老師、張毓茂老師、徐徹老師、劉慧娟館長……等前輩，感謝您們的照顧和指教，讓自己在中國訪學期間收穫豐碩。還有在口考時曾給予自己寶貴建議的施淑老師、林瑞明老師、姚人多老師、劉恆興老師，謝謝您們不吝給予學生論文指正方向，讓自己能夠有修正的依準及撰寫的動力。因爲各位老師的誠心指教及無私地提供學習資源，才讓自己初淺的論文得以有個「輪廓」。

最後，我要感謝我的父母，謝謝您們一直以來總是全力支持我，給我經濟、物質上的支援，讓我無後顧之憂地追求夢想；感謝您們願意分享我學習生活的點滴，做我精神的後盾，並且時時提醒身爲學生的我，必須保有一顆謙卑學習的心。

謝謝您們，讓我的研究生活如此充實美好！我會帶著您們的愛和鼓勵，勇敢地邁向未來！

目次

第一章　緒　論

第一節　研究動機及問題意識

　　隨著學界對日據時期台灣文學研究的累積與發展，現今對於此一時期的研究方向與方法，也不再僅限於對單一地點、文學歷史命題進行包圍研究的階段，轉而側重於殖民地之間多元的歷史發展、地緣關係、社會連動的連結比較研究，並以跨學科領域、跨地域的研究路徑持續對殖民地文學研究的可能路徑進行深耕與思索。

　　現今台灣學界的日據時期台灣文學研究，在前人的積累之下已開拓出多角化研究視域，研究者漸重客觀評判、強調還原殖民地現場重要性的出發點，已使得台灣文學研究漸臻成熟。後進研究者在面對這樣一個充滿歷史爭議性的殖民地時期時，除了須面對早期研究成果所建立的台人反日、抵抗、民族自覺的分析觀點，也必須面對、吸收來自社會學研究者、史學研究者對殖民地現場所投身積累的歷史觀察，推進且發展出諸如「認同的曖昧性」、「殖民現代性」、「在地理性」等等多面向的研究成果。因此，除了發掘新的文學史料、重新檢視前行文學研究的成果，能否於現有的素材上開拓出更貼近殖民地現場、更具歷史感、文化感的殖民地文學研究，已成為共同耕耘學界的後進研究者們，孜孜矻矻亟欲突破的焦慮。

　　對於既有議題的反覆探討，雖能漸次廓清研究背景、研究對象之形貌，但也可能終究難以跳脫既定的思考框架的囿限。因此，筆者試圖將殖民地文學研究的視野，自台灣延伸向同樣具有被日本帝國殖民經驗的「東亞」，在認

知地方特色，釐清各地的文化活動與跨區域、歷時連動的交集與連集之中，試著為台灣文學、台灣史研究拓展出立體的觀察方式。藉由比較同殖民宗主國之異地文化的生成與建構、他者經驗的成形與變異，回看研究成果已然卓著的殖民地台灣文學研究，相信將有助於從彼此的差異中，重新發現「殖民地時期台灣文學」的特殊性，並從互相參照的比較視野中，辨識出殖民地各自的歷史文化建構的軌跡，進而得以廓清交織、糾纏的多地歷史中所共同呈顯、具有時代性的東亞殖民地圖像。

　　日本自 19 世紀以來，國內支持向外拓展的聲浪便逐漸隨著企圖擴展殖民版圖的野心日益升高。1895 年中日甲午戰爭勝利後，日本藉由「馬關條約」，獲取了殖民地台灣、澎湖等地，首次展現了「新興帝國」擴張版圖的欲望，並持續以軍國主義思維方式擴展帝國疆域，在 1910 年至 1932 年間，陸續佔領了朝鮮和中國東北。為了有效、迅速地攫取龐大的地方資源，日本因此「因地制宜」地發展出相應於各殖民地特殊環境的統治方針，藉以解決本國資源短缺與勞動力有限的問題。每當帝國軍事行動的推進、國力的拓展，或在國際關係上與世界列強的局勢發生變化時，帝國亦依此調整對各殖民地的因應制策，然而也同時直、間接地牽動整個東亞各殖民地內部、外部連帶變異的因素。

　　日本帝國在 1895 年依憑「馬關條約」將台灣納入殖民版圖後，由於這是日本首任殖民者的角色，因而對殖民地台灣抱持著諸多想像與期待，也因此將理想中殖民地應有的樣貌套合於台灣之上，並於此地進行一系列的改造、重建工作。其中包含重建政治、經濟、文化等社會體系，以及透過各項殖民政策，對台灣進行實體空間的改造。透過改變殖民地既有的政經體系與生活空間，日本無不希望將台灣塑造成擔負殖民母國期待，及為帝國經濟利益服務的殖民從屬地；也因此，這些在經營台灣所累積的殖民經驗，部分便成為日後帝國控管東亞其他殖民地的依據標準。

　　「滿洲國」〔註1〕方面，由於東北大陸幅員遼廣、物產豐饒等諸多有利條

〔註 1〕雖然「滿洲國」對外宣稱自己是為一「獨立國」，但 1932 年日本扶植溥儀就任「滿洲國」總統，表面支持溥儀成立新政權，背後實是藉輔佐之名行操控「滿洲國」政權之實。日本、「滿洲國」雖以國對國之名義簽訂多項合作條約，實際上卻是日本為獲取滿洲資源或控制滿洲所簽訂的不平等條約。「滿洲國」一切發展動向皆受制於於日本，溥儀所代表的政權可謂是日本培植下之一傀政權，雖然並未有任何國際法條明證「滿洲國」為日本之殖民地，但 1932 年

件，除了成為日本攫取林、礦、豆類等工業資源的首選，其廣闊的土地，亦成為紓緩日本國內人口增加壓力的移居地。此外，又由於中國東北接壤中國、朝鮮、俄羅斯等三國，且鄰近日本的地理優勢，加上清末因為戰爭與割地等前緣背景，使得部分東北地區早在俄國的建設下，已有完善的現代化交通網與基礎工業建設，亦都提供了日本對入侵中國東北的有利條件。當日本以「指導」姿態協助「滿洲國」成立後，日本憑據「滿鐵」〔註2〕先前於東北的調查與基礎建設，開始積極於「滿洲國」進行經濟掠奪，及以「王道」之名重新於「滿洲國」建設一套新的國家體系，依此合理化對東北的全面控管。

統治政策的擬定與施行，與統治者如何觀看統治地區、認知被統治者息息相關。這種帝國視角下的「他者」（the other）如同 Elleke Boehmer 思考殖民地之於帝國的特殊性，他認為殖民地「與其說是無區別的一個整體，不如說其內部有多重複雜的分界。某些民族或文化的範疇被認為相較其他一些民族或文化更接近於歐洲的自我形象，具體情況則視語境和帝國的利益而定。」

3月10日，溥儀與關東軍司令本庄繁作之「秘密換文」將「滿洲國」之國防、治安、交通運輸軍委諸日本，允許日人進入「滿洲國」政府，且人選由關東軍選定一事，以及同年9月15日，日、滿於新京簽訂《日滿議定書》，使日人可在滿洲享受既得各種利權，加上日人可恣意干涉「滿洲國」內政，「滿洲國」在實質上成為日本之魁儡，命運猶如日本殖民地一般。因此筆者以為「滿洲國」和日本之「殖民地」台灣在相似的被殖民經驗下可以成為相互比較的對象。關於「滿洲國」的稱謂與性質問題，由於政治環境之故，多有歧異。中國的「滿洲國」研究方面，多傾向以「偽滿」、「淪陷區」稱之，強調其政治之不確定與被侵略的位置。然而，因為日本統治「滿洲國」之方式，不延續台灣及朝鮮之「日本總督制」，改採「滿人經營之國家體制」的方式經營之，故亦與「殖民地」之屬性有程度上的分別。本文仍多有以「殖民地」進行分類與敘述的部份，乃是以「台灣」作為視線投射的基準點，因行文方面使用，並非將「滿洲國」以「殖民地」稱之，或以「帝國統治地」、「被統治地」稱之，雖然曖昧，但也確實較可能統攝兩者的部份性質；則台、滿兩地人民本文則皆以「被統治者」稱之，以避免將「滿洲國」民眾非精準化約為「被殖民者」，特此說明之。

〔註2〕「滿鐵」全名「南滿洲鐵道株式會社」，總部設在大連。日俄戰爭結束後，依據《樸資茅斯條約》，日本獲得了東清鐵道長春治旅順路段的鐵路和附屬權益。為了實施對滿鐵的業務涉及交通、礦山、工業、商業、畜牧業、移民、情報收集等各方面。「九一八事變」後滿鐵在整個「滿洲」進行勢力擴張，成為一個大型的「康采恩」（Konzern）（日本在地二次世界大戰之前存在的各大康采恩集團也被稱為財閥）。直到1945年日本戰敗，滿鐵配合日本帝國主義的侵略政策對中國進行了長達半個世紀的經濟掠奪。蘇崇民，《滿鐵史》（長春：中華書局，1990年12月），頁1～34。

〔註3〕可見多數的殖民政策，無不以獲取殖民地經濟利益以及有效管理作爲重要考量。然而帝國以獲取殖民地經濟利益、有效管理殖民地爲本位出發而施行的殖民政策，如何在統治區域具體發生效用，對被統治者產生箝制、影響？經歷相似殖民經歷的台灣、「滿洲國」中的作家們，是否可能對殖民政策發出頻率相似的回應？成爲筆者最初思考連結台灣、「滿洲國」爲比較對象的出發點。

本文將日據時期的台灣經驗和東亞其他被日本統治的區域進行連結、比較，除了企圖將原有投射於台灣的殖民議題，進行跨區域、跨時間，具特殊意義的連結比較，亦希望能通過串聯及並聯「東亞」各殖民地，回歸帝國建構的殖民情境中進行比較研究，才能兼備殖民地時期的「共時性」和「歷時性」的觀察視野，通過掌握「東亞連動」，將殖民地時期各「地方文化」相互影響、交集，反身影響各殖民地建構的可能，開闢殖民地時期台灣文學研究的新的詮釋方式。

然而，本文選定台灣和「滿洲國」於日據時期之殖民政策、經濟體系、文化現象及文學生產之間的聯屬性，作爲參照比較的對象，主要是著眼於台灣和「滿洲國」雖然在地理、氣候、自然資源等地域環境上，存在極大的差別，兩地人民亦有其各自歷史文化脈絡下的生活型態、風俗慣習，然而，卻因爲日本同爲兩地的統治者，在日本以帝國視野考量並依殖民機能定位各殖民地、統治地區之際，兩地同被納入帝國的動員名單中。此外，兩地共同隸屬於「漢文化圈」中，承繼來自中原漢文圈的養分與細胞，使得兩地有近似的漢文化傳統背景，以及在使用語言文字「介面」上的一致性。鑒於上述原因，使得台、滿文學具備比較的可能性。

回顧台灣學界，在討論日據時期殖民地議題時，多著重於以「殖民者」和「被殖民者」爲發端而開展的探討，常以殖民者對殖民地的控管、施壓、脅迫、配置……等諸多「由上至下」的殖民方式爲研究議題；也有以被殖民者爲關懷中心，細究被殖民者在面對政治環境變動之際，以何種態度批判殖民之惡，或是進入權力場域角力斡旋，換取生存空間、乃至於被統治者內在的認同矛盾等的殖民地的特殊性。然而，筆者發現，在過去以人物形象、小說情節人物活動作爲的觀看殖民地情境的研究方式之外，收容統治者和被統

〔註3〕艾勒克‧博埃默（Elleke Boehmer）著，盛寧、韓敏中譯，《殖民與後殖民文學》（瀋陽：遼寧教育，1998 年 11 月），頁 91。

治者的「地方空間」，實際上也同樣扮演著極為重要的角色。在文學結構中，「空間」作為一種有機體，可能以各種型態出現，小至由個人活動所延伸出的生存空間、大至殖民政權的政策推展觸角，文學中「空間」所呈現的樣貌皆透露且承載著作家所賦予的深義。

因此，本文試圖以「空間」作為比較日據時期台灣、「滿洲國」兩地文學表現的切入點，觀看台、滿兩地文學作品中的「空間」，是以何種樣態被作家們所書寫及呈現。這些被文學書寫所再現的「空間」，又如何經由作家匯聚兩地殖民地各自不同的文化背景、教養過程，進而通過具有差異性的美學包裝、意象系統，表現於殖民地文學創作中？如何在並置台、滿兩地書寫「空間」的文學文本時，尋找歸納出民眾如何觀看「空間」在殖民結構中所被建構出的意象系統，並承載殖民地作家與統治者對話的能量、建構自身文化的意象基礎，成為筆者欲進一步推展和深化的工作。

第二節　研究方法及範疇

筆者認為，對帝國建構的殖民情境中進行比較研究，藉由了解異地文化、他者經驗，回看台灣，將有助於從彼此的差異中發現自我特殊性，並從互相參照的比較視野中，發現各地的文化流動軌跡，進而得以將交織、糾纏的多地歷史中所共同呈顯、具有時代性的帝國圖像更益清晰。正是在這個研究時序的端點上，將日據時期的台灣經驗和東亞其他地區進行連結、比較，期望能夠釐清殖民地研究圖譜上的特殊意義。有鑒於此，本文選定「滿洲國」作為比對研究的範疇，緊抓日本帝國於此 15 年（1932～1945）的殖民統治政策、經濟體系、文化現象及文學生產之間的聯屬性，嘗試將「滿洲國」文學作為研究殖民地時期台灣文學的參照系，對應兩地從殖民政策的執行，到文化界文學生產的反應，以及作家如何在這樣的背景下，透過文學再現他們所感知的殖民地社會關係，也藉由這種跨區域、跨文化的比較，連結殖民地區域文學生產的知識譜系，開拓出能夠更微觀、更細緻並且超越地方侷限性視野的閱讀殖民地文學的方法。

在研究方法方面，筆者認為文學世界中的空間設計，大至高樓、聳立的燈塔，小至傾圮殘破的磚牆、一株於角落盛開的花朵，故事場景中，每一個零碎的元件背後，都可能隱含有作家特殊的歷史關照與精神涵義。在作家精

心營造的文學世界中,除了人物與其活動之外,彷彿作爲背景而鋪設的環境空間以及某些瑣碎的事與物,不該被視爲只是烘托故事主角、主題的陪襯,而有其本身的能動意義在其中。潛心觀察可以發現,這些微小細瑣的物件,除了本身原有的表層意義外,更往往是成就故事人物之感覺、反應生成,或是促使事件發生和變動的影響要素,甚至串聯在其中活動的各種人物,使得他們在空間中,相互影響、層遞演繹,最終共鳴出作品的隱而不顯的意趣。其中,文學創作中的「空間」,在作爲故事的「背景」之外,更多時候牽動影響著故事的生發、進行與結果。所有在該文學空間出現的人、事、物相互牽連,也都是彼此「之所以如此」或產生變化的變因。既然每個元素都與文學創作中的空間有關,空間又是成就小說不可或缺的環節,那麼如何去放大、重組或拆解「空間」,便成爲本文在閱讀與討論文本不可或缺的詮釋方式。

作家對於文本「空間」的設計與故事氛圍的營造,是成就文學作品基底的重要工作之一,過去被讀者忽視略過的許許多多「無聲」場景,往往都是牽引故事軸線發展的緊要關鍵。「空間」展現了故事中的權力關係,刻劃了故事中事件發生的印記,無聲的空間反而是能訴說最多故事的要素,默默地銘記於此往來活動的人群、社會的變遷,我們甚至得以從空間之呈現,或空間變異中的枝微末節,看見已逝時光的烙痕。范銘如亦曾於其著作《文學地理:台灣小說的空間閱讀》中提出閱讀「空間」的重要性,她指出:

> 文學裡的空間主要是討論象徵或再現的議題,討論文本裡再現的地
> 景外緣環境的相似、差異,或是某個空間意象在文學作品裡的意義、
> 作用或被描述的策略。〔註4〕

在文學創作中,「空間的呈現」本身便是一種「說話」、「表達」的方式。「空間」是一個有機體,它承載著人們的活動,也記錄著歷史所留下的痕跡,隨著時間推移,它會因歷史環境的不同而變換樣貌。

因此,本文擬定以台灣、「滿洲國」小說爲分析對象,討論1920年代至1930年代兩地小說中「鄉村空間」的相關描寫,嘗試論析此期間兩地小說所呈現的書寫特色。藉由討論「空間」在小說中的象徵意涵與文化意義,釐清

〔註4〕范銘如,〈看見空間〉,《文學地理:台灣小說的空間閱讀》(台北:麥田,2008年9月),頁31。

統治政策、地方空間與被統治者彼此相因環扣的連帶關係，闡釋「空間」樣貌可能隱藏的象徵意涵與文化意義，並進一步推敲作家的社會觀察及寫作策略。此外，本文亦欲將兩地「離地」作家書寫作爲「在地」作家書寫的對照組，由此探尋兩地「在地」、「離地」作家於小說中「空間」描寫的異同處，嘗試比較、詮釋「在地」、「離地」作家視線及書寫特色產生相似性或差異性的可能成因。

　　筆者試圖由「空間」作爲閱讀兩地小說的切入點，觀看兩地作家於作品中的「小說場景」各自呈現何種面貌，並試圖分析作品中「空間」之於官方政策及被統治者的連帶關係。其中，雖然在討論日據時期文學作品中的「空間」時，可能論及都市空間、農村空間或諸如「殖民飛地」、「移民村」等等「特殊空間」，但本文限於篇幅關係，僅以兩地小說中的「鄉村空間」作爲主要的討論範疇。正因於此，筆者特別關照 1920 年代到 1930 年代因帝國統治政策對台、滿「鄉村空間」造成影響、變化的小說文本。試圖觀察如台灣總督府推動的「部落振興運動」及「滿洲國」政府在都市計劃外，於東北農村、礦區進行空間重置的狀況，理解台灣總督府與「滿洲國」政府在推動兩地現代都市建設之外，如何因兩地的「殖民經濟功能」及兩地「之於帝國」的分屬特殊性，而於兩地鄉村區域進行空間配置，觀看此時期統治政策對兩地「鄉村空間」變化及民眾造成何種影響。

　　本文不選擇以人物、情節作爲比較研究的基礎，而著重於兩地文學中所再現的「空間」，正是希望透過觀察、分析兩地空間如何因殖民政策的實施而產生變異之現象，將小說中的「空間」視爲統治者與被統治者對話的媒介，觀察兩者之「作用力」如何於其中留下痕跡，試圖闡釋兩地作家如何通過書寫「空間」，作爲回應帝國統治壓力的方式。日本帝國基於兩地特殊經濟體系配置其「空間」，進而影響「空間」樣貌及活動於其中之「人物」此一連結關係，建構了本文整體的思考脈絡的基本思維。

　　筆者將此研究主題分爲兩階段進行探討：首先，藉由爬梳史料與前行研究理解台灣、「滿洲國」的歷史背景，並透過查考兩地當時的民眾輿論，試圖連結官方政策與被統治者反應的相互關係。因爲唯有透過實證研究，釐清殖民地特殊的歷史發展脈絡，才得以掌握日本帝國之殖民發展進程，並更貼近殖民地現實。因此，筆者以台、滿日據史料爲基礎，參考歷史研究專論，期望能透過爬梳史料與史論的過程，能夠充分理解、掌握當時的社會脈動，以

增強對時代感的詮釋，進而提供筆者理解特殊殖民政策影響文學生產的有力佐證。其中，關於官方殖民政策資料選用方面，筆者擬以前行研究或歷史專論作爲鋪陳、交代兩地歷史背景的依據；在民眾言論的史料選定，筆者採用當時的報紙刊物與史論爲主，並避免採用官方色彩濃厚之刊物，以期尋求較爲眞實的民眾反應。透過對比「官方」、「民間」論述的方式，理解歷史現場的眞實景象。

再者，是探究作家如何書寫、再現殖民地的問題。本文試圖從觀察台、滿小說中的「空間」樣態著手，探討日據時期兩地社會情況與其文學生產的關係，連結且分析兩地文學中「空間」如何在作家們的精心編排下成爲故事的重要舞台，尋找文學中「空間」與「人物」之間特殊的連結關係，嘗試提出一種不同於過去在閱讀日據時期小說之際僅關切「故事情節」及「人物命運」的研究方法。期望透過觀察兩地小說中「鄉村空間」「變異與否」及「如何變異」的現象，分析作家筆下的「空間」如何成爲反映「政策影響人」或「人對政策有所回應」的「媒介」，並且從中探討兩地知識份子如何藉由書寫地方政策、空間及被統治者三者間的連帶關係，以及他們如何透過描繪故事舞台，使「空間」成爲顯現統治行爲之具體例證，嘗試論述作家如何以「書寫」與統治者、統治政策對話的策略。

具體而言，本文主要探討的是日本帝國統治下台、滿兩地的空間變異與文學生產的相互關係。透過觀察兩地於帝國統籌地區中所各自扮演的「俾補角色」，如何反映於文學創作中，從論析兩地小說裡「空間」描寫可能隱藏的意義、比較兩地作家各自透過哪些意象系統、氛圍營造等書寫手法來呈現「空間」之樣貌，演繹且比較兩地作家的文化發聲策略之異同現象。通過深究作家創作的呈現技法和敘事態度，將「空間」之呈現方式與作家意圖勾連，並回扣歷史現實，企盼能對兩地之文學創作做出適切的詮釋，並在參照兩地文學作品中「空間」與「人物」關係的研究過程中，歸納、分析出兩地文學在日本帝國統治下共時性及歷時性的發展情況，同時藉由文學比較，觀看兩地作家分別如何透過書寫反映社會及回應統治政策。冀望能透過跨域連繫、比較日據時期不同地區的文化歷史與文學作品，從異地文化現象、文學創作相似的疊影中或差異的光影中尋找其中的時代意義，提供殖民地文學更多詮釋與觀看的方式。

第三節　前行研究回顧

　　綜觀日據時期台灣史、滿洲史的現行研究狀況，尚未有針對兩地文學中所再現的殖民地空間進行比較的研究問世，然則，有關兩地這個時期的政治、經濟或制度史、文化史等相關方面的殖民地研究、「滿洲國」政經相關研究，卻都已經有了一定程度的成果與累積，提供了筆者在進行殖民地文學研究時，許多重要的研究基礎與概念。然而，與筆者研究相關的「空間」議題專論，多屬非文學科系的建築學系或環境學系相關系所之專業領域論文，與筆者欲探討的文學中的「空間感」非同，因此，本文將前行研究仍著重兩地政經、社會、文化背景及文學比較研究層面上。以下，筆者將分為兩大面向耙梳、整理兩地的先行研究：

一、日據時期台灣、「滿洲國」政、經議題相關研究

　　作為自由主義殖民地經濟史學者的矢內原忠雄，在他的《日本帝國主義下之臺灣》〔註 5〕一書中，詳細地記錄且論述了台灣殖民地式經濟發展與質變，提供了了筆者連結殖民地政策與殖民地社會環境變化時，一個從側面觀察的視角。當代史學研究者涂照彥的專著《日本帝國主義下的台灣》〔註 6〕，同樣也是從殖民地式經濟政策及統治體制切入，詳盡地分析與爬梳了台灣在日本統治期間整體的經濟發展與社會轉型的過程，其中，並試圖與矢內原忠雄、川野重任等殖民地時期的帝國經濟學者進行辯證。然而，無論是矢內原忠雄等人，到當代社會學研究者涂照彥、柯志明所撰寫的《米糖相剋──日本殖民主義下台灣的發展與從屬》〔註 7〕，所提供筆者的主要概念，都在於他們藉由觀察、析論殖民地時期的經濟統治、殖民政策，提出了殖民地社會因應統治策略而發生的「轉型」，對於本文思考日據時期台灣文學中的「空間」變異，提供了可資發想與連結的基礎。

　　現今碩博士論文觸及台灣殖民地時期的研究，多以會社、殖民地經濟作物及其相關產業發展的台灣史研究為主〔註 8〕，譬如廖國峰於〈日治時期台灣

〔註 5〕 矢內原忠雄著，林明德譯，《日本帝國主義下之臺灣》（台北：吳氏圖書總經銷，2002 年 1 月）。

〔註 6〕 涂照彥，《日本帝國主義下的台灣》（台北：人間，2008 年 3 月）。

〔註 7〕 柯志明，《米糖相剋：日本殖民主義下台灣的發展與從屬》（台北：群學，2006年）。

〔註 8〕 日據時期台灣「會社」相關研究另有：林志亮，〈日治時期台灣煉鋁工業之研

製糖產業之研究〉一文中，以經濟學的角度對日據時期台灣糖業發展脈絡有詳盡的敘述〔註9〕；關口剛司就日據時期三井財閥與台灣之關係所作的深入討論〔註10〕。葉金惠則分析日據時期重要出口經濟作物之一的「香蕉」，從栽植到出口，產銷結構如何變化，以及蕉農如何在台灣青果株式會社、「荷受組合」或不合理之制度中尋找因應之道〔註11〕。何鳳嬌於其碩論〈日據時期台灣的糖業經營與農民爭議〉〔註12〕中指出：製糖會社在經濟掠奪下累積了巨額的利潤，但農民卻因飽受剝削，生計陷入困苦，甚至爲求溫飽，不得不訴諸爭議。她由蕉農和製糖會社互動分析，認爲台灣已漸步入資本主義社會。廖偉程在〈日據台灣殖民發展中的工場工人（1905～1943年）〉〔註13〕中，由國家、資本、工人彼此力量角逐的結果，分析日據時期台灣工人的階段性歷史特色。陳怡妃〈日據台灣糖業空間構成初探——從歷史與環境談起〉〔註14〕一文則透過機能、環境紋理與歷史人文等三面向觀察日本於台灣設立糖廠之原因與影響，對筆者理解農村空間如何因糖廠進駐發生變異有很大的助益。綜上所述，以上研究都從統治者對於殖民地的農、工業發展的角度思考，論述日據時期台灣產業受到外力影響而發展轉型的歷程，同樣提供了筆者在理解台灣產業變革歷程上，相當程度的助力。

究——以「日本鋁株式會社」在台灣生產爲中心〉（台北：中國文化大學史學研究所碩士，2005年）、鄭智哲，〈日據時期台灣的海洋貿易政策發展——以大阪商船會社與日本郵船會社的營運爲中心〉（台北：中國文化大學日本研究所碩士，2002年）、陳玫秀，〈日本企業合併案例研究——以伊藤忠丸紅鋼鐵株式會社爲例〉（高雄：國立中山大學企業管理學系研究所碩士，2004年）、中川理江，〈台灣日治時期日本民間企業發展之研究——以台灣煉瓦株式會社爲例〉（台南：國立成功大學歷史學研究所碩士，2004年）等，數目繁多，皆以個案研究爲主，本文不再另文贅述。

〔註9〕 廖國峰，〈日治時期台灣製糖產業之研究〉（台中：國立中興大學經濟學系碩士，1995年）。

〔註10〕 關口剛司，〈三井財閥與日據時期台灣之關係〉（台南：國立成功大學歷史學系碩士論文，2003年6月）。

〔註11〕 葉金惠，〈日本殖民經濟體系下臺蕉問題研究〉（台北：國立師範大學歷史研究所碩士，1991年）。

〔註12〕 何鳳嬌，〈日據時期台灣的糖業經營與農民爭議〉，（台北：政治大學歷史研究所碩士論文，1991年）。

〔註13〕 廖偉程，〈日據台灣殖民發展中的工場工人（1905～1943年）〉（新竹：清華大學歷史學系碩士論文，1993年）。

〔註14〕 陳怡妃，〈日據台灣糖業空間構成初探——從歷史與環境談起〉（台中：東海大學工程技術研究所設計技術學程建築設計組碩士論文，1996年）。

　　此外，日本近代史研究者高橋龜吉的研究曾指出，臺灣產業的兩大支柱
——米和砂糖，都是爲了順應日本內地的經濟需要，而在統治者的主導下發
達起來的。作爲日本帝國擴張版圖中一塊拼圖的台灣，其所肩負的經濟任務，
除了決定於日本內地經濟體本身的需求外，亦受到日本國內發展變化而必須
隨之調整。高橋指出，台灣在帝國下的位置，因爲滿洲事變的因素，造成屬
性的轉變，爲發揮台灣軍事機能，確保危急時「現地支辦」的能力，帝國遂
開始要求台灣需要自行推展產業開發〔註15〕。高橋的分析，啓發了本文思考
殖民地式經濟型態影響社會屬性變化的脈絡，包括日本對殖民地「因地制宜」
的考量之外，以及因內地發展或國際情勢變化而有所更動的變因層面，都不
約而同地對殖民地社會環境產生連動性的影響。

　　當代史學研究者羅文國則是以日本殖民政策與台灣農民運動的形成爲探
討主題〔註16〕。他從「民族運動所喚起利權意識促成農民運動的形成」及「外
在帝國主義的政策性誘導因素」兩個面向進行討論，說明農民爭取經營利權
運動的形成與帝國主義的政策性反應具有對應性，藉此說明造成農民性格的
轉變與強化之因。此外，他也指出由於農村結構受帝國主義的支配，導致農
民階層的分化現象，反映了當時殖民政策下產業結構變革的趨勢，及農民對
殖民政策的肆應性。本文立基於羅文國的研究，試圖將殖民政策、農民反應
與作家書寫之連結關係進行觀察，進一步闡釋殖民地社會現況和文學書寫之
間的關係。

　　關於當代「滿洲國」相關研究之專論，多由日本研究者或是少數中國史
學研究者依各自所關注的議題進行發揮。由台灣方面生產的論述，目前仍屬
少見，僅有陳寶蓮、李文龍和陳豐祥等史學研究者曾對「滿洲國」政策、社
會做過分析。

　　陳寶蓮於其學位論文的研究〔註17〕，主要集中在探討滿洲關東軍的政策
和日本國策間的關係，以及分析日本在滿洲制定政策的標準、原因與目的。
從她的研究進一步回到本文的思考脈絡，能夠使得本文建立在陳寶蓮的析論

〔註15〕高橋龜吉，〈日本經濟的發展與台灣經濟任務的變化〉，收錄於王曉波編，《台
　　　　灣的殖民地傷痕新編》（台北：海峽學術，2002 年 8 月），頁 185～194。
〔註16〕羅文國，〈日本殖民政策與台灣農民運動的形成（1895～1931）〉（台北：政治
　　　　大學歷史研究所碩士論文，1993 年）。
〔註17〕陳寶蓮，〈一九二七～一九三一年日本「滿洲政策」之探討〉（台北：中國文
　　　　化學院日本研究所碩士論文，1979 年）。

基礎上，理解日本在滿洲施行政策時的主要思考要素，並能從她的論文歸納中，得知「滿洲國」內部軍政面與社會面之聯繫，以及與日本內地政策間的關連性。

陳豐祥以近代日本大陸政策為研究主題〔註 18〕，分析日本的大陸政策在「滿洲」的體現，從幕末、甲午戰前後，迄「滿洲國」成立為止，以呈現階段性特徵的方式，表現帝國政策的歷時性調整與修正。陳豐祥發現，大陸政策之思想與行動，乃在於藉著對外擴張的方式，補償帝國受列強侵略的損失，其中，滿洲即為帝國重要標的之一。以東北滿洲為中心的近代日本大陸政策，是日本攀附歐美先進列強驥尾的跳板，先以早熟性的帝國主義姿態蠶食鯨吞滿蒙利權，繼之，又謀以滿蒙資源締造其自主性帝國主義的發展過程。上述專論的分析和整理，對筆者瞭解「滿洲國」歷史背景及日本對滿政策之主要變化及其對殖民地社會環境的影響，皆有極大的幫助。

學界關於南滿洲鐵道株式會社（「滿鐵」）之研究，目前以解學詩之研究〔註 19〕和山本有造的專論〔註 20〕，最為豐碩深入。兩位對於滿鐵歷史的考證和研究，可謂中、日學界最具代表性的研究之一。以中、日學界兩方觀點相互映照，對筆者了解滿鐵拓殖史，有極大的幫助，亦幫助筆者免於落入單方意識先行思考的窠臼。

范春玲的碩論，討論了滿鐵煤礦系統對於滿洲勞工的壓迫，及勞工起身反抗的過程，該研究讓筆者了解滿鐵煤礦系統運作模式〔註 21〕。她以完整、充分的史料還原勞工反抗的歷史真相，使筆者在討論滿鐵以現代化經營控管、剝削殖民地歷史現場，回看文學創作之際，有可以擴充思考和闡釋的彈性。陳俊安的《後藤新平之研究 以擔任民政長官暨滿鐵總裁時期為中心》〔註 22〕一文，則是以後藤新平為研究對象，分析後藤從台灣轉赴中國東北擔任滿鐵會社首任總裁，運用其在台灣殖民地的行政統治經驗，配

〔註 18〕陳豐祥，〈近代日本大陸政策之研究：以「滿洲」為中心〉（台北：台灣師大史研所博士論文，1988 年）。

〔註 19〕解學詩，《滿鐵史資料》（北京：中華書局，1987 年）。

〔註 20〕山本有造，《「滿洲国」經濟史研究》（名古屋市：名古屋大學出版會，2003 年）。

〔註 21〕范春玲，〈論滿鐵煤礦系統壓迫下中國勞工的反抗鬥爭（1906～1945）〉（吉林：東北師範大學中國近現代史碩士論文，2008 年）。

〔註 22〕陳俊安，〈後藤新平之研究 以擔任民政長官暨滿鐵總裁時期為中心〉（台北：文化大學日本研究所碩士，1995 年）。

合日本政府之政策指示，以發展國際關係、處理外交等事務爲主要目的，主持滿鐵會社，這樣一個特殊的、流動的政治人物的特殊動線，對兩殖民地所產生的影響。該論文考察其任職台灣民政長官與滿鐵總裁期間之決策，對殖民地台、滿分別造成何種影響，以及任台官職之經驗對赴滿任職有何關聯。陳俊安分析後藤的個案，同樣提供了本文比較台、滿政策，以及聯結兩地殖民經驗如何相互影響之觀看角度。

二、殖民地文學及台、滿比較文學研究

　　筆者目前尚未看到直接題名以「空間」作爲閱讀日據時期台灣小說作品的碩博士研究專著，然則探討日據時期台灣文學中描寫被統治者的研究卻十分豐富，多數研究者在分析以某日據時期台灣作家作品爲研究主題時都可能觸及必須對小說中被統治者形象進行分析的情況。由於日據時期台灣以農業發展爲重，因此研究日據時期台灣文學的研究者在討論小說人物形象時，皆不免對農民形象進行分析。以農村、農民爲題，研究殖民地農村書寫者，有洪鵬程與石弘毅等人的研究。洪鵬程的《戰前台灣小說所反映的農村社會》〔註23〕一文分析了日據時期小說反映農村社會之背後成因，並將小說所呈現的農村社會分別就農村景觀、人物形象、製糖會社及實行制度等面向加以討論，爲本文理解台灣農村背景與詮釋被統治者中「農民」的形象提供範例。石弘毅於《臺灣農民小說的歷史考察（二〇～八〇年代）》〔註24〕中指出，日據時期的臺灣農民文學描摹鮮明的反帝、反封建的旗幟。從題材範圍來說，日據時期的小說顯得較爲狹窄，大都限於農村內部結構的變遷、農民與殖民機關的衝突，以及農民的歡樂與挫折。因此，他歸結日據時期的抗議是偏向於民族性與階級性，而戰後農民小說的抗議則偏向社會性與經濟性。筆者則從中擷取其對於文學中「空間」的認識，企圖形塑出「空間」也可以作爲一種與統治者進行對話的媒介，思考究竟文學中所建立起的「殖民地社會」，可能具備哪些意象系統。許俊雅在她的著作《日據時期台灣小說研究》中〔註25〕，涵括了眾多日據時期的台灣小說，將日據時期台灣小說蘊含的思

〔註23〕洪鵬程，〈戰前台灣小說所反映的農村社會〉（台北：文化大學中國文學研究所碩士論文，1991 年）。

〔註24〕石弘毅，〈台灣農民小說的歷史考察（二〇～八〇年代）〉（台南：成功大學歷史研究所碩士論文，1996 年）。

〔註25〕許俊雅，《日據時期台灣小說研究》（台北：文史哲，1995 年 2 月）。

想內容分成幾個部份介紹。其中「批評舊社會的陰暗面」、「譴責日本殖民統治」之章節，討論了諸如「農村經濟剝削」議題，予本文欲處理的殖民空間書寫方面相當多啓發。

其中，柳書琴在其碩論《戰爭與文壇——日據末期台灣的文學活動》〔註26〕中，則是採取將政經社會面結合文學層面的方式，論述戰爭和文壇的牽引關係，同樣通過論述政策與社會之間的牽引，導向文學活動的變異，提供了筆者思考文學中被影響進而變異的「空間」的可能性。此外，改編自其博士論文的《荊棘之道：台灣旅日青年的文學活動與文化抗爭》〔註27〕，則爲提供筆者了解「福爾摩沙」集團作家背景及書寫特色的重要研究。

隨著學術氛圍逐漸從台灣向東亞擴展，在台灣目前能夠掌握之「滿洲國」文學的前行研究也逐漸增加。尾崎秀樹的《舊殖民地文學的研究》〔註28〕中「『滿洲國』文學諸相」一章與岡田英樹的《僞滿洲國文學》〔註29〕，皆以文學史的方式對「滿洲國」文學發展有詳盡的介紹，使筆者能有效掌握「滿洲國」文學發展的脈絡。在大陸學者方面，諸如李春燕、劉中樹、孫中田、劉曉麗等人，皆是長期耕耘「滿洲國」文學的重要研究者。其中，劉中樹主編，《鐐銬下的繆斯——東北淪陷區文學史綱》〔註30〕、李春燕主編的《古丁作品選》〔註31〕、《東北文學綜論》〔註32〕等書皆集結了多名東北文學、文化學者之研究篇章，其中對「滿洲國」作家作品有精闢的論述，對殖民地時期東北文壇的發展與遞變，亦有高度的掌握，爲筆者分析東北作家書寫特色之模範。

東北文學研究先驅張毓茂以蕭軍、蕭紅爲主要研究對象，亦曾於其主編之《東北文學大系》緒言中，將東北文壇的概況及特色，以及東北文壇的分期、興衰，做出詳盡而且周延的論述。雜誌方面，劉曉麗對「滿洲國」之通

〔註26〕 柳書琴，〈戰爭與文壇——日據末期台灣的文學活動〉（台北：國立台灣大學歷史所碩士論文，1993 年）。

〔註27〕 柳書琴，《荊棘之道：台灣旅日青年的文學活動與文化抗爭》（台北：聯經，2009 年 5 月）。

〔註28〕 尾崎秀樹，《舊殖民地文學的研究》（台北：人間，2004 年 11 月）。

〔註29〕 岡田英樹著，靳叢林譯，《僞滿洲國文學》（長春：吉林大學，2001 年 2 月）。

〔註30〕 劉中樹主編，《鐐銬下的繆斯——東北淪陷區文學史綱》（長春：吉林大學，1999 年 11 月）。

〔註31〕 李春燕編，《古丁作品選》（瀋陽：春風文藝出版社，1995 年）。

〔註32〕 李春燕主編，《東北文學綜論》（長春：吉林文史，1997 年 10 月）。

俗雜誌，有十分詳盡且精采的研究論述，並且旁及「滿洲國」整體文壇發展概況研究，替筆者在純文學場域以外，另外開闢了可資觀察旁徵的視角。此外，又如中國學者白長青、逄增玉、孫中田、黃萬華等人，皆是長期耕耘「滿洲國」文學研究的重要學者〔註33〕，美學研究學者王確對作家爵青的作品的審美考察，都爲筆者在了解滿洲的作品風格、文壇活動、文化交流等複雜面向時，提供以清晰完整的輪廓與歷史脈絡。

　　至於台、滿文學方面的比較研究，蔡鈺淩的《文學的救贖：龍瑛宗與爵青小說比較研究（1932～1945）》〔註34〕爲台灣學界第一本學位論文。雖然討論對象集中在龍瑛宗與爵青兩作家間創作史的比較，和本文欲從「空間」切入進行文本析論方式的關聯性較低，但其進行文學比較的視野及研究步驟，都有值得本文借鏡學習之處。柳書琴的〈殖民都市、文藝生產與地方知識：1930 年代台北與哈爾濱的比較〉〔註35〕一文，則是將日據時期台灣、滿洲之都市併做比較，思考不同的殖民環境下，兩地文學如何透過書寫將「帝國──殖民地」之對立性鄉土思維，轉化爲「區域體系──特殊地方」之斡旋式地方思維的有力槓桿，使都市書寫中的全球節點視野，在鄉土主義昇華爲本土地方主義的過程中，起了不可忽視的推進作用，且進一步辯證都市書寫出現的背景及意義。柳書琴的研究，啓發筆者思考台、滿文學中「空間」書寫的比較可能性，亦對本文進行異地殖民文學書寫結構及生產比較的操作方法上，提供了有效而且有力的示範。

第四節　章節安排及架構

一、章節內容

　　本文觀察日本帝國統治下台、滿兩地之統治政策與文學生產間的關連性，著眼於東亞殖民地的共時體驗與相互影響。筆者嘗試通過耙梳統治者在同時期對於不同殖民地所採取殊異的統治方針，進一步觀看兩地作家如何以

〔註33〕逄增玉，《黑土地文化與東北作家群》（湖南：湖南教育出版社，1997 年）。

〔註34〕蔡鈺淩，〈文學的救贖：龍瑛宗與爵青小說比較研究（1932～1945）〉（新竹：清華大學台灣文學研究所碩士論文，2004 年）。

〔註35〕柳書琴，〈殖民都市、文藝生產與地方知識：1930 年代台北與哈爾濱的比較〉，發表於「日本台灣學會第 11 回學術大會」（東京：日本台灣學會，2009 年 6 月）。

文學創作再現其所感知的社會面貌、藉由「空間」書寫回應統治政策的策略。期望能由此釐清兩地作家如何擷取現實社會中政策對民眾的造成深遠影響之現象，以及「統治政策」與「文化界反應」的連結關係。以下就預定之章節內容進行說明：

第一章　〈緒論〉

首先提出本文的研究動機及目的、研究範圍及方法、前行研究回顧、章節架構及內容說明。

第二章　〈帝國戰略地理下外地機能設定與空間配置〉

本章欲藉爬梳殖民地史料及相關前行研究，理解日本統治下的台灣及「滿洲國」，如何在帝國的「東亞」戰略與資源需求的考量下，依地域機能特點對其進行重新配置空間。第一節首先從日本帝國對台、滿兩地之「空間配置」策略談起，分別整理台灣及「滿洲國」兩地社會的歷史及地理現場，通過連結帝國殖民政策與經營管理的異質性，對殖民政策所造成的兩地社會結構的改變進行歸納與討論，期望藉由考察帝國觀看以及實際施行的殖民政策，理解台灣、「滿洲國」經過帝國統治後所呈現的視角與思考上的差異。第二節則試圖透過爬梳兩地當時報章雜誌所刊登的時事評論，呈現官方及民眾對於殖民政權「改變」地方各別的立場與看法，進而理解台灣與「滿洲國」兩地當時的政治、經濟、社會及人文環境與民間觀點，以及殖民政策可能對民眾造成的影響，藉由呈現台、滿兩地官方殖民政策內容及日據時期兩地民眾輿論，對比並勾連「官」／「民」論述產生落差現象的因果，以突顯出經殖民者介入後的殖民地「空間」的變異與活動於其中「被統治者」間的相互聯結關係。

第三章　〈變異的風景——台灣、「滿洲國」文學中展現的殖民地空間〉

本章主要目的在於通過比較兩地作家的空間書寫情形，關注由作家們透過書寫被帝國改變的殖民地空間，究竟試圖傳達出何種與帝國進行「對話」的訊息？觀察台、滿兩地作家如何以小說創作呈現因殖民政策而發生質變的「空間」以及文本中的「未變空間」各呈現何種面貌？其中是否有兩地作家特意經營的書寫策略與意象系統在其中？本章將分兩小節進行論述，第一節首先歸納且闡釋台灣、「滿洲國」文學中的「變異空間」之典型型態，比較兩地「變異空間」的異同。第二節則關懷兩地小說中的「未變空間」之型態與特色，並比較彼此特色之類同性及殊異性。

第四章　〈「地改」而「人變」──台灣、「滿洲國」文學中多重空間下的人物形象變化之比較〉

　　承接第三章對台、滿文學中的「變異空間」與「未變空間」的推論，筆者欲於此章進一步討論「變異空間」中的「人」的形象呈現與其所處空間的關連。通過並置兩地殖民地文學書寫特徵的方式，企圖模擬出這些典型人物在殖民地文學中的「空間」的立體活動，思考變異空間中的「人」，究竟在兩地作品中各自承載何種功能。捨棄過去單視人物為一獨立發生的元件的討論方式，將人物形象放置回到殖民地文學文本中的「空間」進行觀察，以更貼近文學文本所企圖與統治者對話的核心目的。本章第一節主要歸納兩地作品中「變異空間」裡人物形象的異同特點，並分析其人物形象所隱涵的文化意義。第二節則討論兩地作品中「未變空間」的人物形象，並對兩地相同／差異形象進行闡釋。

第五章　〈視線的差異──「在地」與「離鄉」作家作品中「鄉土空間」之意涵〉

　　主要處理台灣、「滿洲國」的「離鄉」作家所描寫的「鄉土空間」之風格、特點與兩地「在地」作家作品中所呈現的「鄉土空間」有何異同處，藉由分析、比對出「離鄉」作家與「在地」作家之文學作品中如何描繪「鄉土空間」的相似與殊異處，試圖闡釋「在地」與「離鄉」作家作品的異同處隱涵的文化意涵。第一節主要分析台灣旅日青年、「東北作家群」之代表性作家，觀察其作品中的「鄉土空間」各自呈現何種特色，藉由論析作品中鋪排「鄉土空間」的意象群，嘗試闡釋兩地「離鄉」作家之「鄉土空間」呈現何種特色，及其背後所隱涵的文化意義。第二節首先說明「離鄉」作家作品作為和「在地」作家作品參照、比較的可能性，期望透過比較「在地」、「離鄉」作家創作中對於「鄉土空間」描寫的同異處，進而從比較的視野中，得知不同語境及文化背景的作家感知、想像家鄉的差異點。亦試圖能從分析「離鄉」作家描繪「鄉土空間」特點當中，尋得「離鄉」作家「鄉土空間」書寫特點的特殊意涵，且論析「離鄉」、「在地」作家作品中「鄉土空間」描寫差異背後的文化涵義。

結　論

　　歸納上述章節之論述要點，且說明研究侷限及未來研究方向。

第二章 帝國戰略地理下外地機能設定與空間配置

前 言

　　日本於 1895 年、1932 年分別將台灣、「滿洲國」納爲帝國統治管轄之地區，兩地分屬「南島」、「北陸」的地理特性造就了兩地在自然資源與風土民情上的差異。然而，兩地於地理位置與自然資源上各有其特點的差異，在日本以帝國拓展爲基軸的考量下，各自扮演了何種角色？帝國又如何依兩地差異而發展出「因地制宜」的統治方針及治理技術？這些統治策略又對兩地民眾造成何種影響？

　　本章欲藉由爬梳台灣及「滿洲國」之史料及相關前行研究，理解日本統治下的兩地，如何在日本帝國的「東亞」戰略與資源需求之考量下，依地域的機能特點對其進行空間重新配置的工作。

　　第一節首先說明台灣、「滿洲國」之於帝國擴張的功能性，釐清帝國如何根據外地的資源、人文社會等條件來規劃台灣、「滿洲國」之統治方針，藉由爬梳兩地之歷史背景，理解帝國觀看視角差異如何影響制定地方統治政策方向之思考脈絡。

　　第二節則說明 1920 年代到 1930 年代台灣總督府、「滿洲國」政府各自在兩地實施了哪些與空間開發相關的政策，以及這些政策可能如何影響兩地民眾。透過爬梳兩地當時報章雜誌所刊登的時事評論，呈現官方及民眾對於殖民政權「改變」地方各別的立場與看法，進而理解台灣與「滿洲國」兩地當

時的政治、經濟、社會及人文環境與民間觀點，以及統治政策可能對民眾造成的影響，期望經由爬梳史料及分析官方／民眾話語，能夠更為貼近、掌握兩地的社會環境及歷史氛圍，試圖突顯出經統治者介入後之兩地「空間」的變異情況，以及兩地民眾如何回應統治政策，由此觀察兩地「政策下達」與「民眾反應」之間的相互關係。

第一節　殖民空間配置：日據時期的台灣與「滿洲國」

　　日本由幕府時代過度至明治初期之際，在面對西洋列強的外力壓迫，以及國內封建改革的雙重刺激下，日本思想家福澤諭吉（1835 年 1 月 10 日～1901 年 1 月 9 日），提出了以「文明開化」〔註1〕論述作為維新政府面向世界的定位與方向，並進一步由「文明開化」觀為奠基，衍生發展出其著名的「脫亞入歐論」〔註2〕。他主張日本應成為東亞的新西洋國〔註3〕，透過蔑視、侵略中國與亞洲各國，以實現國家利益為最高原則，使日本成為東亞各國的領導者。由於福澤諭吉在日本強大的影響力，使得「脫亞入歐」成為風行當時日本的社會思潮〔註4〕，「脫亞論」因而成為日本推展近代化最重要的立論基礎之一。

〔註1〕福澤諭吉在《西洋事情》（1866 年）一書中使用「文明開化」這個概念，來規劃日本當前的民族課題，將當時文化界對西學的認知，從物質技術層面提升到精神領域，並論述文明在人類歷史變遷過程中的不同類型與相對位置，以定位西方文明的地位，以及日本的學習方向，因此它主要還是在東西文化交流中扮演了「中介」啓蒙的角色。林正珍，《近代日本的國族敘事——福澤諭吉的文明論》（台北：桂冠圖書，2002 年 7 月），頁 6。

〔註2〕福澤諭吉並不是日本首位提出脫亞論主張的人，這個觀念大約與明治維新以來日本近代化運動相生。「脫亞論」作為一種理論型態，大約萌芽於明治政府所派遣的岩昌具視（Iwakura Tomoni，1825～1883）使節考察團，根據所考察結果而成《岩昌具視使節團報告書》。此一報告書可說是日本脫亞入歐的具體雛形。井上馨就任外務卿後，也發表了一系列脫亞入歐的觀點。凡此，均為福澤所提脫亞論之前導。參考林正珍，《近代日本的國族敘事——福澤諭吉的文明論》（台北：桂冠圖書，2002 年 7 月）。

〔註3〕福澤諭吉主張：「應在亞洲的東邊，創立一新西洋國」，此言論開啓日人一種新的思維模式，認為日本能夠超脫西洋列強，以領導之姿在亞洲建立一能與西洋各國相庭抗禮的新國家。參見福澤諭吉，〈外交論〉，《福澤諭吉全集》第 9 卷（東京：岩波書店，1970 年），頁 195～203。

〔註4〕林正珍，《近代日本的國族敘事——福澤諭吉的文明論》（台北：桂冠圖書，2002 年 7 月），頁 19～21。

　　於此同時，日本陸軍大將山縣有朋在 1895 年向明治天皇提交「兵制改革」
奏文，說明「日本要擴充軍備，加緊侵占『新領地』，把『利益線』也就是『生
命線』擴大到中國東北，進而成爲『東洋的盟主』。」〔註5〕自 1890 年日本發
生第一次經濟危機之後，日本統治階級急於搶佔中國和朝鮮的市場，掠奪資
源和擴張領土，大肆鼓吹東北大陸是日本的「生命線」，煽動以武力對朝鮮、
中國東北進行侵略擴張〔註6〕。從此之後，日本國內關於攻佔朝鮮、中國東北
的言論日益增強，「大陸政策」的進攻路線亦逐漸成形。在「脫亞論」與「大
陸政策」言論的催化下，日本國民的民族優越感與擴張野心不斷被擴大、升
溫，開啓了大和民族以帝國姿態拓展殖民版圖的欲望，也爲日後東亞各國在
日本殖民擴張與統治下，進而產生緊密的連帶關係預作伏筆。以下，筆者將
分別陳述帝國如何看待殖民地台灣與「滿洲國」，並且因地施行政策進行地方
改造之背景。

一、日本帝國統治下的台灣

　　台灣於 1895 年始進入被日本殖民統治的黑暗年代，由於台灣爲日本第
一個殖民地，因此自然地也成爲日本實踐殖民慾望與想像的首位對象。而日
本對台灣的重視，早在甲午戰爭初爆發時福澤於日本國內的報刊社論中便可
見其端倪，他在其主辦的《時事新報》中刊載〈台灣割讓を指令するの理由〉
〔註7〕與〈台灣割讓之利益〉〔註8〕之論述，藉由說明獲得台灣的優點何在，

〔註5〕伊藤博文編，《秘書類纂・兵政關係資料》（東京：秘書類纂刊行會，1935 年），
　　　頁 145～146。關於「利益線」相關言論，山縣曾在一次施政演說中指出：「國
　　　家獨立自衛之道，一是捍衛主權線，一是防衛利益線。何謂『主權線』？國
　　　家之疆域是也。何謂『利益線』？即同我主權線的完全緊密相關之區域是也。」
　　　綜合上述言論，可得知山縣爲將中國東北作爲「利益線」，就必須逐步向中國
　　　東北侵近，欲將其佔爲殖民領土之企圖不言可喻。相關背景詳情可參見井上
　　　清，《日本軍國主義》（北京：商務印書館，1985 年 1 月）。
〔註6〕姜念東等，《僞滿洲國史》（吉林：人民，1980 年 10 月），頁 2。
〔註7〕早在中日甲午戰爭爆發後的 1894 年 12 月 5 日，福澤諭吉曾在其主辦的《時
　　　事新報》中發表〈台灣割讓を指令するの理由〉之社論，說明日本屢戰屢捷，
　　　未來中國向日投降之舉必不可免。如日本容許中國投降，必須附帶三大條件：
　　　一要中國承認朝鮮之獨立，二爲納賠償金，三則割讓土地（台灣）。福澤諭吉，
　　　〈台灣割讓を指令するの理由〉，《福澤諭吉全集》第 14 卷（東京：岩波書店，
　　　1971 年），頁 659～660。
〔註8〕福澤諭吉在 1895 年 5 月 17 日《時事新報》上發表〈台灣割讓之利益〉，言道：
　　　「該地氣候溫暖、物産豐饒，今後有望的土地……能使日本國民歲歲年年獲

強調甲午之戰若贏得戰爭，必得向中國要求割讓台灣的重要性〔註9〕。而福澤的言論與觀點，在一定程度上反映了日本如何看待台灣，帝國如何從利益的角度思考其殖民地的功能取向。

　　在日本獲得了台灣的殖民統治權後，當時的日本史學家竹越與三郎曾在《台灣統治志》內記載：「大部分熱帶國家人口分散，他們既無資本也無人力可以開發利用他們的資源，所以行政之第一要務便是獎勵移民和吸引投資者。」〔註10〕說明日本將台灣視為日本帝國的「試金石」〔註11〕，日本透過許多基礎工程及文化改造，期望達到控制和利用殖民地資源與人力之目的。這樣的歷史觀察，同樣地也出現在當時另一位日本史學家持地六三郎的著作中。持地氏在《台灣統治志》中寫道：「當前最迫切需要的首要工作就是開發台灣的資源」〔註12〕，說明日本看待殖民地台灣，乃是著重於自經濟利益角度出發，將「開發殖民地資源」視為治台首要工作。

　　日本經濟學者高橋龜吉曾於〈日本經濟的發展與台灣經濟任務的變化〉〔註13〕一文中，提出日本經濟需求的變動會連帶影響日本對台灣開發方向。

　　　　利很多，這種利益就是國家（日本）永遠的利益，可以償還軍、政經費而有餘」。福澤諭吉，〈台灣割讓の利益〉，《福澤諭吉全集》第15卷（東京：岩波書店，1971年），頁160。

〔註9〕 福澤在《時事新報》上刊登眾多對日本攻台、領台之相關言論，上述提及的兩篇文章雖然曾有強調台灣重要性的言論出現，但福澤對台灣並無好感。他將台人定位為「醜類」，主張凡是抗拒日軍者，應趕盡殺絕，將台灣當作無人島處理，並建議當局者應僅考慮土地，不必關心台人，以武力為基準，從而制定治台方針。強調日人必須主掌土地、殖產乃至政治等一切權力，把台灣純然日本化。參見許介鱗，《福澤諭吉對朝鮮、台灣的謀略》（台北：文英堂，2009年6月）。

〔註10〕 竹越與三郎，《台灣統治志》（東京：東京博文館藏，1905年9月）（台北：成文，1985年復刻）。

〔註11〕 竹越與三郎，《台灣統治志》之序曾寫道：「拓化未開支國土，使及文明之德澤，久矣白人自信為其負擔。今則日本國起於極東之海表，欲分白人之大任。不知我國民是否有能力完成黃人之負擔，台灣統治之成敗，不能不說未解決此一問題之試金石。」參考同註46。

〔註12〕 持地六三郎，《台灣殖民地政策》，1912年。轉引自馬若孟著，陳其南、陳秋昆編譯，《台灣農村社會經濟發展》（台北：牧童出版，1979年），頁183。

〔註13〕 高橋龜吉，〈日本經濟的發展與台灣經濟任務的變化〉收錄於，王曉波編，《台灣的殖民地傷痕新編》（台北：海峽學術，2002年2月），頁185～194。類似論述又如東京帝國大學法學學者象山寬夫在討論殖民地制度時，說明殖民地式的「本國本位」從屬經濟型態，是以強大的資本搭配龐大官營企業介入殖民地經濟的特殊經濟體制，殖民地原有的產業結構也因此必須改變為服膺殖

他依時間脈絡闡述作爲日本帝國擴張版圖一塊拼圖的台灣的經濟任務，除了決定於日本經濟本身要求的被動從屬性格外，也必須隨時因應日本國內發展變化而變動。高橋龜吉並且說明，台灣產業的兩大主柱──米和砂糖，都是爲了順應日本內地的經濟需要，而在其保護下發達起來的〔註 14〕。後來，台灣發展方向自農業漸轉爲工業，則是由於日本漸覺國內有利發展工業的場所、資源、勞力現已不足，不得不向台灣、朝鮮等外地謀求有利的工作條件，加上「滿洲事件」爆發後，日本在東亞的國際政治地位飛躍前進，爲了確保其亞洲的勢力，一變過去的追隨外交而改爲自主外交，台灣的軍事重要性也因此受到提升。爲了發揮台灣軍事機能，確保危急時「現地支瓣」的能力，於是要求台灣產業的開發，促使台灣邁向工業化之路。

日本經濟學者堀和生亦曾提出與高橋氏相似的歷史分析，他認爲殖民地在同化主義政策下，直接深入地被統合於日本資本主義中，其基礎工程建設大爲進展，大規模之生產力被轉移，殖民地工業化因而急速展開。日本透過將殖民地、從屬地等周邊地區轉換爲適合於資本主義之環境，創造出有利於資本主義發展之土壤條件。堀和生認爲，日本無論在相對或絕對模式，以及

民國的型態：對本國而言，殖民地僅停留在原料供應市場、工業製品販賣市場、勞動力供應市場階段，理當如此，就算不久進入投資市場階段，在殖民地興起工礦業等現代產業，也一方面壓制和本國產業競爭的一切產業，而另一方面僅開發資源等立地建特別優越，又可補全本國經濟的產業。詳情可參見向山寬夫著，楊鴻儒等譯，《日本統治下的台灣民族運動史》（台北：福祿壽，1999 年 12 月），頁 421～422。

〔註 14〕日俄戰爭以後，日本稻米供給漸成不足狀態，當時日本需要每年輸入四、五千萬圓的食米，但是在歐洲大戰期間（英國限制其殖民地食米的輸出），日本得不到需要的米，於是米價暴騰，引起所謂「米騷動」的嚴重糧食問題。爲了解決日本內地食米的不足，於是促成了台灣的產米政策。而明治三、四十年代爲日本大規模的產業開發期，在貿易上，它持續了長期的巨額入超，致使國際收支惡化，而瀕臨危急狀態。當時日本還處於農業國時代，要以輸出量的增大來克服這種國際收支的惡化是很困難的，所以只有從減少輸入方面下手。至於砂糖，由於一直以來皆佔有巨額的輸入，因此在新領土的台灣上促進砂糖生產，就是爲了要克服這種貿易上的入超難題。後於歐戰期間，苦於食米供給不足的日本，倒反而產生了過剩的現象。據此，日本於台灣米穀之對策發生極大的變化，而糖業方面，也發生了根本上的變化。由於日本的經濟從明治的農業經濟階段發展到高度工業國的階段，國民經濟的首要要求是工業製品的大量輸出。參考高橋龜吉〈日本經濟的發展與台灣經濟任務的變化〉收錄於王曉波編《台灣的殖民地傷痕新編》（台北：海峽學術，2002 年 2 月），頁 185～194。

其發展內容，可稱為最強力依賴殖民地經濟之資本主義。日本帝國強調殖民地台灣在資本上對殖民主的依賴性，引進殖民資本改變台灣傳統生產結構，或是對台之不對等貿易機制、南進基地的定位……等等統治方針，都逐漸改變台灣原生的社會結構及文化傳統，進而將台灣打造成日本帝國所欲掌控、獲取、配置、可供支援帝國的資源補給線〔註15〕。

　　由上述的史料記載與學者的分析中，我們可以觀察到：日本對於台灣的殖民配置與規劃，主要是以經濟的角度作為考量的標準。然而，為了有效在台灣發展殖民地經濟，日本也因此進行了一連串針對殖民地環境所實施的改革政策，希望將台灣塑造成現代、衛生且安定的日本「外地」。若以日本政府與台灣總督府對台規劃為例，1895 年台灣是值日據初期，台灣總督府就已有在台北城內區建構下水道之計畫；1896 年聘請英人巴爾頓氏來台設計下水道；1898 年成立「台灣土地調查局」，公佈「台灣地籍規則」、「土地調查規則」；1899 年公佈「市區計畫地域家屋」、「台灣下水道規則及施行細則」；1900 年公佈「台灣家屋建築規則」、「道路設備準則」等一連串計劃，大抵奠定了殖民地市區規劃的根基。而自 1901 年始至 1935 年間，台灣總督府由北而南極力倡導台灣各地區都市計劃與市區改正之方案。其中，1910 年起，修訂了「都市計畫委員會規程」，開始督促各地市街之都市改進計劃。1911 年 7 月，嚴格敕令各地方機關遵循計劃細則。整體而言，直到佐久間左馬太〔註 16〕任職台灣總督之後，都市計劃的政策已漸成效。台灣總督府於 1936 年陸續公佈「台灣都市計劃令」及其細則，1937 年則因為日本進入戰時體制，戰事緊張，發展殖民都市之計劃趨緩，日本將全部的心力投注於軍事拓展，台灣建設連帶轉移到港口和工業都市的發展方面〔註17〕。

　　日本在台早期施行市區改正規則，主要是以衛生環境改善為目的，試圖改造殖民地環境、提高都市居民的產業效率和實質生活水準，建造秩序化的

〔註15〕堀和生認為日本因為握有殖民地經濟發展如此強而有力之基礎，即便在 1930 年待世界經濟遭遇困境之際，亦還能一枝獨秀地再世界舞台上快速且高度地發展資本主義。堀和生，〈日本帝國主義與殖民地關係之歷史意義——從兩大戰期間之貿易分析來看〉，《日本資本主義與台灣、朝鮮——帝國主義下的經濟變動》（台北：博揚文化，2010 年 1 月），頁 23～24。

〔註16〕佐久間左馬太（1844 年 11 月 19 日～1915 年 8 月 5 日）於 1906 年 4 月 11 日～1915 年 4 月 30 日任台灣第 5 任總督。

〔註17〕台灣重要都市計畫法令之資訊，本文參考葉肅科整理的〈日治時代台北都市發展大事年表〉。參見葉肅科，《日落台北城——日治時代台北都市發展與台人日常生活（1895～1945）》（台北：自立晚報文化，1993 年 9 月）。

都市鄉鎮，創造適合市民居住之環境，以達到都市計劃與殖民統治、殖民經濟發展彼此相互配合之目標。台灣總督府內務局土木課長石川定俊曾表示：

> 都市計劃中，都市的美化不僅是打扮打扮就行了，對於交通、衛生、保安、經濟、防衛等重要設施都要全盤考慮，並且做周全的計畫，使都市能充分發揮產業活動之效率，同時讓市民們能夠享受安穩舒適的都市生活，才是都市計劃的真正目的……。〔註18〕

石川的言論，透露出日本對台灣內部所進行空間改造，著重以現代化的形式建造殖民地都市，並反映出統治者的「都市計劃」的各項改造工作，都是為了使都市發揮「產業活動之效率」，殖民地空間改造可以說是建立在發展經濟的考量基礎之上。

　　關於日本如何以都市計劃和各種建築形塑台灣，尚可參考黃蘭翔與夏鑄九等學者的研究成果。黃蘭翔透過觀察日據初期台北市的市區改正內容，發現在市區改正的政策下，其實還隱藏著嚴重的民族差異〔註19〕。而夏鑄九的研究〔註20〕則指出，日據時期台灣建築與城市是一種「殖民的現代性」（colonail modernity）的營造，亦即「一種沒有主體建構過程的現代性」。他認為殖民城市是殖民依賴關係（colonial dependency）的具體化〔註21〕。日據時期的台北，徹底地被統治者「刮去重寫」（palimpsest），改變空間是為了抹除記憶〔註22〕。

〔註18〕黃世孟編譯，《台灣都市計劃講習錄》（台北：胡氏，1992年）。

〔註19〕參見黃蘭翔，《日據初期台北市的市區改正》，《台灣社會研究》第18期，1995年2月，頁189～213。他指出：（一）與同時代日本市區建設法條相較，台灣總督府及地方官員握有完全強制性的權限實施市區改建或官方建築興建。（二）日本殖民政開宗明義以「不健康」、「不衛生」之原因對台灣環境進行改造。（三）以日人居住區為優先改良的排水道計畫及日人、台人每個人平均使用土地面積計畫皆顯示日本政府對台、日人的差別待遇。（四）經過排水道計畫及市區改正計畫實施，原先由艋舺、大稻埕及城內三大區域組成的台北各地區漸已均質化，日人特意形塑了統治區之城內和東南區塊一帶，使得殖民都市的台北在區塊分配上有統治區和被統治區之別。

〔註20〕夏鑄九，〈後殖民的現代性營造——重寫日本殖民時期台灣建築與城市的歷史〉，《台灣社會研究季刊》第40期，2000年12月，頁55。

〔註21〕這裡的「殖民」概念狹義地指涉：對另一國家領土之佔領，以及以軍事與政治之直接壓迫為機制建立的不對等關係。至於依賴關係，其實是一種經濟上的剝削、政治上的壓迫，以及文化經驗上的支配關係等各種不同層次，著重的是兩社會間關係的不對等性。參見夏鑄九，〈後殖民的現代性營造——重寫日本殖民時期台灣建築與城市的歷史〉，《台灣社會研究季刊》第40期，2000年12月，頁55。

〔註22〕台北城由一個坐北朝南的古老帝國邊陲的行政中心，被硬生生地扭轉為朝向

由此，我們可以得知，「建築」本身就是歷史的產物，一地「空間」的變化蘊含著時代的精神與語彙。夏鑄九的研究雖然是以「殖民都市」作為分析殖民者與殖民空間改造的對象，但卻亦提供筆者理解殖民統治者改造殖民地「空間」之行為背後，其實皆有其用意與目的存在。

由上述的例證與前行研究中雖可得知，日本帝國對台灣地方空間的改造、重塑是全面性的，其範圍囊括了鄉村及都市，但由於本文關切的重點及探討範疇在於帝國統治下的台、滿「鄉村空間」變化之情況，觀看兩地之鄉村如何因帝國外力介入而產生「變異」或「未變」，因此關於帝國如何於兩地建造殖民現代都市之議題，本文便不多做著墨。本文關懷的重點在於日本帝國及台灣總督府之在台政策，如何影響台灣農村、使農村空間產生變異的情形，以及台灣民眾如何回應其生活空間產生變異之情形。

二、日本帝國控制下的「滿洲國」

日本對東北地區的介入與控管，早在「滿洲國」成立前便已開始實行。日本在甲午戰爭後，經過十年的整備，終在 1904 年於中國東北發動歷時 1 年 7 個月的日俄戰爭。這次戰爭以沙皇俄國失敗告終，日俄雙方在 1905 年簽訂了《樸茨茅斯條約》〔註23〕（Treaty of Portsmouth），而日本因此獲得遼東半島的租借權，長春至大連的南滿鐵路，以及對朝鮮的直接統治權。1905 年底，

日出之東的殖民地首府。除了道路的取向切線被重新調整之外，媽祖廟被民政長官紀念館置換，巡撫衙門則被肢解為兩部分，分別移置他處⋯⋯坐鎮在片瓦不存的城市中心是威嚴而肅殺的台灣總督府，它的前後則佈滿了殖民者的軍事機關，其左右則是金融與司法機構。夏氏還以今台大法學院、建國中學等建築物為例，認為日本帝國有意圖地引入西歐 19 世紀古典建築的語彙，表現殖民帝國的權威性。但由於這些建築是經由日本殖民者詮釋與移植，所以，形式語彙之「模仿」並非完全相同，可謂有些「走了樣」。此謂的「走樣」重點並非在於準確重視西歐之「標準」與否，而是日本殖民現代性的特殊性所在，日本神道國家與民族聖性已經經由一種日本獨特性中的理性，表現了建造技術上的嚴格準確、貫徹施工細部與材料中的意志，以及古典權威形式裡透露的嚴肅精神，一種軍事權威。參見夏鑄九，〈後殖民的現代性營造──重寫日本殖民時期台灣建築與城市的歷史〉，頁 60。

〔註23〕「樸茨茅斯條約」是由日本全權外務大臣小村壽太郎和俄國全權代表維特伯爵經過十次議和談判，最終在美國總統羅斯福的調停下，於 1905 年 9 月 5 日在美國新罕布夏州樸茨茅斯海軍基地簽署的和約。根據這個合約，日本迫使俄國割讓南部庫頁島，承認日本對朝鮮的統治權，並將南滿鐵路、旅順、大連的租借權以及其他從中國手中奪去的權利讓予日本，此和約的簽訂標誌著日本和俄國對中國東北的重新瓜分。

日本又強迫清政府簽訂《東三省事宜》及其附約，從此俄國勢力退至中國東北北部，日本成為中國東北南部的新霸主，並且為日後全面佔領中國東北、扶植建立「滿洲國」埋下伏筆。

　　日本在佔領「關東州」〔註24〕後，便於1906年末在大連設立「南滿洲鐵道株式會社」〔註25〕（簡稱「滿鐵」），以商業公司之形式，借貿易商業之名，開始對東北進行一連串的調查與統治工作。此時滿鐵首任總裁後藤新平提出以「文裝的武備」來經營滿洲的思考。在後藤草擬後上呈兒玉之《滿洲經營策梗概》〔註26〕一文之中，可得知未來經營滿洲的方策是以「正面經營鐵道、反面進行資源開發」作為準則〔註27〕。所謂「文裝的武備」是以「文事的措施，以備他日侵略之用」，他深信這是本世紀殖民政策的不二法門〔註28〕。事

〔註24〕「關東州」是中國東北遼東半島南部在1898年至1945年的地區稱謂。1895年中日簽訂《馬關條約》後，德、法、俄強迫日本歸還遼東於中國，1897年12月，俄羅斯海軍進入旅順口港，並於翌年3月與清政府簽訂《旅大租地條約》，向清政府租借遼東地區25年，租借地範圍約西至半島亞當灣北岸（今普蘭店灣），東到貔子窩（今普蘭店市皮口鎮）。1899年8月，俄羅斯皇帝頒布《暫行關東州統治規則》，單方面將旅大租界地定名為「關東州」，並在旅順口設立關東州廳。然而1905年爆發日俄戰爭，兩國簽訂《樸茨茅斯條約》，日本取代俄羅斯佔領此租界地，日本亦獲得南滿鐵路及其兩側地區的治外法權，日本特別於此設立關東都督府和滿鐵守備隊（後為關東軍），「滿洲國」成立後，日本向「滿洲國」租借關東州。日本曾於1934年12月在長春設關東局，並於旅順、大連設關東州廳，1937年12月取消其在「滿洲國」之治外法權，並把「滿鐵附屬地」行政權交給「滿洲國」政府，但「關東州」仍屬關東局的行政管轄範圍。

〔註25〕「南滿州鐵道株式會社」是日本侵略中國東北的重要機構之一。1906年1月，日本政府設立了「滿洲經營調查委員會」，研究經營滿洲之方策；7月13日日本政府組成了規模龐大的滿鐵設立委員會，以參謀長兒玉源太郎為委員長，11月13日任命後藤新平為第一任滿鐵總裁，1907年4月1日正式開業。滿鐵經營事業龐大，自長春至大連、安東至瀋陽等各線鐵路，撫順煤礦、鞍山鐵礦、大連港及旅順、營口、安東等碼頭，至倉庫、電力、煤氣等企業，都歸滿鐵管轄。關於「滿鐵」的成立過程、設立宗旨與負責內容，蘇崇民之著述有詳盡的解說。參見蘇崇民《滿鐵史》（北京：中華書局，1990年12月），頁649～689。

〔註26〕關於後藤上呈《滿洲經營策梗概》予兒玉之詳情，可參見：鶴見祐輔，《後藤新平》第二卷（東京：勁草書房，1965年再版），頁651～652。

〔註27〕關於日本大陸政策中經營滿洲之詳細內容可參見：小林道彥，《日本の大陸政策1895～19141：桂太郎と後藤新平》（東京：南窗社，1996年10月）。

〔註28〕信夫清三郎，《後藤新平──科學政治家の生涯》（東京：博文館，1941年），頁208。

實上，這正是所謂「揭王道之名以行霸道之實」。其中「滿鐵調查部」是滿鐵爲蒐集中國軍事、政治、經濟情報及調查政治制度、風俗習慣所特設的部門，期望透過「滿鐵調查部」對東北各地的調查與研究，爲日後制定侵略大陸政策提供科學化依據。

1927 年田中義一組閣之初，旋即成立「人口食糧問題調查會」，提出「人口食糧問題解決案」，經內閣通過，預定在 20 年內投資 27 億元，獎勵移民政策，目標指向東北及蒙古〔註 29〕。在民生實際面，田中將移民滿蒙作爲解決國內糧食不足的解決策略；在帝國擴張方面，他亦提出欲征服世界，必取滿蒙之重要性：

> 要征服世界必先征服支那，要征服支那先必征服滿蒙：欲征服世界，
> 必先征服中國。我國若能征服中國，則其他亞洲諸國皆將懼我而降
> 伏之。彼時世界即了解東北爲我之物，無有敢侵奪者。統治中國之
> 資源後，繼續征服印度、小亞細亞、中亞、甚而至歐洲。大和民族
> 欲稱霸亞洲大陸，第一步即爲獲得滿蒙統治權。〔註 30〕

田中氏強調「征服滿蒙」的必要性，同時將「滿蒙」置於日本帝國欲擴展勢力的侵略藍圖之中，使得「征服滿蒙」成爲日後日本侵華的基礎方針。此外，田中內閣中的政務次官森恪，由於出身三井財團，特別注重經濟發展與國力擴張之關係，他深信一國經濟必須藉由政治實力來推進，因而提出「侵略滿蒙積極政策」，力倡以武力進行外交：

> 如日本不能確保滿蒙之和平，則等於日本之生存受到冒犯。日本爲
> 其生命線——滿蒙，曾付出 20 億日幣、10 萬生靈之代價。如果日
> 本國民不院淪爲亡國之民，不能不保有生存之地。因此，日本生命
> 線之滿蒙，決不容許他人冒犯。鑒於中國施用暴力，收回日本在滿
> 蒙之特權，在滿蒙之日僑，目前已陷於不得食住之危機中。面對此
> 一危機，片面倡導協調外交、讓步外交、妥協外交，絕無法獲得絲
> 毫解決，外交手段已不足以適應或解決目前之危機。〔註 31〕

森恪爲了倡導政策，還曾主動與軍部革新派人物〔註 32〕商討對滿政策。然而，

〔註 29〕 許興凱，《日本帝國主義與東三省》（上海：崑崙書店，1930），頁 1。
〔註 30〕 田中義一傳記刊行會編，《田中義一傳記》（東京：原書房，1981 年）。
〔註 31〕 山浦貫一，《森恪傳》（東京：原書房，1982 年），頁 709。
〔註 32〕 日本軍部革新派代表人物如鈴木眞一、關東軍中心人物石原莞爾、河本大作
　　　　 等。

雖然森恪強硬的侵略滿蒙路線與田中首相對滿採迂迴緩進之路線主張歧異，使得其所倡積極的滿蒙對策曾受阻擾，但是，由 1931 年關東軍主導「九一八事變」〔註33〕一事來看，森恪的「侵略滿蒙積極論」終究被具體實踐。

關東軍在 1931 年 12 月議定了「滿蒙開發方策案」，確立「在滿蒙從事諸種設施，要直接從軍事角度出發，不論平時還是戰時，都要適應帝國軍需資源獨立政策」實施所謂的「經濟統制」。表明開發東北的最大目標，在於攫取礦資源，並以此培育日本電力和化學工業，爲此規定東北產業開發「在原則上謀求日本及日本人的利益爲第一要義」，提出由日本單獨壟斷的方針。1932年 1 月，滿鐵依關東軍要求，改組總務部調查課的機構，設置了作爲獨立部門的經濟調查會。此後，該會以「滿洲國經濟建設綱要」爲發端，起草制定了滿洲國初期的全面經濟政策〔註 34〕。在煙硝未散之際，由日本扶植的「滿洲國」政權於 1932 年 3 月成立，日本內閣於 1932 年 8 月 8 日制定《滿洲國指導方針要綱》〔註35〕，溥儀於同年 3 月 9 日舉行就任儀式，並以「王道樂土，五族協和」作爲建國方針。1934 年 3 月，「滿洲國」改實施帝制。

「滿洲國」成立後，日本財閥的資金迅速湧入。「滿洲國」對於工業部門採取經濟統制政策，推行「一業一社」的原則，每個行業都成立一個「特殊會社」——即壟斷性的公司〔註36〕。在日本推行的「日滿一體」的政策下，滿洲的工業生產完全從屬於日本的產業政策。1937 年「滿洲國」開始執行《產業開發五年計劃》，在此一經濟統制政策之下，滿鐵從依靠國家資本爲主，轉向技術與資本全面依靠壟斷性資本集團（即財閥）。至 1941 年末太平洋戰爭爆發前後，由於實施「滿洲產業開發」第二個「五年計畫」，和大量修築

〔註33〕 1930 年世界經濟大恐慌影響，「滿鐵」終於發生創業以來首度經營不善，「滿鐵」是日本經營東北之主動脈，對其業務每況愈下的情況所受刺激甚大，亦是肇發東北事變原因之一。遠山茂樹、公井清一、藤原彰，《昭和史》（東京：岩波書局，1959 年 8 月），頁 71。

〔註34〕 岡部牧夫著、鄭毅譯，《僞滿洲國》（吉林：吉林文史，1990 年 9 月），頁 38～40。

〔註35〕 《滿洲國指導方針要綱》是日本爲達到對「滿洲國」之全面統治，規定「對於滿洲國的指導，根據現行體制，在關東軍司令兼駐滿地國大使的內部統轄下，主要是通過日本人關力進行實質性的指導」。《要綱》的發布充分顯現了日本於「滿洲國」成立之初早已爲日後干涉、主導「滿洲國」走向預留伏筆。

〔註36〕 譬如滿洲電信電話株式會社、滿洲機械製造會社、滿洲炭礦會社、滿洲航空會社、滿洲人造石油會社、滿洲紡織會社、滿洲毛織會社、滿洲化學工業會社、滿洲林業會社、滿洲採金會社、滿洲畜產會社、滿洲水產會社、滿洲煙草會社、滿洲農產公社、滿洲開拓公社等四十多家特殊會社。

軍事工程，對勞動力的需求更爲增加和急迫，「滿洲國」政府則實行「勞動新體制」，執行「勤勞奉公制」，實行所謂「國民皆勞」，開展「舉國勤勞興國運動」，以行政手段進一步加緊對勞動力的統制與掠奪，無償地奴役東北各族人民〔註37〕。綜上可見，日本施行於「滿洲國」的統治措施，充滿對「滿洲國」經濟掠奪與控管的欲望。

1932 年 2 月 18 日，關東軍攏絡東三省親日派政客組織的「東北行政委員會」，正式宣佈了獨立建國的意志。同年 3 月 1 日，「滿洲國」政府發布《滿洲建國宣言》；3 月 9 日溥儀發表《滿洲國執政宣言》，宣佈王道主義爲「滿洲國」治國精神。1934 年 3 月，「滿洲國」實施帝制，溥儀在日本的掌控下，在其《即位詔書》中稱日本爲「友邦」。翌年，溥儀於 4 月訪問日本，5 月 2 日歸國後發布《回鑾訓民詔書》〔註38〕，宣稱「與日本天皇陛下精神如一體」、「與友邦一德一心，以奠定兩國永久之基礎，發揚東方道德之眞意」。

1936 年，由於日本「二二六事件」發生，國內社會急速軍國主義化，使得「滿洲國」的地位也因此發生了決定性變化，性質作爲「滿洲國」官制的教化組織──協和會，開始了對民眾的「教化活動」和「治安活動」。根據《滿洲國的根本理念與協和會的本質》內文記載：「『滿洲國』皇帝是在天皇之下以『滿洲國民』爲中心爲實現建國理想而設的機關，恰似月亮借太陽之光輝才發光一樣，關東軍司令官以天皇的名義成爲『皇帝的師父，當然的監護人』」〔註39〕，由此可以看出「滿洲國」雖表面被以「獨立國」稱之，但是其之於日本的視線下，仍囿限於主從臣屬的被由帝國掌控及統治的關係中。在關東軍的進逼脅迫下，1940 年溥儀發布《國本奠定詔書》，向天皇申請將天照大神迎於「滿洲國」奉祀，並創建「建國神廟」；並於 1942 年 3 月 1 日發布《建國十周年詔書》及同年 12 月 8 日發表的《滿洲國基本國策大綱》、《國民訓》

〔註37〕霍燎原，〈東北淪陷時期的「萬人坑」〉，收錄於東北淪陷十四年史編纂委員會編，《東北淪陷史研究》第 4 期，1999 年，頁 21。

〔註38〕溥儀於 1935 年 4 月前往日本訪問，回「滿洲國」後旋即發表《回鑾訓民詔書》。此詔書的主要內容主要說明「滿洲國」與日本之友好關係如同一體，諸如：「滿洲國」的成立是「皆賴友邦之仗義盡力，以奠丕基」、溥儀「與日本天皇精神如一體」、「滿洲國」「與友邦一德一心」等言論皆爲詔書內容。此詔書以行政命令的方式舉行聲勢浩大的宣傳活動，發佈至「滿洲國」機關、部隊、學校、團體等各處，試圖營造「日滿齊心」之氛圍。

〔註39〕滿洲国史編纂刊行会編，《滿洲國史》（東京：滿蒙同胞援護會，1970 年 6 月），頁 578～579。

中，都將日本稱為「親邦」。民眾被要求在學校和軍隊強制唱和《國民訓》，在升旗、遙拜建國神廟、「滿洲國」帝宮或為日本皇軍祈禱時，都必須頌讀《國民訓》。

隨著 1934 年帝制的實施，「滿洲國」進一步被迫以帝國之眼與需求，重新進行行政單位「省」的分割和再編。東北地區從最初的遼寧、吉林、黑龍江三省，在新省制的改編下，於 1941 年 12 月改為 14 個省，而後又調整為 19 個省。由於每一省的縣數都不多，雖然擴增了行政單位，卻也因為細分了每個行政單位的編制，而確保了中央集權較易進行與維持治安的穩定性與難易度。地方上實行省長、縣長為中國人，省次長、副縣長為日本人的定位制度，也在 1936 年後被打破，自此以後，國境地帶的省長逐漸由日人充任〔註40〕。日本透過對「滿洲國」的行政區域重劃，以及對行政長官任命制度的調整，嘗試藉由行政管理強化東北地區的掌控。

綜而言之，日本帝國早在「滿洲國」未成立前便透露出對中國東北藏有豐碩資源之野心，除透過半官方組織「滿鐵」在東北實行經濟、產業之調查工作外，更在「滿洲國」成立後，積極介入、干涉「滿洲國」政府在東北地區之政策方向，企圖在名為建立「滿洲樂土」的執政口號背後，行掠奪東北資源、箝控「滿洲國」及將東北作為帝國資源補給線之實。

三、帝國擴張——「南進」基地台灣與「北進」據點滿洲

綜上所述，在以經濟、資源利益考量前提下，帝國分別對兩地實施了異同參差的各項統治政策，並伴隨帝國擴張情勢的轉變，對其統治技術進行階段性的更替。然而，正因為帝國十分重視台灣、「滿洲國」在經濟層面上能否對支援、補給帝國需要，因此，反在其統治政策上的對策，便是對兩地進行更為基礎的諸如行政區域、地區屬性、生產力建設、以及管理制度等有利於經濟統治與剝削的統治考量。正是在這個層面上，即便帝國對兩地資源需求不一、兩地各是日本帝國擴張版圖之「北進」／「南進」的不同據點、兩地文化環境與歷史條件的特殊性等「差異」，卻因為帝國皆以經濟掠奪為目的之一致性而使兩地命運趨於同一。

在帝國以經濟為出發的統治考量下，由於兩地被施與形式、目的相仿的統治政策，台灣與「滿洲國」在帝國勢力的延伸底下，被攬進「大東亞」的

〔註40〕岡部牧夫，〈「滿洲國」的統治〉，收錄於東北淪陷十四年史總編輯室、日本殖民地文化研究會合編，《偽滿洲國的真相——中日學者共同研究》，頁 49～51。

視野與規劃之中，進而擁有了可資比較的基礎：即是，在性質相仿的帝國經濟統治政策為前提的思考下，兩個相異文化、歷史、資源、社會環境的空間，被並置在平行的位階上，而正因如此，開啟的筆者思考，即便諸多環節差異，增加了台、滿兩地文學比較的難度，然而，就殖民地文學作為一種批判性的話語的角度來看，兩地因為統治政策趨同而產生連結比較的基準與可能性，亦提供了本文思考兩地作品如何呈現、反應兩地空間的「變」與「不變」的合理背景。

　　下一節本文將特別討論台灣總督府、「滿洲國」政府於兩地所施行的「空間改造」、「勞力徵用」之相關政策，釐清兩地如何因統治者之介入、干預而使地方「空間」產生變化，並透過分析社會輿論與民眾反映，觀察兩地當時的報刊中民眾言論與統治政策的連結性。

小　結

　　縱然日本分別將台灣、「滿洲國」定位為帝國「南進」、「北進」之據點，但透過帝國於台、滿兩地之統治方向可得知，日本皆以帝國利益作為訂定台、滿兩地統治策略之基準點，依照兩地自然資源、地理位置或風土民情之差異，制定「因地制宜」的統治方針，使兩地成為俾補、紓解日本資源短缺、糧食匱乏、戰爭需求的帝國「生活線」與「生命線」。

　　日本帝國在「大東亞」的思維下將台、滿兩地納入供給帝國需求之動員區域，帝國分別透過台灣總督府、「滿洲國」政府於兩地實行之地方政策，試圖將兩地塑造成支援帝國戰線的補給區。在以供給帝國需求為統治主軸的前提下，台灣總督府與「滿洲國」政府分別於台、滿兩地訂定相應的施政方針，台、滿兩地亦因地方特色、自然資源等各方面的差異而有不同的政治定位，且分別擔負支援帝國的不同職責。

第二節　台灣、「滿洲國」勞力徵用與區域變動之批判話語

　　本節主要就台、滿史料部分，整理兩地因應殖民統治而進行的勞力徵用，以及因殖民統治而發生的區域性變動情形進行討論，一方面希望藉由被統治者的批判話語，找尋與文學生產相互連結的互文情形，另一方面，也希望通過從爬梳史料中，被統治地區因應殖民政策而發生變異的情形，連結本文的

核心關懷——「空間」變異可能如何影響被統治者作家於文學作品中營造地方空間感的書寫策略。

一、台灣鐵道、保甲道及模範村建設之勞力徵用之相關批評

　　台灣日據時期的官方刊物呈現了殖民者從法律、衛生、教育、經濟等各層面著手對台灣進行改造。然則這些殖民政策，不僅改變了殖民地的地景外觀及結構，更重要的是，殖民者期望透過宣傳殖民政策改變被統治者「外顯」的生活空間，來影響甚至反轉被統治者「內在」的思想、精神。然而，若從坊間民辦刊物之內容來看，被統治者對於統治者「改變」地方原有樣貌、體制，重新制定「利己」法則的社會觀感，則與統治者公開論述政策有利於民之言論大相逕庭；民眾批判統治政策勞力傷財、社會不公的言論大量地出現在民辦刊物中。

　　根據王世慶的研究指出，1919 年田健治郎接任第 8 屆台灣總督，其治台方針係採取同化政策。1920 年廢原來之堡、區、街、莊，公佈實施市街莊制，設立市役所，確立市街莊爲地方團體，鞏顧基層行政組織。街莊役場、員警官吏派出所及公學校爲一般行政、治安及教育之最基層單位，成爲行政、經濟產業、文化、教育、社會教化革新之基層中心機構。此間各街莊紛紛成立各種教化團體，倡導改善生活、風俗及「國語普及」，組訓基層男女青年、家長、主婦推行實踐改善運動，對台灣街莊、村落社會之結構、社會環境、社會生活、風俗之改善影響甚大，實爲台灣皇民運動之前奏〔註41〕。

　　其中，「生活改造運動」是指 1931 年起，日本內地因應農村破敗的經濟和社會問題，開始了「農村經濟更生運動」，受到日本影響，連帶地台灣也開始實行「部落振興運動」，例如「國語」普及推行、部落廣設集會所與國旗台、懸掛日本國旗、奉祀「神宮大麻」、教唱日本國歌「君が代」、遙拜皇宮⋯⋯等等項目。「生活改善運動」可視爲台灣總督府在殖民地台灣所進行的現代化及同化運動。運動的推行透過如同風會、教化聯合會、部落振興會等教化團體，配合保甲制度與員警的監控管理，進行改善生活、風俗等工作，此般舉措可看作是統治階層爲 1937 年推行的「皇民化運動」打好根基、做足前置預備。

〔註41〕王世慶，〈皇民化運動前的台灣社會生活改善運動——以海山地區爲例（一九一四～一九三七）〉，《史聯雜誌》第 19 期，1991 年 12 月，頁 1。

　　所謂的「生活改善運動」，並非是由總督府統一發佈統籌的政策名稱，而是泛稱各地方民政機關各自推行的策略方針。「生活改善運動」的內容十分廣泛，從住家清潔、公路鋪設、水溝建設、窪地填補、築圍修道、景觀建設等等，都包含在「生活改善」的範圍之中。

　　為因應統治者的施政與要求，民眾不得不放棄既有的生活慣習，僅能以統治者的想像與欲望為依準，被迫動員去改造自己熟悉的地方空間，將之變換為統治者表面所力倡——整齊、清潔、美觀的現代空間。其中，統治者透過動員民眾改造地方空間的過程中，雖然深具「教化」被統治者之意味，但對被統治者而言，政策的施行實際上卻干擾了民眾的作息規律且造成極大的不便，民眾的批判聲浪因而四起。

　　考察日據時期台灣的官方報刊《臺灣日日新報》，筆者發現日本在台灣所推動施行的地方改造計畫，呈現了台灣總督府欲將台灣打造成帝國「理想殖民地」的欲望及意圖。因此，具濃厚官方色彩的《臺灣日日新報》上刊載了許多與「模範村」議題相關的報導與論述，如：1909 年 12 月 16 日刊登〈世界第一の模範村〉〔註 42〕，便介紹了日本國內元鄉根村、西木村、白濱村等地，因為村民收入高，所繳納的村稅也前列國內優位，可謂是眾之楷模的報導，甚至以「世界第一」的榮號稱讚之。

　　此外，日本為了在台灣宣導「模範村」的重要性，甚至還成立內地視察團，如：1921 年 8 月 11 日刊載的〈內地の模範村を視察し　悉く感心して歸臺した——台北の產業視察團特に宮城の拜觀を許さろ〉〔註 43〕、同年 8 月 12 日刊載的〈視察內地模範村〉〔註 44〕、1922 年 3 月 22 日的〈勸誘模範村視察團〉〔註 45〕、1927 年 3 月 13 日〈視察優良組合及模範村〉〔註 46〕……等等，都曾報導由台灣各地區莊長所組成的視察團至內地模範村考察其關於交納賦稅、衛生、產業等方面的「優良示範」。

　　日本在台灣實行設立「模範村」、推行美化運動方面，也可由刊登於《臺灣日日新報》上的諸多文章得到印證，如：1931 年 8 月 27 日的〈ラリャ防遏

〔註 42〕　〈世界第一の模範村〉，《台灣日日新報》，1909 年 12 月 16 日，頁 4。
〔註 43〕　〈內地の模範村を視察し　悉く感心して歸臺した　台北の產業視察團特に宮城の拜觀を許さろ〉，《台灣日日新報》，1921 年 8 月 11 日，頁 7。
〔註 44〕　〈視察內地模範村〉，《台灣日日新報》，1921 年 8 月 12 日，頁 6。
〔註 45〕　〈勸誘模範村視察團〉，《台灣日日新報》，1922 年 3 月 22 日，頁 4。
〔註 46〕　〈視察優良組合及模範村〉，《台灣日日新報》，1927 年 3 月 13 日，頁 4。

の「模範村建設　臺南州當局の努力て　新營地方に設定〉〔註47〕、1933 年
4 月 17 日〈苓雅寮美化工作編入禁止養屯區域〉〔註48〕、1933 年 6 月 15 日
的〈關廟庄模範村十七日發會〉〔註49〕、1933 年 8 月 3 日的〈新竹郡勸業籌
設模範村〉〔註50〕、1935 年 6 月 1 日的〈高雄州で理想鄉——模範農村を建
設〉〔註51〕、1936 年 11 月 18 日〈部落振興會を組織し——理想鄉實現に邁
進〉〔註52〕、〈袋地を大整理——宜蘭街市街て實施を前にし　愈よ街內の美
化工作〉〔註53〕、1935 年 7 月 10 日〈大稻埕美化工作　北署の衛生係と交通
係を　總動員して大清掃〉〔註 54〕……等等報導，皆呈現日人積極在台各地
推動殖民政策之現象。

　　綜觀上述報導，筆者發現日本所謂「模範」、「理想」地區的樣貌，其實
皆圍繞在期待地方產業發展、衛生條件、交通建設等方面高度發展之上，期
望殖民地村落能夠被帝國重新建設爲具備現代條件的地區。從上述舉隅的官
方報導例證中，我們可以清楚地看到官方對統治地區的想像、期待，甚至是
施政方向。然而，台灣民眾又是如何看待及回應官方的殖民政策呢？民眾的
眞實感受與官方的期待想像是相應亦或悖逆？以下，筆者便將進一步考察日
據時期有「台灣人喉舌」之稱的《台灣民報》上相關議題的報導，觀看報章
上台灣民眾對殖民政策的具體觀感。

　　首先，《台灣民報》在 1928 年 7 月 22 日刊載了〈鐵道部奪了貧農生存權
（被害者投環自殺）〉的報導：

〔註47〕　〈ラリャ防過の　模範村建設　臺南州當局の努力て　新營地方に設定〉，
　　　　《台灣日日新報》，1931 年 8 月 27 日，頁 3。
〔註48〕　〈苓雅寮美化工作編入禁止養屯區域〉，《台灣日日新報》，1933 年 4 月 17 日，
　　　　頁 8。
〔註49〕　〈關廟庄模範村十七日發會〉，《台灣日日新報》，1933 年 6 月 15 日，頁 4。
〔註50〕　〈新竹郡勸業籌設模範村調查經濟基本〉，《台灣日日新報》，1933 年 8 月 3
　　　　日，頁 8。
〔註51〕　〈高雄州で理想鄉　模範農村を建設　目下各郡守が指揮監督して　計畫を
　　　　進めてゐる〉，《台灣日日新報》，1935 年 6 月 1 日，頁 3。
〔註52〕　〈部落振興會を組織し　理想鄉實現に邁進　新竹市苦苓脚部落で發會
　　　　式〉，《台灣日日新報》，1936 年 11 月 18 日，頁 5。
〔註53〕　〈袋地を大整理　宜蘭街市街て實施を前にし　愈よ街內の美化工作〉，《台
　　　　灣日日新報》，1936 年 11 月 18 日，頁 5。
〔註54〕　〈大稻埕美化工作　北署の衛生係と交通係を　總動員して大清掃〉，《台灣
　　　　日日新報》，1935 年 7 月 10 日，頁 11。

去年十月交通局鐵道部，著手新竹香山間的複線工事，把朱天生所有地的土壤，掘去使用，以致陷於耕作不能的狀態，鐵道部對於被使用的土壤，雖然決定要支出點買收價金，但官僚的脾氣和手續的複雜，老實說是很令人討厭的。朱天生自土壤被掘後，賴以生活的耕作物一無所收，經過了半年以上，還忍不到土壤的買收金，雖幾番向香山莊役場催促，無如莊役場不過是一經過的機關，完全做不得主，朱天生生計一日困難一日，看看天生的生存權，似乎要保不住了。於是蒙了厭世的念頭，於去年七月四日投繯自殺。〔註55〕

此篇報導指出，交通局鐵道部建築鐵路嚴重影響農民生活的事實，民眾因土地被當局霸佔，無法倚靠作物過活，在官方刻意延遲發放土地買收金的情況下，導致民眾無以繼日，最後不得以走上自盡之路。由此可見，統治者在實施政策時並無考量或評估政策的推動是否工程會影響民眾的日常生活，甚至連在嚴重脅迫到民眾生命存亡之特殊況下皆亦不願對計劃缺失作出回應，統治者的霸道與不近情理表露無遺。另外，1929 年 3 月 17 日刊載了〈文化村原來如此？（新營郡下的辦法　村民都苦極咒咀了）〉一文，民眾對台灣總督府大力推行「文化部落」之舉發表了以下的看法：

然而這文化部落的名義，本來很好看，並且很好聽的，一般民眾總還不曉得新營郡下的人民，因新營郡員警當局要將新營郡內變做所謂文化部落，他們受盡苦勞悽慘的事情。……新營郡下部落雖然多是鄉村，每個家裡的竹圍都要刈到二丈以上的高，竹藪的地亦須掃清乾淨，人民爲此已經費了許多時間，況且稍不能從，隨時受告發罰金，這個目的自然是說要除蚊子，防過麻拉利亞病的。去年郡下每個派出所區域內，就給每個部落抽籤，入選第一者以爲模範村，這個模範部落，第一要刈刺，第二掃屑的前後乾淨，連屑邊的芭蕉都要全部刈掉，如不從命者即給予告發，駐在巡察每月要巡視數回，而員警課長每月亦有一二次的出張巡視。……至這幾個月以來，爲要達模範部落的名譽，連用竹次的籬笆，亦不使用了。代竹刺而用的是竹屏的籬笆、小樹枝、乾薪等。然而向來台灣鄉村除了有產者幾個，都是以竹刺做籬笆，防禦外盜，禁住畜牲屯牛等逃出，唯代

〔註55〕〈鐵道部奪了貧農生存權〉（被害者投環自殺），《台灣民報》第 3 卷第 218 號，1928 年 7 月 22 日。

竹刺而用的籬笆，普通鄉村家庭是不容易做盜，可是畜牲等一旦走
出厝外時，馬上就要受告發金了。因此，據新爭郡下某莊長不平地
說：「新營郡警察局這種作法，在他們眼中，完全沒有台灣人，臺灣
人怎樣的困苦，他們一切都不關的樣子，竹刺要刈到三十尺高，厝
邊芭蕉須要刈掉不能用的逐次做牆，豚一逃出就受告發金，這樣子
天天不要謀生，單整理這個苦民的文化部落就夠了。稍有違背遲延
者，就說以為違反員警的命令、告發、罰金」，可見人民所受的文化
村的陰是這樣了。〔註56〕

歸納上述的時事評論，筆者觀察到：台灣民眾對於台灣總督府所力倡、甚至
強迫執行的「文化村」、「模範部落」相關工作多持負面看法。民眾以諷刺的
言論批判了官方在規劃政策之際，並沒有顧慮到民眾在面對變化之際的觀
感，也沒有考量民眾為了達到統治者所希冀的地方改造規範標準，他們必須
被迫摒棄以往的文化慣習與生活方式，被迫將自己原本熟悉的生活空間改造
為統治者心中「理想鄉」應有的面貌與空間規範。為數眾多的批判輿論反映
出官方政策的闕失與不妥善，同時也點出官方在強調「地方改造」之餘，並
沒有其他相映且合宜的配套措施，此外更諷刺了伴隨「文化部落」政策而執
行的罰金制度，是將壓力強行加諸於民眾身上，迫使其不得不從。以上例證
再再呈現地方改造政策對民眾生活影響之深遠。

　　除了推行文化村的政策對民眾所造成不便外，台灣總督府以「提升」之
名所施行的改造、建設等相關政策對於台灣民眾所造成的影響，還可以由《台
灣民報》上諸如「築路」、「美化清潔」的相關時論中見其端倪。例如 1929 年
12 月 15 日《台灣民報》刊載的一篇〈不顧民艱的台中州築路問題〉內容所及：

本來修築道路使交通便利一點，雖是沒有反對的道理，但是其實行
的方法總要相當考究才是。關於修築公路，最需考慮的莫如對被收
用之土地和被折毀的家屋的賠償，及造路工資和其他經費等的問
題。然而台中州這回對於州下一圓的州道路之修築，並沒有相當的
準備和考慮，不顧現在民脂民膏之涸渴，一昧獨斷強制實行，為此
陷在怨嘆之聲瀰漫州下，成為台中州下的一大問題了。〔註57〕

〔註56〕〈文化村原來如此？（新營郡下的辦法　村民都苦極咒咀了）〉第 3 卷第 252
　　　　號，1929 年 3 月 17 日。

〔註57〕〈不顧民眾的台中州築路問題〉，《台灣民報》第 3 卷第 392 號，1929 年 12
　　　　月 15 日。

又如 1931 年 11 月 28 日刊載的〈不合時宜的保甲道路擴張〉一文，說明員林郡田中莊計畫道路改修，欲把在來濶的保甲道擴張到三間，使自動車得以行使的政令，將加重莊民本已沉重的生活負擔：

> 但是這個工事，果若著手的時候，擴張保甲道路十一線的延長線，田中派出所區域內的莊民就要負擔一萬兩千二百六間，出役戶數按一千七百二十二戶，而內灣派出所區域內的莊民就要負擔三千九百二十三間，出役戶數按六百六十戶。這些出役不消說是無錢工。尤其所要用的田園土地，也須無料提供了。因此地方民莫不大起恐慌，有的成群，有的三三五五地向莊當局陳情嘆願，力求其暫且延期，待景氣稍好的時候才著手興工。
>
> 對莊民的叫聲，莊當局不但當做馬耳東風一樣，反藉用地方員警的勢力來威壓莊民。……〔註58〕

從上述幾篇報導及社論來看，雖然官方在推行政策時，皆以「文明建設」作為政策推行的宗旨與口號，但實際上對台灣民眾而言，他們不僅無法享受到官方宣稱「改造」後的利權與甜美成果，反倒在改造期間還必得為此犧牲時間、奉獻勞力與金錢，甚而因此荒廢了自身農務。民眾不僅須承受警察秉持「執行政令」而加諸的壓力與責難，還得自行擔負因勞動工作所造成的農務損失，政策之不適切及民眾生活之苦，皆可見一斑。

然而，諸如上述史料中所記載官民意見產生落差的事件似乎屢見不顯，像是 1926 年 5 月 16 日《台灣民報》曾刊載了〈「大清潔」日子下雨人民就要受罰〉一文，文中描述桃園街上個月 25 日在施行大清潔時突降驟雨，街民不得不將器具搬入家屋，卻引起巡查不悅，「巡查查看清掃不完全，便告發了三十多名，翌日召喚至員警課，受司法警部的大說諭又各處以罰金，若能即刻繳納便罷，不然，就立刻要拘留。」〔註59〕統治者依照僵固的評判準則對民眾開罰，對民眾而言，即便碰到不可抗力之因素都無法免除刑罰，民眾的無奈於標題「『大清潔』日子下雨人民就要受罰」展露無疑，同時也反映出政令的背後其實並沒有一套完善的賞罰制度。

〔註58〕〈不合時宜的保甲道路擴張〉，《台灣民報》第 3 卷第 392 號，1931 年 11 月 28 日。

〔註59〕〈「大清潔」日子下雨人民就要受罰〉，《台灣民報》第 3 卷第 291 號，1929 年 12 月 15 日。

筆者整合上述台灣報章中的官方／民眾言論後發現：官方宣稱「地方改造」與「文化提升」基礎工作及規劃的執行，實際上並沒有達到其所宣稱之成效，反倒是建立在擾民、欺民的基礎之上，透過動員民眾勞役及賞罰制度使得政策得以規模地進行。官方／民眾對於「地方改造」工作產生歧見的現象，反映出官／民對政策落實有認知、觀感上的落差及衝突。那麼，同樣被日本視爲「俾補帝國資源」的「滿洲國」又呈現何種社會狀況？以下，筆者將考察「滿洲國」政府以建設之名徵用民眾勞動力的相關史料，從觀看「滿洲國」之官方政策及民眾反應是否與台灣社會情況有其相似或相異之處？

二、「滿洲國」鐵公路、奉公隊、模範村建設之勞力徵用與區域變化之相關批評

由於「滿洲國」的報章取得不易，因此筆者在挑選被統治者對官方政策有何觀感的研究素材之際，將以當時的史評與後人採訪時代見證者的歷史紀錄作爲考察例證，以期觀察出別於官方的資料與論述，嘗試從另外一個角度切入、觀看歷史現場。

南滿洲鐵道株式會社（以下簡稱「滿鐵」）創立於 1906 年 11 月，其組織較諸一般民營商業公司之規模更爲複雜、龐大，其創立的動機，則基於日本國內向外擴張政治與經濟的發展。同時，滿鐵亦承載了代表國家立場及思維的特殊使命。在山田武吉的《日本之新滿蒙政策》中曾記載，外人撒顯路斯觀察滿鐵經營是「爲光彩奕奕之國家的大事業，與南非洲公司顯然不同，其事業屬經濟的，同時亦政治的，文化的，社會的性質者也」〔註60〕。由此可知，滿鐵對「滿洲國」的介入之深、影響之廣，同時也可看出滿鐵本質上充斥著濃厚的國策色彩。

史學家千彥禾在其著作《今日的東北》〔註61〕中記敘日本一面攘奪「滿洲國」的既成鐵路，一面在東北各地積極建築含有軍事意義的路線。其內文亦提及：「根據《滿洲日報》的記載，自 1936 年 8 月 6 日起，日本便積極在中國東北建築各種環狀鐵路，約有 20 個以上。而此種環狀鐵路，主要是基於便利軍隊的調遣，尤可突顯帝國建築殖民地鐵道的戰略考量。」〔註62〕日本以「戰略」爲考量鋪設「滿洲國」鐵道之目的，亦如同田中義一言道：「吉會

〔註60〕山田武吉，《日本之新滿蒙政策》（上海：民智書局，1928 年 5 月），頁 14。
〔註61〕千彥禾，《今日的東北》（上海，天馬書店，1937 年 7 月）。
〔註62〕同註 61，頁 83。

路眞可謂日本致富的路線，也就是日本武裝的路線。」〔註63〕因爲如此一來，日本與東北之間的路程大爲縮短，日後也不怕因大阪被封鎖而有接濟斷絕之虞。

為達到軍事上、經濟上備戰的目的，碎石路也在不斷的建築中，以作鐵路的輔助。1933 年 3 月於長春成立「國道局」，更在長春、瀋陽、黑龍江三地建置「國道建設處」。自「國道局」成立後，對舊公路的修築、新公路的興建，即計畫進行。

日本於侵佔中國東北之後，在不斷加強統治壓力的同時，也加強了對東北經濟資源的掠奪的效率。為此，實行了勞動統制政策，大肆掠奪勞動力資源。初時，主要是在東北各地掠奪勞動力資源，後來，也通過設在天津的大東公司等機關，掠奪華北的勞動力資源。1937 年「七七事變」後，隨著日本帝國主義侵略戰爭的擴大，「滿洲產業開發五年計畫」的實施，對勞動力需求大增，於是便推行《勞動統制法》，成立「滿洲勞工協會」，除加緊度東北勞動力的掠奪外，也加緊對華北勞動力的掠奪。

到了 1941 年末太平洋戰爭爆發前後，由於實施「滿洲產業開發」第二個「五年計畫」，和大量修築軍事工程，對勞動力的需求更爲增加和急迫，「滿洲國」當局則實行「勞動新體制」，執行「勤勞奉公制」，實行所謂「國民皆勞」，開展「舉國勤勞興國運動」，以行政手段，加緊對「國內」勞動力資源的統制與使用，無償地奴役東北各族人民。在 1941 年以後，主要則是靠攤派、抓捕和「勤勞奉公」等手段壓榨勞動力。而所謂「攤派」，即是「行政供出」，這是「滿洲國」國內強制徵用勞工的殘酷手段之一。具體執行情況即是「滿洲國」民生部根據日本的需要，以「緊急就勞」的名義，把一定數額的勞動指標，通過行政機構層層下達，由各省、市、縣（旗），一直到街、村，攤派到居民頭上。被攤派者必須絕對服從，不許逃脫、藏匿或裝病，違者重罰。有錢的人家可以出錢免除攤派，貧民則多被攤派上，或受別人僱傭替當勞工〔註64〕。

「勤勞奉公」制度始於 1942 年 10 月，官方公佈了「國民勤勞奉公法」，下令 20～23 歲男性青年，除服兵役者外，對兵役檢查不合格者（即「國兵漏」），

〔註63〕同註61，頁75。

〔註64〕霍燎原，〈東北淪陷時期的「萬人坑」〉，收錄於東北淪陷十四年史編纂委員會編，《東北淪陷史研究》第 4 期，1999 年，頁 21～22。

強行編程勤勞奉公隊，讓他們義務「奉公」，無償勞動。服役時間為 1 年，分 3 期，每期 4 個月，3 年內完成。到 1945 年 3 月，由於太平洋戰事局勢吃緊，人員銷耗量大，「滿洲國」又再修訂了「國民勤勞奉公法」，年齡由 20-23 歲延至 30 歲，服役時間為 3 年，每年為 6 個月，分 6 年完成，以增補可供作戰之人口。

另外，《國民勤勞奉公法》的執行情況則是：從 1943 年開始，在 12 個縣推行，共有近萬人被編成「勤勞奉公隊」，分別到工廠、軍事、水電、交通、農田水利部門或工程去服役。1944 年則在偽滿各省、市、縣（旗）全面推行，到 1945 年，勤奉隊人數已達 30 萬人〔註65〕。而和「勤奉隊」相似的辦法還有「地盤育成」，及規定偽滿境內年滿 18 歲至 45 歲的男性「良民」，都有到煤礦當勞工的義務，每人分 3 期服役，每期 4 個月（後改 6 個月），3 年內完成，此項措施於 1942 年在「滿洲國」全境推行，民生部幾乎每年都公佈各礦優先招募義務勞工的地域〔註66〕。簡而言之，勤勞奉公「就是在國家所樹立的配置計畫及所命令的職域內，國民應付最大的努力，不惜奉公於國家」〔註67〕。

其中，於「滿洲國」境內設立「模範農村」亦是勤勞奉公制度具體實行工作之一。「滿洲國」政府設立「模範農村」之目的如同協和部中央本部所刊行的官方刊物之內容記載：

> 滿洲國政府在縣內設定模範農村，為了積極的建設，在自興村的名稱下，便集中了所有的指導力，青年團方面，也本著設定模範重點團的方針，便設定模範重點團，和自興村的態勢相對應，鞏固各種團的模範的運營，文化方面也已由高而低的方式為原則，而作興農國策推進的中核體，戰時下的增產方策，以村的自覺意興的增產，才是最理想的辦法，農村的自覺越高，國家的基礎越鞏固……。〔註68〕

由上文中可知，「滿洲國」政府是基於增產目的而設立「模範農村」，期望將地方村落建造為能夠為「國家」、日本帝國服務的生產區域。

〔註65〕同註 64，頁 22。
〔註66〕同註 64，頁 22。
〔註67〕福田晴夫，〈國民勤勞奉公制度是什麼？〉，刊載於《新滿洲》第 5 卷 1 期，1943 年 1 月，頁 29。
〔註68〕協和會中央本部，《協和青年團》（新京：協和會中央本部，1943 年 7 月），頁 23。

　　根據中國「東北淪陷十四年史」課題組到黑龍江省鶴岡市對日據時期煤礦工進行歷史訪問時的口訪記載顯示：

> 日偽統治時期，日本爲了戰爭的需要，大肆掠奪我國的煤炭資源，殘酷奴役中國勞工，廣大勞工每天被迫從事著超負荷的工作，生命朝不保夕。勞工們生病不但得不到醫治，有的甚至還沒死去就被扔到廢礦坑裡。〔註69〕

以上陳述內容就是東北歷史上「萬人坑」的悽慘實況。如同受訪者所言，日本爲了戰爭需要，奪取了東北大量的礦產資源，多數東北礦工更此被迫接受勞役工作，甚至危及性命。東北民眾因日本軍事需求而被迫從事勞役的情況也出現在宋斐如的《日本鐵蹄下的滿洲》一書中：

> 日本爲了便於運輸軍隊，以統治東北的人民，遂大修汽車路。普通的路寬三丈，地基用三尺厚的大石砌成，上而覆著沙土，修路石料，完全由各村分段負擔，雖是離石料很遠的地方，也必得費九牛二虎的力量，把大石搬來，墊上這三尺石底。這工作，說作就作，是不能絲毫遲疑的。所以哪怕你田中有已熟的禾稼急待收穫，也須先把這「皇家」的「要政」作完，回來再做自己的田畝工作。因爲這樣，所以常常有許多良田橫被荒蕪，去年九月中，廟境南馬峪村的村民，便因被強徵去作民伕築路，以致大好的秋獲熟爛在田地。〔註70〕

爲了服膺帝國的政策需求，東北人民被迫拋下末完的農事，投注大量的精力、金錢、時間爲日人築路，以致延遲了收割，只能目睹田地潰爛、荒蕪，卻無能爲力。

　　據千彥禾記載，東北農民在日本統治初期的五年間，統治政策使得東北人民在經濟上受到極大的影響，其反應在：耕地面積的減、主要農產的銳減之上、農產價格的低落、土地價值的大跌、農村工資的下降及捐稅負擔的增重之層面上：

> 據1932年的統計，東北耕地面積較九一八前減少四分之一強。耕地是農民的生命，耕田面積的減少，就可知道走向死亡線上農民之多。

〔註69〕高曉燕，〈日偽時期煤礦勞工苦難的縮影——訪鶴岡「萬人坑」倖存者張洪業〉，收錄於東北淪陷十四年史編纂委員會編，《東北淪陷史研究》第4期，1999年，頁79。

〔註70〕宋斐如，《日本鐵蹄下的東北》（上海：戰時讀物編譯社，1938年1月），頁50。

> 從農產生產物的減少，亦可知道農民生活的日趨貧苦。在工人方面，
> 因東北原有的民族工業或被侵佔，或遭打擊，大多數閉門停工，大
> 批工人隨即失業，只好到日人工廠工作。每日工作時間約 12 小時至
> 14 小時，工資則不過 3 角左右。〔註71〕
>
> 東北人民在經濟上受無限搾取的結果，城市則企業商店，相繼倒閉，
> 農村則飢饉遍野，慘不忍言。〔註72〕

上述的記載亦即是說：日本殖民統治的政策影響，深刻地分布在整個東北原有的社會階層之間，東北傳統的社會結構由於從上到下一脈地被殖民外力與經濟措施所介入、干涉，因而發生了變化及崩解的情形。這種殖民地原有社會因為殖民外力介入發生變化的情形在經濟、政治層面反應如此，同樣地在社會、文化方面反應亦然。

小　結

　　上述諸多例證皆顯示日本於滿實行的諸多政策，在以獲利作為目的的前提下，非但衝擊了東北原有的經濟體系，同時也對東北民眾造成極大的影響。當農民賴以維生的田地日漸縮減時，同時意謂著農民的經濟收益受到影響。在工業方面，亦因為日本的介入與干涉，致使東北工人必須面對失業的危機及薪資、工時不平衡的處境。由上述的記載看來，不論是農民或是工人都因為統治政策的經濟剝削而面臨生計困境，「滿洲國」統治政策可謂是全面地統攝「滿洲國」經濟結構的組成，深刻地影響了民眾的生活。

　　此外，經由比較兩地官方施政方向，筆者發現「滿洲國」官方雖亦曾致力推動「模範農村」的施政策略與指導方針，但是其性質與內容上與台灣總督府所推動的「模範村」似乎有所差別。日本在台灣所指涉的「模範村」著重於衛生、交通、地方建設、增產等方面上的加強，且與「生活改造運動」的政策並行實施，帝國期待台灣能夠成為具備現代文明的殖民地。然而，在「滿洲國」方面，「滿洲國」官方則較強調「增產」對戰時日本的協助，整體的改造多囊括於戰事考量之下，不似台灣總督府以系列性的政策對台灣民眾進行生活上的具體改造。

〔註71〕同註 61，頁 65～67。
〔註72〕同註 61，頁 68。

結　語

　　綜觀帝國以地方建設為名實施的統治政策在台灣、「滿洲國」施行的情形，以及兩地被統治者如何回應統治政策之反應，筆者發現，統治者無論是基於「提攜向上」、「文明進步」或「增產報國」、「戰爭協力」的出發點而實施改變兩地地方樣貌的政策，或藉由動員民眾為統治者服務等治理技術，都深刻地對兩地社會產生了影響，且擾亂、干預了被統治者原有的生活步調與生活環境。在忽略被統治者感受及沒有考量政策缺陷訂定配套措施的狀況下，統治者最終是以直接暴力或文明包裝的間接暴力等方式，指導被統治者從事區域建設與地方改造，其目的則皆指向以提供資源作為服務帝國此一方向。

　　然而，透過爬梳兩地報章　史論中的報導與時事評論，不僅能觀察到統治者以精密且高壓力的統治技術於兩地進行地方改造、空間配置等措施，是基於帝國戰略需求與「外地」機能而出發，這些歷史資料同時也保存著一種異於官方視角與論述的時代聲音——民眾對於地方空間遭逢外力介入之感知。這種在統治者全面且強大的論述下，由民眾視角觀看到的地方「空間」情景與樣貌之紀錄，便是兩地民眾欲以「異聲」突破統治單一聲線、反映官／民觀感歧異的一種表現。

　　兩地民眾不約而同地於刊物上發表見解的情況，就如同姚人多於分析日據時期台灣社會中被統治者試圖在殖民統治下爭取自我發言權之見解：

> 就知識的建構而言，被統治者一點也不沉默，他／她們要對權力述說很多事，而也，他／她們述說的事在整個殖民知識的建構中絕對佔有著相當程度的重要性。從這樣的觀點來看，權力是極具生產性的，它很可能並不是鼓勵被統治者保持沉默，相反地，在很多場合之下，它鼓勵被統治者多發言。〔註73〕

即便台、滿的統治者各自以大量、嚴密的調查活動、經濟體制、社會政策等複雜的統治技術控制兩地民眾，但實際上，兩地民眾皆藉由書寫與評論時事指出統治政策對民眾的影響，或是表現官方／民眾的主從關係，兩地的民眾不約而同地皆透過書寫現實作為發聲機制、參與社會政治的媒介與策略。這種視角的展示，不僅消解了統治者賦予兩地空間配置意義的單一性詮釋，同

〔註73〕姚人多，〈認識台灣：知識、權力與日本在台之殖民治理性〉，《台灣社會研究季刊》第42期，2001年6月，頁180～181。

時也呈現出兩地的空間因統治者的介入，而使被統治者必須改變生活模式的
真實情況。

第三章　變異的風景——台灣、「滿洲國」文學中的「空間」書寫

前　言

　　文學作品中以文字構築的文本空間，不僅是故事人物的活動舞台，展演故事的背景，它更是承載、傳達作家複雜情感的載體與媒介。縱使文學作品雖非如實呈現眞實，歷史的眞實空間與文學作品中的文本空間亦仍存有一定的差異，但筆者以爲，作家藉由文字所搭建、呈現的文學空間仍有其重要意義及具討論之必要性。

　　誠如麥克‧克朗（Mike Crang）曾在其著作《文化地理學》〔註1〕（Cultural Geography）一書中，以「文學景觀」爲題，專論文學中的空間含義。他以爲地理學和文學都是有關地方與空間的書寫，「兩者都是表意作用（signification）過程，也就是在社會媒介中賦予地方意義的過程」〔註2〕。本文無意將地理學與文學之功能並置相較，但麥克‧克朗詮釋地理學與文學的論述，卻給筆者帶來不少啓發。當作家身處特殊的歷史時空中，在社會充斥高壓、嚴肅氛圍的情況下，作家除了能夠以寫實、象徵、諷刺……等等手法來呈現故事，或選擇透過人物的性格、心理、言說和行動來表情達意。「文本空間」作爲人物活動的舞台、開展情節的背景，也蘊含有經過作家精心打造、設計的功用及

〔註1〕　Mike Crang 著，王志弘、余佳玲、方淑惠譯，《文化地理學》（台北：巨流，2006 年 9 月）。
〔註2〕　同註1，頁59。

特殊意義存在。

在文學作品中，由於文本「空間」是以各種具象物件為組構基礎，因此分析作品中之文學隱喻與象徵，是探究「空間」可能承載之文化意涵不可輕忽的要點與步驟。本文即是以此作為觀察台、滿文學作品中「空間」意象及其變化的對象，理解兩地作家於文學中賦予「空間」的隱喻與意涵。作家透過構築文學舞台及描寫人物活動，將現實中諸多「欲言而不能言」的感受投射於文學創作，藉以宣洩在特定時空背景下所承受、壓抑的情感。因此，解讀作品中的「空間」，便有其意義及必要性。尤其是殖民統治情境下的文本，始終擺盪於言說環境不穩定且備受箝制的情況下，被統治者為了迴避於闡發社會觀感之際可能觸及的政治敏感帶，文學創作便成為民眾、作家與統治政策對話的方式之一。故而，作家於特殊時期創作的文藝作品，除了展現藝文之美，亦可能含有作家向統治者及統治政策進行詰問的時代意義。

倘若「空間書寫」是凝聚了作家內在情感與社會意識的敘事平台，那麼本文關切的是，兩地作家在各自作品中展現何種地方「空間」？兩地作家如何編排文本「空間」？作品中「空間」的「變異」與「未變」又可能具備何種意義？

本章欲以台、滿小說中再現的「空間」作為研究對象，比較兩地作家身處不同統治體制及文化環境中，他們筆下的地方空間分別呈現何種樣貌，而兩地文學作品中「變異空間」與「未變空間」又有何相似處及殊異處？第一節首先歸納台、滿小說中的「變異空間」各自呈現何種樣態，詮釋「變異空間」中特殊意象所蘊含的文化意涵，並比較兩地作品書寫異同的可能涵義。第二節則欲分析兩地小說的「未變空間」內所呈現的特殊意象及其文化意涵，論析「空間」之所以未變的深層涵義。藉由比較台、滿小說中「空間」書寫的異與同，以及釐清兩地「統治政策」與「空間變化」之相互關係，思考兩地文學書寫相異或相似之情形所可能蘊藏的文化意義。

第一節　台灣、「滿洲國」文學中的「變異空間」

本節將以日據時期台灣與「滿洲國」的新文學小說為研究對象，以「空間」作為閱讀文本之視角，著重於分析、比較作品中與「空間」意象有關的書寫內容，透過解析兩地作家的小說創作中的「空間」意象，觀察他們筆下故事的背景、人物活動的「空間」可能暗藏哪些語彙代碼？透過闡釋

作品中經作家精心設計的「小說舞台」，尋得作家於兩地典型的變異空間中可能寄予的精神意義，對他們寄寓於小說中的社會觀察、思想與情感進行解碼。

一、台灣文學中的「變異空間」

如前所述，日據時期的台灣文學作品中的「空間」分布與狀態，時常隱含著小說社會中權力關係的痕跡。以下，本段將探討日據時期台灣小說中「變異空間」的幾種特殊形態。

（一）打造帝國「理想鄉」

1、高聳的建築

蔡秋桐的〈理想鄉〉〔註3〕（1935）一文，以台灣第 15 任總督中山健藏在台大力推動建立模範村政策為背景，主要描述台灣某一小鄉村，在日籍指導員「老狗母仔」（中村大人）為了趕在「始政四十周年紀念」時，呈現自己領導有成的「功績」，他以「設立模範村」作為指導方針，集體動員村民們去從事地方改造、地方重建、地方美化等勞務工作。然而，這些「改造工作」卻沒有為村民帶來更便利、秩序、美好的生活環境。村民為了遵循「改造方針」，被迫拋下農務，離開原本熟稔、自成規律的生活環境，而必須被改造成為符合指導員口中村莊應有的理想樣貌。對村民而言，改造工作非但沒有使地方變得「理想」，反倒卻使長久握有村莊指導權的「老狗母仔」成為統制地方的霸者、使村民的生活負擔日益加重。

以時間點來說，〈理想鄉〉一文完成於 1935 年 6 月 10 日，正逢日本盛大慶祝「執政四十周年」紀念活動之際。台灣總督府為了展現 40 年來在台灣實施的各項建設成果，及為其政策進行宣導鋪路，除了早在多年前便預先規劃慶祝活動、積極拓展地方建設等工作，還舉辦了大規模的「始政四十周年紀念台灣博覽會」。在總督府大力宣揚 40 年來執政功績的同時，作者卻於文中指出這僅是「理想鄉的黎明期」，似乎諷刺了台灣總督府自 1895 年治理台灣以來，雖執政已長達 40 年，但對於台灣的建設卻仍然停留於草創初期而已。經過美化工作、綠化工程改造的鄉村表面看來雖然「確有個理想鄉之

〔註3〕　蔡秋桐，〈理想鄉〉原刊載於《台灣文藝》第 2 卷第 6 號，1935 年 6 月 10 日出版。收錄於葉石濤、鍾肇政主編，《一群失業的人》（台北：遠景，1997 年7 月），頁 341〜353。

模樣」〔註4〕，但深入探究卻可以發現，統治者推動的地方改造工作僅達到最初淺的「改善環境衛生」、「美化環境」，台灣仍舊停留在「理想鄉」建設工程的基礎階段，這與統治者宣稱致力發展地方產業經濟、讓村民享受建設成果的「理想」藍圖，實際上存在極大的差距。加上 1935 年後，隨著帝國擴張的藍圖，台灣的殖民地屬性又將轉爲「南進」基地，被納入帝國「南進政策」的規劃區域中，進入另一個「初期」。這種凸顯台灣處在帝國設定期程中的「黎明期」的書寫策略，正直接地指出了殖民地台灣終究無法眞正達到統治者的「理想」的困境。這種統治者口號中的「理想」虛妄與距離，在殖民地知識份子以「鄉」爲空間的書寫過程中，被徹底地揭露出來。

而若以空間的配置來說，〈理想鄉〉以 30 年代的台灣「農村」爲背景。在小說所鋪排的空間中，「老狗母仔」所居住的「高樓」，是村裡最醒目的指標建築，村民們的田地、農舍則皆散佈在他樓房的周圍。從遠處觀望，鄉村的空間分佈，呈現出中心高聳、邊緣低平的景觀。此外，如「鐘樓」、「國旗台」相較於村內百姓居住的低矮農舍，都可謂是相較於臺灣人居住的等高線以上，特別突出的建築物高度。而小說中除了特別突顯某些特定屬性的建築物之「高」外，也透過書寫民眾回憶往昔或交代民眾所從事的「美化作業」內容來形繪昔日村莊環境紊亂的原貌，及說明今日鄉村經「美化」過後的變貌。

小說的情節變化主要圍繞著當局於地方推動「美化日」而開展。爲了召集民眾，「鐘聲」成了號召大眾聚集聽令的重要媒介。「鐘台」以高樓姿態，儼然如統治者立於高處俯視大眾，發出響亮的號令，環繞於遼廣的村莊之間，展現自己高人一等的優越「高度」。倘若將「鐘台」看作是「統治者」宣佈命令的位置所在，那麼從鐘台發出一聲聲鏗鏘有力的鐘響，及其盤旋至「四方八達」的餘音，就如同一張無形的織網壟罩整個村落，鐘聲宛如統治者的高壓政策，叫村民無處可躲：

> 空、空、空……敲鐘的聲，由鐘台而傳到四方八達了，庄中的人們，聽著空空的鐘聲一齊集合來了，乞食叔方在柴眠床上的牛屎，忽然聽著鐘聲，放下伊的工作也跟眾人出門去了。〔註5〕

由此可知，占據對村莊中央位置的老母狗大人的高樓與居高臨下的「鐘台」，

〔註4〕 同註3，頁343。
〔註5〕 同註3，頁342。

在小說空間分佈中，佔有極重要的詮釋位置。這座既高又大的鐘台，作爲全村「提點」、「警示」、「號召」之物，擁有「響鐘」決策權的操控者可謂是村莊中尊具「崇高」地位之人。決策者藉由「鐘響」發號施令，召集村民，編隊發配工作到力行勞作，一連串的「動作」，是決策者經由象徵「位高」、「權重」的鐘台發布訊息，下達指令而完成的。這種「由上而下」的傳達方式，展現了一旦統治者「政令一出」，民眾就得「命令必行」的現象，同時也反映出統治者、被統治者間呈壓迫／被壓迫的關係。如同文中描述之情景:「今日是美化日，庄眾各各要去美化作業，庄的美化工程，是以鐘聲爲號，如聽著鐘聲一響，勿論誰人有怎樣重要的工程，亦要放掉而服從這個美化工作！」〔註6〕，只要鐘台發出聲響，不論民眾處於何地，從事何種工作，甚至面臨何種亟待處理的事件，都必須放下手邊的工作，被迫拋卻身爲「台灣人」的自由，變換成唯命是從、聽令行事的「被殖民者」。

　　小說僅呈現民眾依照「鐘聲」聚集解散，但實際上掌控鐘台、握有決定敲鐘權力的人，作家以「鐘台」暗示統治者的「化身」，殖民地上的「建築物」成爲統治者的隱喻象徵；小說中的人、物之屬性，以及殖民地社會中的權力關係，於此被通過小說中的空間書寫連結起來。

　　此外，小說中亦描寫到「P郡衙樓上的摩達塞鈴噴噴吼了，放工的令也發了，庄眾散散去了」〔註7〕之景，殖民地上隱含有權力關係的「聲音」，除了「鐘響」，也以「摩達塞鈴」作爲表現的方式之一。相較之下，機械汽笛的強勁吼聲似乎比須用人工敲擊的鐘響更顯帝國氣焰。帶有現代性寓意的汽笛，安置於郡衙樓上，似乎展現了統治者以「教化」之姿，將「現代時間觀」傳授予台灣民眾。「鐘聲」和「摩達塞鈴」之聲響便成爲民眾始、止勞務工作的依歸。民眾亦都在幻化爲「鐘台」與「衙樓」的統治者之監控下從事勞務工作。在村莊裡，「鐘台」與「衙樓」似乎成爲統治者的「替身」，以聳立、高高在上的姿態從高處俯視、監控著民眾。由「鐘台」、「衙樓」發出的聲響，亦如同劃出一張無形的天羅地網，壟罩著辛勤勞作的村民們。

　　過去，以「聲音」進行詮釋的研究者亦所在多有，筆者則以爲，被統治者作家用以文學文本進行再現的這個以鐘台、衙樓爲中心，鐘聲、鈴響所及之處爲邊界劃出的同心圓空間，似乎較之聲音更具體地呈現出經統治者設

〔註6〕同註3，頁342。
〔註7〕同註3，頁347。

計、得以發揮高效能管理的空間配置方式，而文中所描繪高低落差，則正是作家以小說創作進行批判的文學性策略。

以往的研究者在討論日據時期小說時都著重於探討日本將「現代化時間觀」帶入台灣社會的過程，以這篇小說為例，則可能會將焦點置於「聲音」上，分析統治者以「鐘聲」與「鈴響」來操控、影響百姓們的文化與生活。如呂紹理曾在《水螺響起：日治時期台灣社會的生活作息》中敘述：「殖民政府帶入了各種新時間制度的「局面」（conjuncture），讓生活在此「局面」下的人們，不知不覺的在每日生活的「事件」（event）中使用一種新的機械時間」〔註8〕。統治者透過「水螺」聲響為發佈終、始動作的指令代號，這個「傳遞／接收」的模式背後，其實標示著人們在一套全新的生活作息規律與制度中，逐漸深化對標準時間的認識。但本文卻在分析小說「空間」安排、分布情況之際，發現到這種由統治者帶入的「現代化觀念」必須在「被改造的空間」中方能實踐。

在小說中，統治者便是透過構築「鐘台」與「衙樓」來傳達時間觀念，反應出統治者實際上是先透過改造殖民地空間、塑造利於統治者管理的環境，繼而才能達到有效管理及傳達政令的功效。

鐘樓發出「空、空、空」的鐘響聲，除了作為告示時間的功用外，亦隱藏、暗示著統治者大肆宣揚自己為殖民地帶來進步一事，不過如幻夢一般虛渺，諷刺了統治者以光鮮彩衣包裝的政策內容──所謂的集體動員以達「提升、向上」之政策，對民眾而言，聽從統治者命令盡心盡力從事美化作業、期望能夠晉身「進步」行列，到頭來終究是換得一場「空」。

作者早在小說開頭就已埋下伏筆，他以書寫鐘響之「空」，諷刺統治者以利己出發而進行的地方改造與建設工作，以「現代、美觀、進步」的華美包裝覆蓋、掩飾實際建設內容，與建設「理想鄉」的口號，聽在被統治者的臺灣人耳中，終究不過是一場利空。

除了前述「鐘樓」、「衙樓」等空間之外，「『老狗母仔』所居的樓房」及「國旗台」亦皆屬村莊裡「建築」。在小說裡，身為村莊「美化作業」督導員的「老狗母仔」，不時以「吾鄉的慈父」自居，並宣稱將自宅建於鄉里中心位置此舉皆是出於關心地方、掌握地方脈動的出發點：

〔註8〕 呂紹理，《水螺響起：日治時期台灣社會的生活作息》（台北：遠流，1998年3月），頁177。

> 老狗母仔（中村）大人在這庄居住已有 40 年之久了，也是個老台
> 灣了，他因為要吾鄉好，拋棄他底故土而就吾鄉指導員之職，將來
> 亦可是吾鄉的大恩公，就是他以吾鄉的慈父自居，所以他選定吾鄉
> 的中央地點，建置他的高樓，四方八達可有道路直通至他之高樓。
> 〔註9〕

「老狗母仔」大人的樓房，以高聳與置中的態勢傲立鄉里，在高樓的周圍甚
至還有四方八達的道路直通於此，若立於高樓俯視，必定有「居高臨下」、將
莊里近收眼底的優勢，從高處看來，道路似乎以高樓為中心輻射發散，四周
低平的道路將高樓烘托的更為聳立，而直立的高樓也使得道路更形延長，「高
樓——道路」形繪出如花開的同心圓，「中心——散射」構成「主幹」與「旁
枝」的畫面。

> 譬準樹木，他之高樓是幹，其他庄眾的住家是枝、葉啦，一登樓上
> 全庄一一可以修入眼界，老狗母仔大人自入庄來，他是日繼夜地灌
> 全精神指導，今日能夠得著那理想鄉三個字，就是他灌全精神勞力
> 所結晶的。〔註10〕

位於村莊中心，成為旁枝之主幹，高樓與民宅的分布透露了「老狗母仔」大
人在鄉里中位居「主導者」的位置。而樓之所以高、居中，是由於「老狗母
仔」大人為了要監控民眾的一舉一動，為求掌握全局而特別設造的。許多後
殖民學者在解讀文本之際，都將「高聳建築」視為是殖民主展現「霸權」的
隱喻。而這樣的解讀方式，同理可見於「老狗母仔」特設的高樓及「國旗台」
在小說中的位置。「老狗母仔」所居高樓建於村莊中心，相較於民宅低矮，不
但可以使「老狗母仔」一覽莊里、高居指導位置，亦可以塑造一種「抬頭仰
望」、「萬人崇拜」之優越感。此外，高樓與民宅的位置和形態，亦成村莊中
統治者與民眾之間權力關係的借代與縮影。「老狗母仔」以「為吾鄉好」為由，
不但盡力指導工作，也為村莊民眾接洽經濟往來，「現時全庄的經濟機關也被
他握在手裡。不！是吾鄉的生死關隘，不知不覺之間的全庄的經濟攏都受他
的支配了」〔註11〕。「老狗母仔」不僅止擁有囿限民眾自由及指派民眾從事勞
動的權力，他亦操控著全庄的經濟動脈，掌握無形的經濟去向，「老狗母仔」

〔註 9〕 同註3，頁 342。
〔註10〕 同註3，頁 342。
〔註11〕 同註3，頁 344。

不論於有形或無形之層面上，他都是發號施令的決策者；經手村內大小事的「老狗母仔」「儼然像吾鄉的霸者」〔註12〕。

　　建築的「高度」所隱含的統治者施展權力，同樣彰顯於「國旗台」在村莊中的功用。小說描述在以鐘聲召集民眾之後，各隊各組的「勞動力」統一聚集在國旗台下，以一種近似崇神、敬天的膜拜儀式作爲團聚勞作前夕的「前戲」：

> 日在東山將現了，美化工作的時間到了，掃除共同便所乙班的人們，
> 三三五五向著國旗臺下來了，甲班也放下工作集合於國旗臺下了，
> 老人也到了，囝仔也到了，大家整列好勢了，老狗母仔大人也到了，
> 東山的太陽現出頭兒了，一齊靜立國旗臺下向日徐徐下拜。〔註13〕

其中，用「日」暗喻以「日之丸」爲國旗的日本，和以「東山」冉升的太陽暗示位於台灣東方的日本帝國，以優越高傲之姿，面視徐徐下拜、充滿敬畏的臣民，在眾生膜拜與「敬仰」的氣氛烘托至高點之際，「日」才如尊爵般緩緩現身。民眾對著東昇的旭日徐拜之舉，彰顯了帝國對殖民地人民的影響力。帝國以強制力召集民眾，每日舉行例行儀式來鞏固、強化帝國的崇高地位，這樣的「神化」運動成爲村子裡不論男女老少晨間都必須要圍繞「國旗台」（中心）進行膜拜的習慣，甚至比實際勞作的「美化工作」還重要。

　　作者以描寫大眾「整列好勢」〔註14〕面東迎日而拜的場景，訴說帝國統治者以「非人」且用「自然物」的姿態現身於民，都表現了帝國統治者雖非親臨現場，但對殖民地台灣之影響就似日照大地般「無遠弗界」，映照每個被殖民者，深入殖民地的每一個角落。

　　總的來說，透過拆解、放大小說的空間組合，筆者認爲，〈模範村〉一文恰巧呈現了台灣的「鄉村空間」如何因統治者欲望、依政策指導而被迫做改變的典型情況，村莊內特別被書寫出的幾個建築物——「鐘台」、「衙樓」、「國旗台」及「老狗母仔的高樓」，正是「統治者下傳指令於民」的所在，而統治者又透過「高聳建築」作爲其形象的「替身」或下達指令的「中介物」，似乎欲藉「高聳」之形突顯統治者的「優越」姿態。然而，小說場景佈置，依次地由小至大，由單點的建築物朝向面的地景延伸，帝國與被殖民者的權力與

〔註12〕同註3，頁344。
〔註13〕同註3，頁345。
〔註14〕同註3，頁345。

相互關係，亦因此在高／低、主／從、中心／邊陲的對比中，一一在建築物的高度、包圍建築物的「儀式」般整齊的隊伍、象徵帝國的太陽的位置、集體地對日膜拜等意象上清晰呈現出來。作家在小說中經營「空間」，不僅只是做為故事背景，亦以之為「統治者」與被統治者之間的相互關係的投射，突顯出兩者之間在位置、身分與階級上的不均衡與高低落差，並在「理想」這層統治者糖衣上，強化了其中的批判意識。

2、村莊的「美化作業」

〈理想鄉〉一文的情節主要圍繞著「美化作業」而推展，地方空間產生變化亦是因此而起。小說敘述日籍指導員「老狗母仔」為趕及在「始政四十周年的紀念」上交出漂亮的成績單，完成「理想鄉」的建造，將急於立功的壓力加諸於百姓身上，日夜催促著助手們分隊帶領民眾進行環境改造。依循鐘聲工作的百姓們，就在聲聲鐘響之中，像是被制約般被催促著前去勞動區域進行美化作業，再趕往田地收拾因勞動工作而被迫荒蕪停擺的農務；在有限的時間內爭取搶救作物，像鐘擺一般於「美化作業區」和田地間來回擺盪、奔波。民眾成為統治者手下召來喚去的傭僕，被統治者恣意地操控、擺弄，失去了生為「人」之自由與權利，在罰金與刑責的雙重脅迫下，不得不淪為統治者的幫手，親手去改變世世代代辛勤耕耘的家園、供給自己成長養分的故土，同時也是統治者口中所謂的「污穢之鄉」。全體民眾被動員去將「次等、落後」的穢地重建、改造成「清潔、整齊、舒適、進步」的文明地，將故鄉形塑成統治者心中的「理想鄉」：

> 指導員老狗母仔，他為著要吾鄉好，千辛萬苦計畫著，現在吾鄉比較四十年前，確實有隔世之感！庄的周圍攏是林投，再遠方看來宛如城堡。林投圍是自有庄到今，周周密密的林投內的污穢，是足難見呵！蚊！蟲！蛇！不是生於當時的老輩，是所想像不到的，林投腳是共同便所，也就是豚的遊覽地，若有遇著放屎的是它的幸運，有時放屎的人不注意，被牠磅倒，腳川臀汙著屎，這非說謊確有事實。庄內的溝堀，堀裡面的臭水，如用科學的設施，取那瓦斯足以供給全庄的燈火，現在溝也不見了，堀也絕跡了，路也平坦了，臭水也沒有了，確有個理想鄉之模樣，此去只是綠化工程吧了。〔註15〕

〔註15〕同註3，頁343。

縱然「老狗母仔」所大力推動的「美化作業」著實爲村莊帶來不同的氣象，將四處充斥雜亂、污穢的昔日村莊改變爲今日擁有整齊、清潔樣貌且漸步上現代化之途的「理想鄉」。對民眾而言，「改變」或許改善了村內的衛生條件、使民眾生活更爲便利，或是讓村莊看來確實像個「理想鄉」，但是「改變」除了帶來「進步」，同時卻也成就統治者成爲掌控全局的「鄉之霸者」，「改變」的背後事實上挾帶著統治者諸多欲望及目的。其中，統治者渴望全面操縱、剝削鄉村「經濟」可謂是推動「美化作業」背後最重要的動力及目的。如同文中所述：

> 他底理想，他底指導方針，也就是以經濟力壓倒爲原理啦，他底破壞工作將完結了，此去將進入建設的工程了，理想已達黎明期了。黎明期的理想鄉，理想鄉的黎明，美化的工程，綠化的建設。〔註16〕

> 他是致全力於產業衛生，如衛生思想沒有普及，是不得獎勵產業，污穢之鄉誰肯來，他要爲吾鄉好，無一不是著獎勵產業，因吾鄉資力不足，非仰外資不行，他之衛生建設，眞有長足之進步，產業之建設也非昔日之可比。〔註17〕

由上述的描述中可以得知「老狗母仔」所推行的「美化作業」，美其名是帶領村里往「衛生」、「進步」之「理想鄉」躍進而動員全體民眾進行綠化、建設的勞動工作。但實際上，「美化」、「綠化」的背後隱藏對利益的貪婪慾望，才是促使指導員「老狗母仔」大力倡導衛生觀、進步觀以及嚴格督導美化工程的主因。

統治者所謂的「衛生」與「進步」之說，皆是從屬於經濟發展之下，統治者將朝向進步邁進的觀念及極力塑造的「理想鄉」目標作爲「指導方針」，甚以強調「吾優你劣」的作法作爲統御民眾的手段。追根究底，統治者所謂的「提攜、向上」充其量不過是爲獲取村里經濟利益而必須營造合適投資、生產環境的一相階段性任務，統治者的作爲並非基於關懷鄉里而出發。

此外，由上述引文可得知統治者的「建設工作」是建立在完結「破壞工作」之上。統治者爲了取得利益，不惜先「破壞」鄉村原有的生活型態，再「建設」利於經濟生產的「理想鄉」。

〔註16〕同註3，頁344。
〔註17〕同註3，頁350。

　　在「摧毀、破壞」與「重造、建設」的過程中，統治者自始至終僅將民眾作爲任意操弄的「勞動力」，從來都沒有傾聽過民聲、尊重過民意，僅是空泛地向民眾展示鄉村發展的「遠景藍圖」，以剛柔並濟的統治策略督促民眾進行改造工作。統治者在「改造」前夕便已不顧民眾對改造工作之反對聲浪，費盡心思使自己握有地方的經濟大權，又遑論「改造」之後會實現以民眾利益爲重的虛妄謊言？

　　此外，誠如文中描述民眾對「美化作業」之目的及意義不甚了解，因而出現對具「現代衛生」指標性的公共廁所爲何會建置在路旁此景充滿疑惑的情況，或爲了避免受罰而將雜物胡亂堆放至家居空間中的荒謬情景：

> 在李大人的意思，厝內如何他是不顧，總是外面眾人所看得著者，
> 譬如一枝草一塊石也要清到乾乾淨淨，方始干休。雖是矛盾，那末
> 爲著名聲，爲要賣名，是所難免！豬羔姆那收拾她的破家稱那詛咒：
> 「斬頭！短命！不是街不是市，道路也清到那麼光溜溜，元理末廁
> 池是要創在偏僻地方，怎樣慣慣都是叫人起在道路邊，那像建廁池
> 街？怎樣講著起在道路邊咯！大人來有有看見咯！才知咱有啓廁池
> 咯！蕃天蕃地，斬頭短命你……」可是外面的破家稱、柴頭、木屐，
> 因恐大人拿去化火，收得一目不在了，房間竟然變成雜碎間去了。

〔註18〕

透過上述引文可以得知，統治者只在乎村莊表面的美化假象如何吸引外資進駐、推進村莊的產業發展，對於「衛生觀」、「現代觀」是否眞正落實於民並不在意。統治者這種以自我利益爲重、卻以虛應故事態度待民的自私行舉，反映出殖民統治的本質皆無外乎是以剝削殖民地經濟利益爲出發點。

　　一連串以「進步說」合理化統治者不合理的「奴役」的「美化工作」的背後仍舊不脫榨取利益的終極目標。如同陳建忠在分析蔡秋桐的小說創作時，認爲作家筆下的殖民地呈現了改善衛生條件與居住環境的一個側面。〔註19〕他亦論述小說中的台灣農村內推行的「生活改善運動」所展現的現代化意義，其理論基礎在於殖民主義所宣稱的殖民地「文化落後論」，但是這種以日本殖民利益爲前提的「現代化」其實仍不脫其經濟榨取的本

〔註18〕同註3，頁349。
〔註19〕陳建忠，《日據時期台灣作家論：現代性、殖民性、本土性》（台北：五南，2004年8月），頁109。

質〔註20〕。

　　由此可見，統治者多以「現代化」美化、包裝暗藏於統治政策下的經濟剝削。然而，統治者企圖於台各地建造「理想鄉」除顯露出其貪婪野心，同時此舉也改變了台灣鄉村原有的經濟體系、生活型態及空間分佈。跟隨政令施行而來的「變化」之一即是施淑在評論蔡秋桐小說之際點出「文化村落」莫不是「與傳統文化臍帶斷裂，而又以農村破產為代價的措施」〔註21〕的重大問題。由於民眾在統治者的指導命令下，被迫分散全心全意照顧世代傳承的農地的心力及時間，去從事自己不慎理解的「美化作業」，在統治者軟硬兼施的指導作業之下，民眾被迫改變原有的生活型態，並且在「毀壞舊空間、營建新地方」的過程中連帶毀棄許多蘊含傳統文化的物品及所在，在一次次的「汰舊換新」下逐漸與傳統文化產生斷裂。

　　這種反映民眾因「模範部落」、「美化作業」、「文化村」、「部落振興計畫」等殖民政策，其生活大受影響的書寫亦出現在其他作品中。如張慶堂的〈老與死〉（1936）描寫年歲漸高的烏肉兄在妻子死後獨力撫養幼女，衰老的身體在患得一次「寒熱病」後便日益衰弱，僅能倚靠參與打稻班所賺取的微薄薪資困苦度日。然而，這時「村裡竟發起所謂『模範部落』這東西來，繼而便接連不歇的補修八個多月路，並且說破屋子不雅觀，自己要起來補修或毀掉，不然要放火把它燒掉去。他的破茅屋亦是被指定之一。」〔註22〕村中的大人為求「模範部落」績效，以放火燒屋恐嚇且強迫烏肉兄修茸破屋，烏肉兄只好咬緊牙關以糴粟轉借金補修殘破不堪的家屋，為此拖負的欠債直至去年才勉強還清。

　　或是蔡秋桐的〈四兩仔土〉（1936）一文，其小說背景同樣發生在統治者大力推動「美化作業」、「部落振興」運動時期的台灣農村。文中敘述土哥所居的村莊「到處都唱自力更生，部落振興計劃，美化部落，暗濛濛的厝內要改造，掛玻璃窗可以採光通風，使之家庭明朗，厝前厝後的林投腳、竹莿腳不使人們放屎了。」〔註23〕在半推半就之下，原本不習慣使用便所的土哥「不

〔註20〕 同註19，頁112。
〔註21〕 施淑，〈日據時期台灣小說中的知識份子〉，《兩岸文學論集》（台北：新地文學，1997年6月），頁37。
〔註22〕 張慶堂，〈老與死〉，原載《台灣新文學》第1卷7號1936年8月5日。收錄於葉石濤、鍾肇政主編，《薄命》（台北：遠景，1997年7月），頁371。
〔註23〕 愁洞（蔡秋桐），〈四兩仔土〉，原載《台灣新文學》第1卷8號，1936年9

得不著學放了」〔註24〕，他甚至「也跟人家圖謀自立更生，盡部落民之義務，跟人家共作部落振興的工作」〔註25〕，加上爲了照顧年邁的老母，土哥只能減少去農場作苦力的機會，使得本已十分窮困的土哥必須擔負更龐大的生活壓力。

蔡秋桐的另一篇作品〈奪錦標〉（1931）的小說主題同樣圍繞在台灣某一偏僻農村如何因「文化村落」政策實施而遭遇變化。「什麼農村文化——文化村落呀！什麼建設模範部落呀！在這被悲視的農夫，被厭惡的放屎百姓及居的這牛村，一直地就少有人顧及，何以近來倒有了這些標語出現？」〔註26〕平靜的小村落，由於統治者以政治力強制介入，打亂了村民原有的生活步調，亦使得地方空間產生驟變。

在 A 大人的督導之下，全體村民被動員去從事美化環境工作，牛村果然一改從前雜亂無章的景觀，變做整齊、清潔的「文化部落」。如同文中描述：

> 一個多月之後，這一個牛庄，眞是整頓到有點兒幽雅精緻了，道路
> 不消說是造得很平坦了，就連莊內的草園一堆也不存著，豚舍，虧
> 得放屎百姓聽話，賣皮當骨，總算也建築到萬分周至。還有那四處
> 飛跑的雞兒、鴨母，也都有了簇新的棲息處。〔註27〕

在「建設文化村」的口號下，原本髒亂、污穢的牛村有了嶄新的氣象：重新鋪設的道路變得平坦、村莊周圍也無雜草堆放、家禽家獸也規矩地安棲在新建的住所中。A 大人爲了獲得督導「文化村落」有功之虛名及升遷的機會，以罰金逼迫百姓放下手邊農務，全力進行「文化村」的改造運動，在殖民地台灣人的眼中，又呈現什麼模樣呢？

> 因爲這麻拉利亞防遏作業，累得放屎百姓足足做了一個多月『無錢
> 工』，什麼蕃薯、甘蔗、稻田……雖然荒了許多，但，牛庄卻居然成
> 功了一個文化村落了。〔註28〕

月 19 日。收錄於葉石濤、鍾肇政主編，《一群失業的人》（台北：遠景，1997
年 7 月），頁 361。

〔註24〕同註23，頁 361。

〔註25〕同註23，頁 361。

〔註26〕蔡秋桐，〈奪錦標〉，原載於《台灣新民報》第 374～376 號。1931 年 7 月 25
日、8 月 1、8 日出版。收錄於葉石濤、鍾肇政主編，《一群失業的人》（台北：
遠景，1997 年 7 月），頁 304。

〔註27〕同註26，頁 307。

〔註28〕同註26，頁 311。

榮獲「文化村落」美名的牛莊民眾並沒有嘗到「改造」後的甜美果實,「自從
A 大人榮遷之後,牛庄的文化氣也漸漸消失了。東也荒廢,西也荒廢,這一等
確有點兒支持不住了。」〔註29〕,牛庄在 A 大人高升遷出以後,卻荒謬地從
「模範」淪為了無人聞問的荒蕪之地。誠如陳建忠曾撰文論述:「蔡秋桐將『殖
民主義』以『現代化』為名進行台灣農村生活改善/進步運動,而實際上是
以農村傳統文化解體、經濟破產為代價的一面揭出,從而指陳了殖民主義的
虛偽性格與剝削本質。」〔註30〕。由此可知,由文學創作所呈現的因殖民政
策而異化的空間,適突顯出統治者所推動的「美名」政策實際上不過是有效
統治的一種表面手段,對於台灣人來說,這一個過程非但無法達到統治者模
範的本質,更同時喪失了自身原有存放生活習慣的空間。

　　這種空間書寫的模式,也能在楊逵〈模範村〉〔註31〕(1937)這篇小說
中看到相似的架構。統治者規定村中每位民眾都得為「美化作業」分勞、負
責,在勞動時間內必得立即放下手邊工作,專心完成分配勞役。為求達到村
莊榮獲「優等賞格」的目標,為了州事下村巡行,統治者加緊督促美化作業
的進度,以緊迫盯人的方式施壓:

> 因為州知事巡行的日子愈來愈近,警察的督促也愈來愈嚴了。而且
> 這次的巡行,對於模範村的賞格問題頗有關係,公路的修補,路邊
> 樹木的修整,街巷的打掃,圍牆的修補等,都是很重要,也是很費
> 工夫的工作,村裡的人都因而忙碌起來了。〔註32〕

全體村民齊力動員的勞役活動,表面上展現出一種齊心向上的團結感,但就
實際情況而言,這種動員全民勞動為村莊「改頭換面」的浩大任務,不過是
統治者及少數可獲利者爭取「賞格」帶來的表面虛榮所引發的。統治者為了
滿足欲望與私心,迫使被統治者必須放下手邊工作,拋下賴以為生、甫剛開
犁的田地不管,改以統治者推動的「美化作業」這類表面活動為優先考量,
都再再嚴重影響了村民的既有生活慣習。所謂的「忙碌」,實是為了統治者的
利益而忙,眾人辛勤勞作的背後卻都夾藏著非己願的無奈與心酸。如同文中

〔註29〕 同註26,頁314。
〔註30〕 同註19,頁109。
〔註31〕 楊逵,〈模範村〉,1937 年 8 月寫於東京近郊鶴冗溫泉,中譯文刊於 1948 年
　　　　12 月《台灣文學叢刊》第 3 輯。收錄於張恆豪主編,《楊逵集》(台北:前衛,
　　　　1991 年 2 月)。
〔註32〕 同註31,頁286。

添進與添福所面臨的苦處：

> 添進和添福兄弟倆，在炎日底下忙著犁地，不肯休息，雖然他們的
> 老父怕他倆累得中暑，喊他們休息休息，把嗓子喊啞了也沒有用。
> 兄弟倆理睬都不理睬，正是因為前兩天，他們奉令放下剛剛開犁的
> 水田，把自己的活計擱下，去替公家修築公路，以致把工作耽誤了。
> 天是不等人的，這些天所誤的工作必須趕快補足，否則就要趕不及
> 插秧的時間了。〔註33〕

添進與添福為了補足「美化作業」而暫放停擺的農務，兄弟倆必須在完成公
派勞作之餘，和時間分秒競賽，顧不得身軀疲累，趕緊趁閒暇時處理未完的
農務。倘若為了美化作業而擔誤了自家的農務和要事，統治者並不會因此負
責，最後僅會使自己落得一頭空。因此東忙造橋、修路、填水窪，西忙刈草、
築圍、裝鐵欄的「美化作業」，對村民而言，泰平村並沒有因此變得更美，為
了完成天外飛來的雜役，民眾被迫從事非自願的勞役，被迫停止極待處理的
工作，反倒使民眾得花費更多時間和氣力來彌補未完的工作。村莊表面的光
鮮亮麗，都是由眾人的血淚堆砌而成，即便村莊因美化作業變好、變美，拖
著疲憊身心的村民，在蠟燭雙頭燒的情況下，似乎無暇、也無心駐足欣賞用
勞力換得的美景。

　　村民們為了知事來訪、警察巡視，每天都得趕工勞動事務，將家園和公
共道路依照統治者的要求重新修整、改頭換面，才能符合統治當局的「向上」
與「文化」要求。如同文中描寫：「有些房屋，本來就已東倒西歪，漏得非常
厲害的，卻沒有扶正，也沒有蓋好，都要把它開個大窗戶，再安上鐵柵欄，
看起來也頗體面」〔註34〕，此舉明顯地呈現了統治者為了求得名次，以「表
面功夫」為策，漠視村民真正亟需協助的地方。為服政令，民眾拋下手邊瑣
事，全力為改造環境勞碌，但統治者並沒有給予這些勞動者應有的報酬，反
倒還再次剝削這些窮苦的百姓，在「改善生活」的名目下，要求全體百姓繳
納裝鐵窗、修水溝所需材料的款項。例如文中描述憨金福原以為村莊在榮獲
「模範村」的殊榮後，統治者會頒發勞動「賞金」以茲鼓勵，但沒想到，付
出勞力的民眾不但無法領取賞金，還因為必須自行吸收改建費用而背負欠款：

> 他雖然也懷疑過，做工拿不到這麼多的錢，可是因為是「賞金」，他

〔註33〕同註31，頁238。
〔註34〕同註31，頁286～287。

便信之不疑，更加高興起來。等他找到保甲書記之後才知道，這不
但拿不到錢，反而是要他繳納偌大一筆款子。便氣得睜著兩隻大眼
睛了。

他聽到保甲書記向他解釋：「你家是不是裝了鐵窗欄了？你不是也領
了修水溝的水泥了？這筆錢便是要付這些東西的代價。」〔註35〕

突如其來的龐大債務，讓本無工作、薪資、積蓄的憨金福最後甚至選擇自我
了結來終結無法負荷的生活夢魘。然而，此般慘痛的事件卻只是社會問題中
的冰山一角，即便如此，統治當局仍就只在乎贏得「榮譽」後的盛宴該如何
安排、利益該如何分配，把衛生宣導、回饋鄉里的本職全拋諸腦後，並以公
權力脅迫村里百姓必須負責這次「成功」的改造、為榮獲「模範」美名背後
之所有開銷。統治者「取之於民」卻「用之於己」，雖然泰平村最終贏得了官
員的讚賞，「一切都盛讚泰平鄉官民一心，協同建設的美風，甚至有些誇言本
鄉各種文化設施和生活都是向上的，的確當得上『模範村』的稱號」〔註36〕，
泰平村於外所呈現的整潔、光彩與榮耀，卻暗藏了家家戶戶百姓的辛酸血淚，
泰平村其實一點也不「太平」。

　　從小說文本中的空間書寫邏輯來觀察，這種為了殖民者的統治需求而對
殖民地空間進行的「美化」工程，雖然其所更易的是被統治者的空間，然而，
所欲達成的新的空間型態，卻是以犧牲台灣人生活習慣、原有生活空間態樣
為過程換來的，即便統治者以「衛生」、「進步」為名樹立「模範」，這種空降
的異化手段，終究在與殖民地社會、文化皆有所出入的情況下，只是一個短
命而突兀的存在。作家正是通過這種對「空間異化史」的書寫，強化了統治
者的政策與被統治者間的距離與差異；空間的變異過程透過小說所呈現的違
和與不適，便成為了一種批判殖民統治的手段。

　　3、秩序的街道

　　同樣以〈模範村〉為例，作家楊逵於小說開頭，便交待泰平村的空間結構，
主要是以縱向的「保甲路」和橫向的「縱貫道路」交會而成。而從「保甲路」
和「縱貫道路」命名所隱含的意義看來，泰平村的發展與動向自然和帝國沿用
前朝的「保甲」制度與帝國帶來具有「現代性」的縱貫道路息息相關：

在這一大片田地中，有一條十米多寬的「保甲路」，由南而北。又有

〔註35〕同註31，頁288～289。
〔註36〕同註31，頁290。

一條二十米寬的「縱貫道路」貫穿著，和這條「保甲路」交叉成十字。這些道路是現代文明給予鄉村的恩惠，也成本村的一種值得向外界誇耀的榮譽，如果大雨或洪水把道路沖壞時，只要公家一個命令，村裡的「保甲民」馬上就可以召集三百多村民，很快把它修理得平坦如初。〔註37〕

建構村落交通網絡的兩大道路，分別是以「寬廣」、「直長」的形態，貫穿田隴之間，筆直綿延的道路是帝國冠以「現代文明」之名而建構的，兩路交叉而成的十字，將原本一大片遼闊的田地分隔開來，尤如帝國於村莊部署的兩道嚴密防線，監控著村莊的大小瑣事。由兩路相交劃成的「十」字，就像是刻意標誌的神聖符號，標記著帝國的優越、文明，也預言了村莊無法脫逸帝國設下的「十」字魔陣。

然而，特別的是，兩大道路的多變涵義──既是帝國監控村民動向的「視線」，也是無法抵擋風雨、洪水侵蝕，需全體「保甲民」勞動修葺的才能回復完善的「毀壞物」。而在橫貫、縱向的道路象徵著帝國的監視網絡之際，需動員民眾修繕才復完備的道路特性，也同時隱喻有日本帝國並非擁有「不毀之身」，經自然風雨摧殘、洪水沖蝕後仍舊會洞蝕、毀壞的文學性批判意象；突顯出要創造所謂的「進步」、「文明」，並非由帝國自體就能完成，仍需要台灣民眾的齊心協助才能成就。

在這樣一種文學中塑造的空間感及其物件的隱喻中，暗藏了知識份子藉由文學創作削弱帝國優越的能動力量，並提供了被統治者只能被動地接受統治者帶來「進步」、「文明」的既定概念，而藉由統治者的不完整、被統治者的「參與」，開啟了兩者制衡甚至是從權力關係傾斜走向均勢的可能。

呂赫若的〈牛車〉〔註38〕（1935）一文中，曾藉主人翁楊添丁的角度，反思以往拖車牛車在「危險的狹小的保甲道走著的時代，那時口袋裡總是不斷錢的」〔註39〕，可是「當保甲道變成了六間寬的道路，交通便利了的時候，卻弄成這個樣子，自己出去找都找不著，完全不行了。」〔註40〕。因為現代交通工具的發達與普及，反倒使自己失了工作，說明了道路整建、拓寬不僅

〔註37〕同註31，頁237。
〔註38〕呂赫若，〈牛車〉，原載於日本《文學評論》1935年1月，收錄於葉石濤、鍾肇政主編，《牛車》（台北：遠景，1991年2月）。
〔註39〕同註38，頁9。
〔註40〕同註38，頁10。

改變了農村原有的空間樣貌，隨殖民地空間改變而至的現代化產物，更是影響被統治者既有生活型態的要因之一。

這類對於道路的書寫，也可以在劍濤〈阿牛的苦難〉（1931）一文窺見其空間「變異」後造成的影響。故事主要描寫佃農阿牛等人在地主及官廳的雙重剝削下悽慘的遭遇，然而「路」的變化與屬性的不同，卻影響了主人翁阿牛的生活：

> 昨年末，說什麼要開造產業道路啦，不管他死活如何，便將他屋後十二尺寬的保甲路的兩旁，各旁補了十二尺闊，合攏起來湊成六尺寬的大路了，這就叫做產業道路，又聽做什麼六間道路啦，州路啦等麻煩的名目。〔註41〕

> 這條產業道路的開造，於阿牛不但沒有受到一點利益，倒要使他喪失許多土地，又強制他放下重要的農事，去做開造道路的無錢工，……現在菜已不能栽了，他非比往常的勞力去做苦工，不夠以維持他們的生活了。〔註42〕

從造路開始，乃至於道路於焉完工，阿牛作為殖民地台灣人的縮影，非但沒有因此受惠，反而處處受到道路興建的副作用——喪失土地、荒廢農事等，呈現出統治者所擘畫的空間「變異」的需求與政策，無異是建立在犧牲被統治者的利益上。所謂的「變異」，背後所承載的，既是異化，也是犧牲。這樣的空間書寫策略，也可以在馬木櫪的〈西北雨〉〔註43〕（1936）一文中，讀到相似的結構。

〈西北雨〉一文，原本描述的是殖民地台灣人看天吃飯的農業性格，在受到殖民者帶來的現代化生產方式的改變後，所產生的不適與變化，然而，除了空間中的產業結構的變化，「道路」作為空間中的意象，也呈現出特殊的意涵。即使因為空間的變異，使得交通便利、產業繁昌、衛生適宜、生活向上了，但這些卻似乎都不發生在被殖民者的台灣人身上，還有更多

〔註41〕 劍濤，〈阿牛的苦難〉，原載《台灣新民報》第 349 號，1931 年 1 月 31 日出版。收錄於葉石濤、鍾肇政主編，《一桿秤仔》（台北：遠景，1991 年 2 月），頁 291。

〔註42〕 同註 41，頁 291。

〔註43〕 馬木櫪（趙啟明），〈西北雨〉，原載《台灣新文學》第 1 卷 10 號，1936 年 12 月 5 日，收錄於葉石濤、鍾肇政主編，《植有木瓜樹的小鎮》（台北：遠流，1997 年 7 月）

如租期、農作物價格的剝削等惡劣環境，逼使得被人民向困窮淪落：

> 也許是天將沉，地將崩，滿空的黑雲油然地散佈得沒有空竅兒，四
> 圍早就陰森森的闇下。當閃電雷明前後明襲暗擊之後，何來遠處一
> 陣陣的淅淅瀝瀝的聲？微微而又輕輕掠過了枯燥待斃的禾穗，飛過
> 了長流不息的圳溝，終於躍過了開墾中的產業道路，滴落到工夫們
> 的面子。〔註44〕

> 這一片廣大的田，中間夾著的，正是那條由開墾中的產業道路橫面
> 嘔吐出來的大圳的支線排水溝，由這裡向西面直撞，不上一二光景，
> 就是他們的大本營。〔註45〕

> 至於開墾什麼產業道路，都是從上峯【政府】鬧出來的勾當，什麼
> 交通便利啦！產業繁昌啦！或是衛生適宜啦！生活向上啦！這都是
> 在他們的大本營的一間廟埕。〔註46〕

稻禾謂何待斃？圳溝又為何川流不息？為滿足統治者需求所進行的變異，終究在犧牲以犧牲殖民地台灣人的利益為前提下，在道路橫亙過殖民地農村的同時，被作家們以文學創作的方式表現出來，而故事中所表現的變異，無疑與統治者汲汲營營的現代化相反，只造成臺灣人的向下與衰弱化。如故事所描寫的，那些利益即使有，也僅只發生於統治者的「廟埕」之中，僅止於統治者們受惠，對於台灣人來說，則是完全隔絕的兩個世界。

（二）殖民資本入侵農村

1、工廠進駐

　　為了使殖民地能夠滿足帝國擴張之需求，日本於統治時期大力在台經營農業發展，將殖民地發展成為得以俾補日本先天條件上不足的供給區。帝國透過總督府「因地制宜」設定在台農業發展方針，並大量引進內地資本。其中，米、糖是日據時期台灣的兩大經濟作物。帝國為使台灣成為米、糖主要生產區域，以獲取最大利潤，除了施行諸多農業政策外，亦獨厚內地財團，使擁有雄厚資本的各大會社得以在原料生產區廣設工廠，殖民資本遂得以滲透於台灣農村的經濟體系之中。也正因為帝國的政策使然，使得原有的殖民地空間及其生產結構發生了以經濟為目的的本質上的變異。

〔註44〕同註43，頁297。
〔註45〕同註43，頁306。
〔註46〕同註43，頁307。

　　以林克夫〈阿枝的故事〉〔註47〕（1931）爲例，文中描寫主人翁阿枝與其他工人的生活，每日都在充斥「機械的粗暴的衝動聲」的工廠中辛勞工作，依水螺聲上、下工。但努力付出勞力並沒有使他們的生活改善，反而只是被非人化地對待：

> 雖說衣食比較安定點，然而已不復是人了。不，是工廠主家的捕擄，
> 機械的犧牲。我，不，我們勞工，也就全體在於這最廉價的代價之
> 下，把一生斷送了。〔註48〕

觀察小說中空間分佈的情形，阿枝生活在「摩登大樓」、工廠林立，表面上看起來繁華熱鬧的都市之中，但自己的生活空間卻被殖民主所建造的大樓與工廠所佔據，非但生活空間遭受擠壓，甚至還得依賴在象徵「統治者空間」的工廠中工作，才得以求取溫飽，表現出被統治者臺灣人即便在熱鬧繁華的空間中，卻依舊因爲這個「統治者空間」的壟斷與剝削，只能在日漸擴張蔓延的縫隙裡偷生的悲哀。

　　這種情形，在蔡秋桐〈新興的悲哀〉〔註49〕（1931）中也曾經出現過。故事描寫鄉村因「某會社工廠」的進駐，而使得鄉村環境發生極大的變異，同時迫使台灣人必須接受更多剝削與壓迫。民眾只能在「官廳不准我插秧，會社不准我插甘蔗……」〔註50〕的限制下，四處碰壁，背負著沉重的生活重擔，在這「變調的新興」村莊中悲哀地生活：

> T鄉將來是S會社第四工場建設有力的候補地，拓殖會社獻身的，
> 願將自己的所有地，分讓給一般農民，組織自作農民組合。海口將
> 來築港，T鄉是必由之地，自然而然成個重鎮。〔註51〕

> 「第四工場建設……海口築港……自作農組合的好處……地價會高
> 漲起來……一切的一切，唉，上當了，無一不是資本家的騙局……」
> 〔註52〕

〔註47〕林克夫，〈阿枝的故事〉，原載於《台灣新民報》，1931年10月3日、10日、17日出版。收錄於葉石濤、鍾肇政主編，《豚》（台北：遠景，1997年），頁29～38。
〔註48〕同註47，頁36。
〔註49〕愁桐（蔡秋桐），〈新興的悲哀〉，原載《台灣新民報》第387～389號，1931年10月24、31日、11月7日，收錄於葉石濤、鍾肇政主編，《一群失業的人》（台北：遠流，1997年7月）。
〔註50〕同註49，頁326。
〔註51〕同註49，頁315。
〔註52〕同註49，頁325。

在殖民地上，原本被統治者視為良善的政策，在被統治者的切身感受上，卻明顯表現出不同的反應，毋寧可以作為一種被統治者面對殖民地空間變異所發出的批判。而這種批判，在即將進入言說環境日益緊縮的氛圍以後，則是以另一種面貌呈現。

龍瑛宗在其〈植有木瓜樹的小鎮〉〔註53〕（1937）一文中，便曾針對這種「工廠入侵」的殖民地空間變異情形進行描繪：

> 通過街道，馬上就看到 M 製糖會社。一片青青而高高的甘蔗園，動也不動；高聳著煙囪的工廠的巨體，閃閃映著白色。〔註54〕

> 「從窗口可望見綠油油的蔗園那邊工廠像白色的城堡」〔註55〕

> 登上山丘，越過相思樹稍，俯瞰這小鎮，可以看到木瓜、香蕉、檳榔、榕樹等濃濃綠蔭覆罩著黑色的矮屋頂。稍稍離開小鎮的右方角上，製糖工廠像白色的城廓似地，被一片的甘蔗園包圍著。愈遠愈深的碧藍天空哩，積雲靜靜地屯駐著，在可望的視界裡，盡是豐饒的綠色南國風景。〔註56〕

同樣書寫空間變異，由於創作的歷史條件、社會氛圍與作家本身的能力之不同，也呈現出不同的「變異」特色。前二篇多以批判方式呈現，至於龍瑛宗，則是更進一步地在批判帝國之不可得的情況下，改以書寫台灣之「南國特色」為策略，利用「南方」這個原本應是異國情調的物件，對殖民地空間變異的主軸「工廠」進行包圍。空間固然是變異的，然而這種以被統者空間「反包圍」統治者空間的手段，則是在進入到戰爭期以後，空間書寫的一種調整型態。

綜觀上述這三篇小說中的空間書寫，三篇小說雖然時代有所出入，但卻都不約而同地以「統治者空間」與「被統治者空間」的空間推擠與消長，象徵殖民統治與本地文化間的力道拉扯情形。一旦象徵「統治者空間」的工廠進駐農村，隨之而來的便是被殖民者的生活空間，因外力而遭逢巨變，連帶必須要面臨原有生活型態被迫改變，甚至貧困化等等的問題。而這種以書寫殖民地因殖民資本介入與工廠進駐等空間變化情形，進而產生負面影響的殖

〔註53〕龍瑛宗，〈植有木瓜樹的小鎮〉，原載 1937 年 4 月號日本《改造》。收錄於葉石濤、鍾肇政主編，《植有木瓜樹的小鎮》（台北：遠景，1997 年 7 月）。

〔註54〕同註 53，頁 5。

〔註55〕同註 53，頁 7。

〔註56〕同註 53，頁 29。

民意象系統，以及其在肆應統治氣氛之改變下，改以文學表現進行空間的反包圍的書寫手段，則是不以文學文本中的「空間」作為觀察對象無法詮釋清楚的。

2、土地喪失

由於日本在台殖民政策對製糖工業的重視，以及大批殖民資本注入台灣的製糖工業，因而以製糖會社為主題的作品，也不在少數，像是蔡秋桐的〈四兩仔土〉〔註57〕（1936），便是以製糖產業為背景，敘述製糖會社私設留置場，脅迫民眾將田地低價售出，土哥的土地因此成為會社的囊中物：

> 土哥在幼年時後他底父親就去世了。雖然遺下二三甲土地在潭底，已經被人佔去了。土哥的父親勤先在世，是漢醫兼種痘先，是當地的上流紳士，勤先死後未幾，那潭底幾百甲之官有地拂下給糖會社了，夾在中間散在之民有地，是他耕營上之癌，他也就伸了魔手想一併強制買收。臨時私設留置場（或休憩所），擇日將散在期間之所有者召喚（或是請）奉，K廳長要完成他之美中不足，也親身駕臨，向著留置中之似是而非之犯人宣判說：「會社要買收你們的土地，你們要賣它，九則畑甲當百零五圓，十則六十五圓，池沼五十圓，原野十五圓。」如是，承諾者使之回家，不承諾者關到承諾，不使他回去。可憐的土哥所有的土地，從此也被人霸佔去了。〔註58〕

這種土地喪失的空間變異情形，在楊逵的〈模範村〉一文中則可以看見其典型的形象。楊逵書寫在日本帝國引以為傲的殖民統治下，泰平村村民不但無法如統治者所言，朝向文明、進步之途邁進，以農業為主的農民的生活也並未因為帝國的統治而改善，有地的中農因近年苛稅壓力日漸加重，如同文中擁有自己田地的中農劉見賢一般，因為「近年來各色的捐派，攤在他頭上的是越來越多，壓得他喘不過氣來」〔註59〕，而無地的貧窮佃農不僅無力承租田地，甚至連欲以出賣力氣維生的管道都沒有，譬如憨金福所言：「有力氣，

〔註57〕蔡秋桐，〈四兩仔土〉《台灣新文學》第1卷第8號，1936年9月19日出版。收錄於《一群失業的人》（台北：遠景，1997年），頁355～366。

〔註58〕愁洞（蔡秋桐），〈四兩仔土〉，《台灣新文學》第1卷第8號，1936年9月19日出版。收錄於葉石濤、鍾肇政主編，《一群失業的人》（台北：遠流，1997年7月），頁360。

〔註59〕楊逵，〈模範村〉，頁244。

有力氣有個屁用！……你看！我沒有力氣嗎？我有這樣的力氣，想找一小塊
地種種也找不到……」〔註60〕。由此，我們不難感受到貧農因「有力氣卻無
處可用」而生發「無力感」的喟然感嘆，若無田可耕又無工可做，貧農的生
計又該如何維持？此外，有田者因無法負擔苛稅漸瀕臨賣田、失田的情況，
以及無田者無力租田的慘狀，都共同呈現了以土地維生的農民正面臨或即將
面臨「喪失土地」的危機。喪失祖傳勤耕之田，就如同脫離了涵養傳統、賴
以為生的文化母土，在統治者以村莊步上現代文明自豪之際，暗地裡卻存在
著被統治者刻意掩蓋，泰平村民逐漸「失土」的警訊。田地的得與失，反映
了帝國與被統治者、現代與傳統的相互競爭、角力，與因為被迫失土的慘況
而對帝國統治的控訴：

> 他媽的，接了我的雞，又不讓我種那塊地，我拿了那麼大的雞去進
> 貢，好肥的一隻大母雞喲！足足有三斤二。我求他把崖子那邊那塊
> 地別收回去，仍舊租給我。但他還是收了回去，租給糖業公司。老
> 子開墾那塊地，父子兩代，費了多少工夫，下了多少本錢！家裡的
> 東西全都賣光了不說，還要天天到鎮上去挑大糞，載垃圾來作肥料，
> 好容易把這塊滿是石頭的荒地弄成了熟田，那麼好的水田，你看，
> 那甘蔗長得多麼好！〔註61〕

蕭乞食用肥美母雞作為續租阮老頭田地之約定，但阮老頭卻食言而肥，收了
謝禮，卻將誠信拋諸腦後。阮為了謀求更高價的租金，不惜捨棄對世代為己
投注心血於耕耘、拓地的蕭家之約，將蕭家父子以血汗灌溉的熟田，變租給
糖業公司，讓蕭家父子步上失土後塵。

　　村民連續失土的情況，反映了統治者、資本家與擁有雄厚殖民資本的糖
廠勾結掛帥，當統治階層制定不利於農民的政令之際，對於本土或外來的資
本家而言，利益當前，連祖傳的土地亦可以變賣、換租。田地因此逐漸由台
人的手中流失，成為外來糖廠盡情剝削、利用的生產工具。

　　於此，空間即從原本的單點的意象如建築物、文化範圍等具象的變異，
提升到動態的、整體的空間變動狀態，展現出「空間」作為小說中的有機詮
釋對象的可能性。

〔註60〕同註59，頁253。
〔註61〕同註59，頁257。

二、「滿洲國」文學中的「變異空間」

（一）打造帝國「防禦線」

1、築圍修道

自古以來，東北人民就必須在極險惡與原始的土地上力尋生存之道，因此造就了東北人性格爽朗、直接、剽悍、獨立的特殊性。中國東北地區由於特殊的地理資源與歷史條件，亦成為 20 世紀初期軍閥割據與多國角力的場域。歷經長時間的外患與爭戰，東北人民在殘酷的動亂中，被迫流離失所、家破人亡，加上地方封建制度諸多不平等的制掣與現實環境的困頓，逼使得他們不得不回擊、反抗或另尋生存之道，造成了東北地區時有「鬍子」、「馬隊」、「義勇軍」等由民間所組成的反抗游擊隊伍出現。因為這種歷史條件使然，日本統治者在佔領東北之初，便十分重視市鎮、村落的防禦與警備工作，以防範民間突擊隊的侵犯與騷擾，避免其造成統治社會的困擾及不安。有時，這些民間組織也會成為鼓吹、煽動抗日情緒的推手，正是為了要防範這些民間組織的騷亂，我們可以從作家馬加〈潛伏的火焰〉〔註62〕（1935）文中所描述的「警備工作下鄉」情節，窺知當時統治者與被統治者之間的衝撞：

> 對呀！警備工作下鄉，你不知道嗎？這是村公所派下來的官差，非得趕緊把汽車路修完不可，五天期限。〔註63〕

> 所謂警備工作是怎樣的一種不可思議的事呢？顯然是隨著滿洲國帶來的災難，滿洲國第二年的春天便這樣騷動起來了。還要工作什麼呢？鄉下已經演過了幾次的流血的慘劇，恐怖與混亂支配了整個的歲月，他親眼看到人們的死亡一天一天的增加，小康之家已經逐漸的破產了。〔註64〕

從作家書寫的殖民地現場中，我們可以看到，警備工作雖然是以防範盜匪為目的，但故事更多的是著墨在其對殖民地社會所造成的破壞與改變，反而與其原本的初衷與現實目的——防賊，發生了一定程度的差異。

在日本帝國的箝制與培植之下，「滿洲國」雖然是一個新興的「國家」，

〔註62〕馬加，〈潛伏的火焰〉，寫於 1935 年 6 月 22 日，原載《文風》第 1 期，1935 年 5 月，收錄於張毓茂主編，《東北現代文學大系·短篇小說卷》（瀋陽：瀋陽，1996 年 12 月）。

〔註63〕同註62，頁 265。

〔註64〕同註62，頁 265。

與從前「關外」〔註65〕的荒蕪景象相比，看似進步、現代與和諧多元，但隨著建國所帶來的「災難」，卻徹底地摧毀了東北各地原有的生活秩序，並擾亂了東北民眾的平靜生活；在日本陸續肅清「滿洲國」內部的異音時，炮火的突擊與高壓的政治監控，使得東北地區逐漸改變形貌，在成為多方勢力相互競力的場域的同時，也因為日本帝國的強力主導，逐步轉型成為帝國想像中的「滿洲國」。

其中，關於日本對於「滿洲國」的實體空間改變，可以從〈潛伏的火焰〉的情節中略知一二，文中描寫從縣城到區裡必經的小集市，「街上是已經修好了的汽車路，兩旁是挖成流水的淺溝，路面用石頭輾子壓得平平的，土是新黃色，那正對著商店門口的布幌子互相照耀著，有幾張花花綠綠的標語貼在磚牆上，這氣象明顯的有了變化」〔註66〕，為了迎接警察下鄉巡視，民眾在不甚如意的生活中還得大費周章「搭採棚，殺豬，宰羊……」〔註67〕，為籌備、張羅招待事宜而費盡心神。在鄉里看來整潔、秩序、有了不同的新氣象底下，以及在地方「明顯的變化」背後，實際上卻是表現出日本帝國對「滿洲國」影響力，以及日本如何期待「滿洲國」成為帝國殖民擴張版圖中的「防禦線」。

這種帝國在為防範反動勢力襲擊、侵略而「滿洲國」內強制執行的「築圍」工作，也反映在作家田兵的〈麥春〉（1940）中。科長對忙於農事的民眾下令：「限你們半個月，修上圍子，然後種地！」〔註68〕要求民眾在期限之內必須完成指令，不顧民眾是否能兼顧國策命令與繁瑣農務，使得民眾在「地不等人」與國策命令間擺盪而躊躇不前。統治者以國策指令強制民眾執行「築圍」工作，本是為了要讓民眾免於匪徒的侵擾而推行的政令。但是統治者為了貫徹國策之執行，並不理會民眾因為外務與農事二者無法兼顧而產生糾

〔註65〕意即「山海關」之外。前人以「山海關」為界，以此區分關內、關外地區。
〔註66〕同註62，頁271。
〔註67〕同註62，頁265。
〔註68〕田兵，〈麥春〉，原載《新青年》第5、6月號合刊，1940年，收錄於張毓茂主編，《東北現代文學大系·短篇小說卷》（瀋陽：瀋陽，1996年12月），頁460。另，作者田兵生於1913年，遼寧旅順人，畢業於旅順高等公學校師範部，原名：金純斌，現名：金湯，筆名有：黑夢白、金閃、田兵、吠影、易水、小槌、老馬、半斤、蔚然、田岳等。在這些筆名中，田兵是作者主要筆名，用於1937年在長春《明明》、瀋陽《文選》及《麒麟》、《新青年》等刊物發表的作品。可參考劉慧娟，《東北淪陷時期文學史料》（長春：吉林出版社，2008年7月），頁18。

結、猶豫的複雜心理及其所遭遇的困境，反倒以強制的方式執意完成政令。當村里遭受匪徒攻擊之際，統治者甚至還將責任歸咎於民眾遲遲未將圍子修繕完工，並無另尋積極的防禦措施，也沒有反身思考社會動亂的主因究竟爲何，仍消極的以「築圍」來應對問題之所在。

　　此外，筆者以爲，作品中作爲空間隔離之用的「牆」，亦隱含有多面的涵義。「圍牆」對於統治者而言，一則以防禦外來侵擾的屏障，二則爲囿限被統治者的生活範圍。其中，第一項「防禦外來侵擾」除了表示統治者以「築圍」打造「國之防禦線」外，也隱含著統治者以「圍牆」阻隔民眾與任何反動勢力接觸的機會。第二項「囿限被統治者的生活範圍」則是統治者以「築圍防禦」之藉口，行「集中管理」之實的統治手段。唯有能夠全面掌控「地方」，讓「地方」免於動盪不安，統治者才得以營造出「王道樂土」的假象。而正是作家通過書寫空間的切割，突顯出統治者此種統治手段背後的意圖。然而，事情卻並未如統治者所願，無論是前述被限時要蓋好的牆，或是用來抵禦盜賊的土圍，前者被以藉口與托咨的理由含混著工程進度，後者也同樣以拖延作爲手段，延遲工時的進度：

> 小垢峰村的土圍子還在修，從去年秋到現在一直也沒修成，半拉咔嘰，連個圍子門也沒有修好。〔註69〕

當土圍子被統治者視爲保障統治安定的象徵時，被統治者作家卻試圖在作品中延宕這座分割空間的「牆」的工事，在拖延與含混中，統治者的意圖與政策便因此遭到遲滯，而這種由一般平民與土匪、盜賊連結以進行的抵統治活動，不啻是文學文本在書寫統治者欲藉由「牆」的設立來分割空間時的最佳解消策略。

2、建設滿洲「新樂土」

　　日本於統治初期爲了減低東北人民對異民族日人的反感，以及考量到東北民族的多元特性，提出以「王道樂土、五族共和」作爲「建國」宗旨的政策宣導〔註70〕。在溥儀於 1932 年 3 月 9 日舉行「建國」儀式和「執政」就任

〔註69〕 同註68，頁 457。
〔註70〕 「滿洲國」的建國理念是「順天安民、民本主義、民族協和」。其建國宣言中謂：「實行王道主義，必令境內一切民族能熙熙皋皋，如登春台。使之爲永保東亞之光榮，爲世界政治模範」。1930 年代以降，「王道」的概念成爲滿洲國建國的原理，昇華爲在滿洲的舞台上展開的樂土建設中，表達充滿理想主義的革命情緒之語詞。滿洲國當局強調建國宗旨在於「王道主義」的實行，建

儀式，發表《滿洲國執政宣言》之際，更特別宣佈將「以道德仁愛爲主，剷除民族偏見與國際紛爭，王道樂土，當可見諸事實」〔註71〕作爲執政方針。日本在培育、打造「滿洲國」時，也利用傳說中的古代理想政治，以儒教作爲「滿洲國」的理念，認爲國家的正統性在於天意，皇帝順天安民，就是實施王道政治之善政〔註72〕。

帝國力倡唯有大眾一同以「王道」爲精神依歸與建國方針，東北的民眾才得以超脫民族界線與族群分野，成就一個不分你我，相互尊重的和諧樂土。也因此，許多文學作品便都曾以批判「王道樂土」之假象爲書寫目的，以諷刺的手法描寫這種虛假的統治者口號，如：「惟王道主義政治可以造成王道樂土！」、「王道樂土之人民乃世界最幸福之人民！」、「Ｘ『滿』協會共存共榮維持東亞和平！」〔註73〕等的情節出現，便是文學作品藉以批判百姓們在日本殖民政府以「王道」作爲治國的最高原則下，實際上卻暗藏不公與民族差異的悲慘生活的特殊書寫方向。

在「滿洲國」政府極力宣導「王道樂土、五族共和」的建國方針下，當局或以政令、或以教育對東北地區與東北人民進行改造與教化，就像〈潛伏的火焰〉中描述：「王老大聽說修汽車路的小夥子回來了，村立小學校又是怎樣忙著扎五色旗，集市上貼著什麼歡迎的標語，他聽說小學生怎樣練習唱滿洲國歌」〔註74〕。「國旗」可謂是國家的象徵與代表，當代表「日、滿、漢、鮮、蒙」五大族群的「五色旗」〔註75〕成爲東北境內隨處可見的旗幟的同時，

國的意義乃在於創造一個讓滿蒙三千萬民眾能夠安居樂業的理想之境，並且更近一步打破東西陽之間的隔閡，將東洋政治道德的精隨推廣到西洋，爲人類歷史提供理想國的典範。陳瑋芬，〈「道」、「王道」、「皇道」概念在近代日本的詮釋〉，《東亞文化圈的行程與發展》（台北：台灣大學，2005 年 4 月），頁 426～427。

〔註71〕滿洲国史編纂刊行会編，《滿洲國史》（東京：滿蒙同胞援護会，1970 年 6 月），頁 211。

〔註72〕岡部牧夫，〈「滿洲國」的統治〉，收錄於東北淪陷十四年史總編輯室、日本殖民地文化研究會合編，《僞滿洲國的眞相──中日學者共同研究》（北京：社會科學文獻，2010 年 1 月），頁 30。

〔註73〕李輝英，〈參事官下鄉〉，選自《東北作家近作集》（上海：光明半月刊社，1936 年 9 月），收錄於張毓茂主編，《東北現代文學大系·短篇小說卷》（瀋陽：瀋陽，1996 年 12 月），頁 589。

〔註74〕同註 62，頁 270。

〔註75〕「滿洲國」國旗定於大同元年（1932 年），國旗中黃色佔有最大面積，代表滿洲和滿洲民族。國旗左上角赤色代表熱情的日本民族，青色代表青春的漢民

也代表日本當局的影響力早已經深入民間，遍及各地。書寫中這種細微的空間安排或變化的情節，再再都蘊藏著政治意味與權力關係。另外，還有諸如劉黑枷的〈奴化教育下〉一文中的情節：

> 下午五點鐘，這屬於「滿洲國」的一個僻遠的縣份裡的第一小學，在二三百個孩子們幼稚嘹喨的歌聲中，從旗杆上降下了那面黃地一角鑲著紅藍白黑條條的旗子。於是學生們變大群大群的夾著書包跑回家去。院子裡只剩下那「天地內有了新滿洲，新滿洲便是新天地」，歌句的餘波還像游絲似的在微微盪漾著。〔註76〕

在一群孩子幼稚嘹亮的歌聲中，從縣里某所僻遠小學的旗桿上緩緩降下，透露出日本所扶植的「滿洲國」已在帝國的強制力下以「國」之概念被教育予孩童，甚至遠達偏僻的鄉村小學校，日本欲控制佔領區民眾思想的魔爪早已進入教育現場。

然而，我們卻不難發現，「滿洲國」作家們所書寫的「樂土」，往往與統治者所標榜的企圖一同——僅以「口號」的方式，形塑「樂土」，而並非以具體的內容呈現於文本之中；要言之，或許可以這麼推論，作家於文本中所透露出的服膺「滿洲國」之「王道樂土」的空間感，實際上也僅如統治者所呼告的標語一般，僅具其空泛的形體而未聞其實際的政策。就這個空間書寫策略來說，以統治者的口號化爲己用，或許正是文學創作者所獨有的特殊「筆法」。

（二）殖民資本入侵及現代化工業發展

1、現代工廠進駐礦區

秋螢的〈小工車〉〔註77〕（1941）一文，描寫了東北礦工們在日本統治

族，白色代表純真的蒙古民族，黑色代表的公平的朝鮮民族。滿洲國的五色旗幟代表五族協和，象徵著國內的主要民族能夠通力合作。

〔註76〕劉黑枷，〈奴化教育下〉，原載《現代文藝》第11期，1942年11月，收錄於張毓茂主編，《東北現代文學大系・短篇小說卷》（瀋陽：瀋陽，1996年12月），頁639。

〔註77〕秋螢（王秋螢），〈小工車〉，選自小說集《小工車》（瀋陽：瀋陽文選刊行會，1941年1月），收錄於張毓茂主編，《東北現代文學大系・短篇小說卷》（瀋陽：瀋陽，1996年12月）。另，作者王秋螢（1913～1995），遼寧省撫順人。現名：王之平，筆名：秋螢、蘇克、舍柯、邱螢、林綏、谷實、牛和之、孫育、黃玄。秋螢是作家在「滿洲國」時期的主要筆名，用於三、四十年代發表的小說。《小工車》爲作家第二部短篇小說集，收入8篇小說，其中，〈小工車〉、

時期，如何辛勞一生卻仍舊貧困的悲慘人生。而另一篇同樣是以描寫礦工生活爲主題的〈礦坑〉〔註78〕（1940），亦是透過主角張斌等人於礦區中度過顛簸的人生，爲被異族統治社會底下礦工們悲慘的生活發出不平之鳴。在〈小工車〉與〈礦坑〉兩篇以礦工爲書寫主題的小說中，「礦區」的空間形成與其中蘊含的社會氛圍，自是閱讀小說及理解情節不可忽視的重要背景。而兩篇小說也都不約而同地呈現出「城鎮的興衰起落皆與礦產開發息息相關」的特色，顯示出日本殖民資本經營的「採礦工業」，對東北地區的影響與改造。

　　就歷史條件來看，「礦區」這一空間對於生活在「滿洲國」的被統治者來說，幾乎就等於是「殖民工業區」的代稱。除了礦區需要倚賴礦工人力開鑿，日人爲了快速且大量掘取礦產、運送礦產，也引進許多現代化機具、交通設施，計畫性地將原本的荒村小鎮，就近打造成爲一座現代化的「礦業城鎮」。如同〈小工車〉中描寫城鎮中的交通運輸線的變化過程：

> 這一條路線，很早以前雖然是專爲礦山通勤的職工鋪設的，但是以後卻逐漸增加了車次，住在礦山附近的居民，有人到外地辦事，也是搭乘這條路線的電車。然而人們仍舊習慣地把這一路的電車叫「小工車」了。其實它每天所運載的雖然不盡是什麼小工，但車體卻與其他路線不同，車廂內沒有坐席，車窗小得像一個洞口，車門卻大得可以走進一輛汽車。這本來是運貨車，當地的通稱又叫「悶罐」。〔註79〕

小鎮的交通圍繞著礦產而運作，「小工車」的行駛路線，不僅是礦工的必經之路，更是所有小鎮民眾欲聯絡外地的交通要徑，這條狀似快速、便捷的交通鐵路，可謂是礦區與小鎮發展的重要動脈，從礦產、礦工到民眾，無一不是憑此進出往來，「小工車」似乎也成爲小鎮民眾不可或缺的依賴交通運輸工具。

　　然而，肩負地區聯絡與輸送重責的「小工車」，雖然快速、便捷，但車廂內並沒有舒適的坐席，也沒有明亮透淨的車窗，它的功用是以運貨爲主，是

〈離散〉兩篇在《新青年》月刊等雜誌發表時，甫已引起文壇注意。參考劉慧娟，《東北淪陷時期文學史料》（長春：吉林出版社，2008 年 7 月），頁 15～17。

〔註78〕秋螢，〈礦坑〉，寫於 1940 年 8 月 20 日夜。選自小說集《去故集》，文叢刊行會 1941 年 1 月版。收錄於張毓茂主編，《東北現代文學大系·中篇小說卷》（瀋陽：瀋陽，1996 年 12 月）。

〔註79〕同註77，頁 894。

一輛非為人設計的運輸工具。因此，從這個被地方戲稱為「悶罐」的「小工車」被礦區與小鎮作為交通要道一事來看，經營者並沒有尊重這些冒著高風險為礦場開採礦炭的礦工們，經營者甚至將他們看作是一種「非人的貨物」，將淘汰的運貨車再利用改為載人的「小工車」。反映出在統治者與殖民資本經家眼中，「礦工」不但不被當作「人」來看待，影射出「礦產」的重要性高於「人」的時代背景。

由於礦業經營者為求大量且快速開鑿礦產，從日本引進的現代化採礦機具與技術於小鎮之中，對日人而言，這「產煤的區域，完全表現出一種工業精神」〔註80〕，但是對東北人民來說，「這現代工業生活的風景，氣勢顯得異常兇猛，空氣中充滿了各種吵鬧的噪音。有時機械們巨大的響聲，幾乎震碎了每一個人的心臟與神經」〔註81〕，看似工業發達的小鎮，其實背後所付出的代價，是人們必須冒著性命安危與在礦坑周圍徘徊的死神搏鬥，也必須犧牲自己的工作品質與身體健康，忍受機具發出的巨大噪音及因採礦而四起的塵埃。在「工廠轟鳴著汽笛，工人們忙碌的移動他們的腳步，懷著他們的『力』輸向工廠去」〔註82〕。在此，我們可以發現，以「開礦」為最高指標的礦區，在以空間進行詮釋的方向下，「人」僅是被當作是一種空間中輸送往返的「力」，而不再以真實的個人形象的表現。

同樣以「利益」為要的前提，人的感官卻並非統治者與資本家的考量要素，像是蕭軍的〈下等人〉，便是描寫在社會底層求生的鐵工人每日都得「走入那高大的鐵柵門去」〔註83〕，在「有著橫、順間距很密的鐵條網」〔註84〕的工廠中工作，忍受著「一條條鐵管，被斬斷擲開，細碎的鐵屑染著塵土在空氣裡飄盪，跳舞……奔向人們的鼻管裡來」〔註85〕的惡劣環境，和同雜在一群的工人日以繼夜的為資本家販賣勞力；小松的〈低簷〉（1942）描寫小鎮

〔註80〕 同註78，頁385。
〔註81〕 同註78，頁385。
〔註82〕 蕭軍，〈下等人〉，選自短篇小說集《跋涉》，哈爾濱五日畫報社，1933年10月，收錄於張毓茂主編，《東北現代文學大系・短篇小說卷》（瀋陽：瀋陽，1996年12月），頁1059。本章筆者設定以台、滿「現地作家」之作品為討論對象，雖然蕭軍為著名「東北作家群」之作家，其多數聞名作品是離開東北、入關後的創作，但此篇〈下等人〉是蕭軍生活於哈爾濱時的創作，因而納入此章討論。
〔註83〕 同註82，頁1060。
〔註84〕 同註82，頁1062。
〔註85〕 同註82，頁1062。

因工廠逐漸擴張，「工廠像是水瘤似的，不停的向大擴張，又有新的工廠，在從以前是荒草，墓地，水塘的地方站立起來了。這些低簷的住宅，被擠攏在一起」〔註86〕，原本的自然景物日漸被終年排放黑煙、廢氣的工廠取代，窮苦的百姓們只能將破舊的矮屋築聚在工廠未佔之地。

綜上所述，由異族統治者所帶來的現代化工廠，以及為滿足殖民資源需求的開發，原本該展現的形象，應該是帶有現代化的進步形象、整潔、明亮的空間感與文明感受，然而，在小說中所呈現的，卻盡是被統治者遭到壓迫、排擠的生活空間。這種隨「滿洲國」所提倡的「王道樂土」擴張，原有文化、空間因為現代化工業的進入而遭到壓縮、被統治者的原有的「樂土」反而漸形縮減的空間書寫手法，正突顯出統治者以文明、進步為主軸擘畫的「王道樂土」形象，實際上卻是與被統治者原有生活空間既不相容也不相等的衝突形象。

2、殖民地傷痕——鐵道密佈的現代交通網

山丁在《綠色的谷》〔註87〕（1943）中，書寫「狼溝」和「南滿站」這個原本平衡的城鄉關係，由於鐵道建設消息的散布而開始發生變動。「狼溝」的命運便因鐵道的開發，和充滿爾虞我詐的南滿站市鎮糾纏在一起，被迫牽扯進爭奪利益的混仗之中。寧靜的山林鄉野，也因鐵道的建設，和喧囂繁華的市鎮發生聯結。鐵道的構築既是接連鄉村和市鎮往來的契機，也是雙方命運連動的開始。雖然鐵道的設置看似讓城鄉間有了快速聯結、來往之便利，但同樣地，城與鄉的差異及扞隔感卻也在鐵道開築後，更益深化明顯。

〔註86〕 小松，〈低簷〉，收錄於《人和人們》（新京：藝文書房，1942年1月），頁81。小松，生於1912年，遼寧省黑山縣大虎山鎮人。原名：趙樹權，又名：趙孟原。筆名有：小松、夢園、白野月、MY等，其中小松為作者的主要筆名。小松於1938年起，曾先後刊行了《蝙蝠》、《無花的薔薇》、《苦瓜集》、《野葡萄》、《人和人們》、《北歸》等作品集。其中，《人和人們》收錄12篇小說。參見劉慧娟，《東北淪陷時期文學史料》（長春：吉林出版社，2008年7月），頁40～42、178。

〔註87〕 山丁，《綠色的谷》（瀋陽：春風文藝，1943年出版，1987年復刻）。另，作者梁山丁生於1914年，遼寧省開原縣老城人。原名：梁夢庚，曾用名梁咏時，現名鄧立，筆名有：菁人、小倩、山丁、梁倩（茜）、茅野、阿庚、馬庸、岳進、梁孟庚、梁山丁等，梁山丁為作者主要筆名。山丁是東北文壇一位頗有知名度及影響力的作家，在創作上，他始終秉持遵循著鄉土文學的道路，甚至明確提出「鄉土文學」口號，系統地闡述了鄉土文學的理論。其中，《綠色的谷》為作者第一篇長篇小說，1942年始寫作，1943年出版。參考劉慧娟，《東北淪陷時期文學史料》（長春：吉林出版社，2008年7月），頁31～33。

　　由於鐵道工程的開發建設，使得本以河套地為生的農民被迫遷移，讓出賴以為生的土地，農民的生計面臨直接的威脅。在鐵道開通後，繁華城市中的商業資本，因覬覦黑土之上豐沛的資源，或為求開發鐵道腹地，而隨時可能伴隨著鐵道入侵本為平靜、純樸的鄉野。這個以便捷、進步美名包裝的現代產物，至此則成為了並非是弭平兩地原有差異的交流媒介，反倒是加速城鄉差距的開始。

　　肇因於鐵道的架設，讓原本平整、遼闊的大地被迫割裂、分離。城鎮緊鄰著鐵路站道發展、蓬勃，隨著商業的繁榮和殖民資本的進駐，鐵道腹地也不停地擴張，將原本生長於此、居住於此、依土而生的人們驅逐而出。這樣推擠效應，讓城與鄉的界限愈益加深，形成了以鐵道為線，於內於外徑渭分明的城鄉分界。如同文中描寫：

> 鐵軌一直從南滿站鋪到狼溝的山谷，像一條土龍似的貫通寇河東面的原野，阡陌，墓場，草甸……。
>
> 那些若干年來漫生在草甸上的葦、艾織成的錦席，如今被劃了一刀，分開了，在路基兩旁，搖著窈窕的腰肢。〔註88〕

在狼溝農民深刻體會鐵道對於他們而言，是「侵略」而非「開發」之際，鐵道亦已打破了城、鄉原本「互不侵犯」共處局面，使得生活調性相差甚遠的兩地人民，更形疏離。鐵道的架設，亦如同在廣袤而原始的土地上，狠狠地劃下一道傷痕，將火車必經之途的所有阻礙剷除，就連連自然生發的遍地蘆葦、芒草都必須被迫連根拔除。近代鐵道的構築，遠遠看來，就如同大地之母身上受盡磨難而留下的醜陋傷疤。

　　鐵道的構築是現代化建設下的產物，也是資本主義進入殖民地的代表性形象之一。鐵道的開通不僅帶動了市鎮的繁榮，也帶進了商業發展、資本競爭。就如同小說主人翁之一的錢如龍所述：「沒修鐵路以前，這兒只不過是幾家馬架，自從鐵路修成了，就變得像現在這樣繁華、熱鬧。說起來，鐵路這東西真夠得上怪物」〔註89〕，由此可見，鐵道的架設對於鄉市發展的影響力之大。

　　另外，隨著鐵道進入的殖民資本，同樣讓本是「幾家馬架」的小地方，改變了生活型態，近代化的交通運輸工具取代了馬車；由於鐵道建築的關係，

〔註88〕同註87，頁193。
〔註89〕同註87，頁115。

小地方成了繁華、熱鬧的大都市，變化之大，速度之快，彷若眨眼間便使人煙罕至的荒蕪之地，改頭換面為車水馬龍、人潮擁擠的市鎮。

由於「滿鐵」作為控管及影響東北的最大國策機關，其細密層遞的支部廣佈東北，成為日本帝國於東北拓殖的「最佳代言人」。因而在作家書寫現實環境之惡劣時，通常會將「鐵路」作為批判、指摘的對象，以達到對統治政權與經濟剝削的控訴和批判。《綠色的谷》的創作時間，正值日本帝國主義加緊對東北文藝控管的時期，嚴格箝控「滿洲國」文藝發展的「藝文指導要綱」甫於 1941 年發表，山丁就在嚴苛的言說環境與嚴肅的政治氣氛下，透過書寫「鐵路」建設對民眾造成的極大影響，來暗喻罪惡源頭的來源──統治者與資本家的入侵。

這種書寫空間中具指標性建設以達揭露統治者惡行的書寫模式，在文學創作的過程中，同時呈顯出殖民政策指導下的建設或是殖民資本的引入對民眾與殖民地原有經濟體系造成的負面影響。誠如「滿洲國」文學研究者劉曉麗所言：「山丁筆下的鄉土世界，獨立於中國現代文學中的經驗，具有魔幻性、反現代性」〔註90〕，作家透過《綠色的谷》書寫農民們原本平靜的生活因建設「鐵道」而起波瀾，狼溝因此發生劇烈的變動，批判殖民現代入侵之意不言可喻。

3、漸逝的山林與黑土

當時局驟變，東北成為日本帝國挾持的囊中物時，這片富涵自然寶藏的黑土地也成為外來者覬覦的珍寶，在為數龐大的殖民資本不斷被引進「滿洲國」之際，東北土地成為外資相爭奪取的重點目標。由於殖民會社在具備雄厚的資本之餘，還得到日本官方的支持與「滿洲國」政府的默許，因此具有國策色彩的殖民會社便大量收購東北土地，恣意開墾自然資源，並將不義取得的土地作為日後殖民會社的特有地。正因為殖民資本以強大的政經勢力入侵東北各地，東北民眾在無力抗衡的情況下，只好被迫讓渡、販售、放棄世代耕耘的產業，被迫遷離自己賴以為生的母土。

隨著時間的推進，殖民資本逐漸吞噬且取代了東北原本的經濟體系，成為「滿洲國」經濟動脈背後最大的投資者與獲益者。如同田兵的〈Ｔ村的年

〔註90〕劉曉麗，〈被遮蔽的文學圖景──對 1932～1945 年東北地區作家群落的一種考察〉，《上海師範大學學報（哲學社會科學版）》第 34 卷 2 期，2005 年 3 月，頁 53。

幕〉〔註91〕（1936）中描寫地主張三爺「他不僅過著胎裡紅的日子，又加上這四五年來給人家買地，各村的地賣的越多，他越發財，……」〔註92〕，透露不肖仲介因利益當道而協助出售土地，使得東北的土地逐漸淪爲外來資本的財產，東北民眾面臨無田可耕、無處安棲的陋行。

然而，東北民眾被迫販地的狀況亦出現在作家趙鮮文的〈看墳人〉（1938）中。文中描寫看墳人楊八在初八的早晨忽見兩個地媒領著一個「外鄉人」來到墳上，「他們在墳的四周仔細地看了一遍；又拿尺杆量了一回地，並把那一百多棵松樹仔細數了一回，然後這塊地並沒有什麼大好處，松樹還不錯」〔註93〕，不久便來了一行人來墳上「放松樹」〔註94〕，「兩人一伙地坐在松樹兩旁，拿大鋸鋸那松樹根，樹根被鋸得一個勁地吱吱地叫」〔註95〕，讓花了大半輩子替趙家看顧墳地的楊八好不心疼。楊八眼見被伐倒的松樹一車車的被送往市鎮，不過幾天的工夫便把趙家墳左右的一百多棵松樹一掃而光，「剩下的，只是樹根和松塔以及那細短的松針……」〔註96〕，以及楊八的無限感傷。追究其因，是因爲豆價低廉，趙大爺無法負擔農耕損失，才不得已變賣祖傳的風水寶地，讓覬覦土地上高價樹材的「外來者」有機可乘，以極低的價格得手趙家土地。趙家神聖的發跡祖地被迫淪爲外來者恣意取其所需的財產，原本蓊鬱的綠林也在資本家的貪婪利慾下砍伐殆盡。

綜上所論，這種以原始空間的變異、被剝奪來象徵被統治者傳統文化空間的喪失與被侵犯的空間書寫模式，亦出現在其他許多東北作家的文學作品中。空間中文化或政治象徵符碼的進駐、消長、變動，或許可視爲是空間書寫的一種典型詮釋意涵。

三、台、滿文學中「變異空間」之異同

本文以「空間」作爲閱讀小說的切入點，探究台灣、「滿洲國」小說中所

〔註91〕田兵，〈T村的年幕〉，原載長春《明明》月刊，1936年5月，收錄於張毓茂主編，《東北現代文學大系・短篇小說卷》（瀋陽：瀋陽，1996年12月）。

〔註92〕同註91，頁451。

〔註93〕趙鮮文，〈看墳人〉，原載《新青年》1938年12月號，收錄於張毓茂主編，《東北現代文學大系・短篇小說卷》（瀋陽：瀋陽，1996年12月），頁882。

〔註94〕「拉松樹」爲東北土話，意即「鋸松樹」。

〔註95〕同註93，頁883。

〔註96〕同註93，頁885。

呈現「變異空間」樣貌的形態，筆者發現兩地文學作品中的「空間」所呈現的空間意象及其變異，背後似乎都有其被賦予的特殊文化意涵存在。

（一）台灣方面

台灣新文學方面，作家群透過書寫帝國企圖將台灣打造成「理想鄉」及引進殖民資本所造成歷史性的地方空間變異，突顯殖民地因為帝國慾望、野心而發生地方空間變異的現象。如透過描寫「建築物」的高低落差——諸如「鐘台」、「衛樓」、「國旗台」及「統治者所居高樓」，強化統治者之「優越」形象、姿態。作家在小說中除了人物、情節之外，其所經營「空間」意象，不再僅只是做為故事背景，亦隱喻著「統治者」與「被統治者」之間的相互關係，突顯出兩者間在位置、身分與階級上的不均衡與高低落差。

作家亦藉由書寫統治者以「衛生」、「進步」為名樹立「模範」，對空間所進行的「美化作業」，反諷統治者實際上以犧牲、改造台灣人生活習慣、原有生活空間態樣來構築新的空間型態之事實。正是通過這種對「空間異化史」的書寫，強化以及突顯了統治者的政策與被統治者間的距離與差異；空間變異的過程亦透過文學表現所呈現的空間感的違和與不適，成為一種以文學創作批判殖民統治的手段。此外，作家亦透過書寫「整齊的道路必須由民眾協助修補建造」，由統治者所佔領的空間之不完整、強調被統治者「參與」的重要性，開啟了在相同的殖民空間中，兩者相互制衡，甚至是從權力關係傾斜走向均勢的可能，並且以此反轉台灣人只能被動地接受帝國帶來「進步」、「文明」的既定政策的位置。

作家同時也指出，雖然「道路」四通八達、綿延橫亙，卻並沒有使台灣民眾受惠，呈現出統治者所擘畫的空間「變異」的需求與政策，無異是建立在犧牲被統治者的利益，或是根本與被統治者無緣的成果。在文本中所謂的空間「變異」，背後所承載的，既是自我異化，也是自我犧牲。

除了「美化政策」所造成的空間變異，帝國在台引進殖民資本，廣設工廠的舉措，也是造成殖民地空間變異的一大要因。一旦象徵「統治者空間」的工廠進駐農村，隨之而來的便是被殖民者的生活空間，因外力而遭逢巨變，連帶必須要面臨原有生活型態被迫改變，甚至貧困化等等的問題。而這類由於這種變異所產生負面影響的殖民意象系統，以及其在肆應統治氣氛之改變下，改以文學表現進行空間的反包圍的書寫手段，皆是必須要從文學文本中的「空間」作為觀察對象才能廓清的書寫策略。象徵殖民統治與本地文化間

的力道拉扯，正是在「統治者空間」與「被統治者空間」兩者空間的推擠與消長中被表現出來。

由於帝國大量引入殖民資本，在以獲取殖民地經濟利益的米糖工業蓬勃發展下，台灣人民「失去土地」成爲當時普遍性的情形。作家透過書寫空間從原本的單點的意象如建築物、文化範圍等具象的變異，提升到動態的、整體的空間變動狀態——「失去土地」，展現出「空間」作爲小說中的有機詮釋對象的可能性。

因此，要言之，台灣方面的「變異空間」書寫情形，大致可分爲四類：

1. 單點的空間變異，如：建築物、建設等的配置。
2. 由單點向面擴散的面的空間變異，如：產業道路、美化作業、理想鄉。
3. 歷時性的空間變異，如：農業／工業、骯髒／衛生。
4. 概念性的空間變異，如：傳統空間／殖民空間的消長、失去土地。

（二）「滿洲國」方面

在「滿洲國」方面，東北作家多藉由書寫「打造帝國防禦線」及「引入殖民資本」所引發的地方空間變異，呈現「滿洲國」在帝國佔領、統治下的地方實景及民眾錯亂與糾結的心境。作品中時常出現的牆、土圍子等被統治者視爲保障統治安定的象徵時，對於被統治者作家來說，卻一再採取在作品中延宕這座分割空間的「牆」的工事的手段，遲滯統治者的意圖與政策。另外，並通過一般平民與土匪、盜賊連結的情節，對殖民政策的目的——築牆是爲了防禦盜賊，使得統治者欲藉由築「牆」來對本地進行分割空間的意圖，被從內部予以消解。

此外，「滿洲國」作家們文學作品中所書寫的「樂土」，雖然看似服膺統治者所標榜的企圖，然而，除了表面情節與語氣上的諷刺與批判外，與統治相同僅以「口號」的方式，形塑「樂土」，而並非以描述具體的內容呈現的樂土的內涵，都突顯出作家通過空間書寫所透露的意圖。作家透露出的服膺「滿洲國」之「王道樂土」的空間感，實際上也僅如統治者所標榜的口號，只具備了空汎的形體，其實際的政策究竟爲何，終究被作家以更多篇幅的不公與壓迫突顯出來。就這個空間書寫策略來說，援統治者的口號以爲己用，或許正是東北文學創作者所獨有的特殊「筆法」。

再者，以具備現代化文明、先進之產業結構的形象入侵的工廠，以及爲滿足殖民資源需求，工廠原本應該展現帶有現代化的進步與文明感受的形

象，在小說中所呈現的，大部分卻是被統治者遭到壓迫、排擠，充滿衝突的生存空間。隨著「王道樂土」的擴張，原有文化、空間反而因為現代化工業的進入而遭到壓縮。如此被統治者的原有的「樂土」漸形縮減的空間書寫手法，正表現出統治者以文明、進步為主軸宣揚的「王道樂土」形象，實際上則是與被統治者的生活空間既不相容也不相等的矛盾形象。

由於鐵道工程的建設，加快了本地開發進程的腳步，連帶使得本農業維生的農民被迫驅離，甚或是喪失土地，也使得農民的生計直接受到威脅。原本匯聚於城市中的商業資本，亦伴隨鐵道開通之後，入侵本鄉野以攫取資源。這個以便捷、進步為名的現代化建設，至此非但不如統治者所言，成為弭平兩地原有差異的媒介，反而是加速城鄉差距的開始。這種書寫空間中具指標性建設，藉以批判統治者的文學創作策略，正是分析變異空間最主要可以得到的有力觀察基準。

要言之，則東北作家所書寫的空間變異，亦可條列如下：

1. 單點的空間變異，如：建築物、建設等的配置。
2. 由單點向面擴散的面的空間變異，如：鐵路、牆、土圍子。
3. 概念性的空間變異，如：傳統空間／殖民空間的消長、失去土地、「口號」作為一種策略、遲滯的建設。

綜上所論，台、滿作家在其小說創作中，皆呈現出兩地因外來統治者的介入與干預而使地方空間產生「單點的空間變異」、「由單點向面擴散的面的空間變異」與「概念性的空間變異」之變異情況。

可以發現，台滿兩地作家皆有針對「單點的空間變異」——如建築物、實體設施促使地方空間發生變異的書寫特色，其中，當台灣作家多以高樓、工廠、鐘台等建築物作為地方指標性、威權性的統治者隱喻時，「滿洲國」作家也有出現以書寫工廠作為統治者權力隱喻的現象。作家們皆有藉由書寫殖民地上建築的高低落差產生的形體差異，表現統治者與被統治者間的位階差異及權力關係的現象。可能造成這種空間書寫同質性的理由，除了殖民統治的現代性入侵的鮮明與威權形象，恐怕也與統治者所表現的形象實際上與本地文化空間之間存在有一定程度的差異形象不無關係。

在「面的空間變異」上，當台灣作家以「美化作業」、「理想鄉」發生空間改造、變異的情形為書寫對象，表現統治者權力全面性地壟罩地方時，「滿洲國」作家則亦有以描寫具有「綿長」特性的鐵路、圍牆等意象作為隱喻統

治者之「統治權力伸展至地方」、「無所不在」的書寫特色。兩地作家不約而同地透過不同的意象表現統治者之權力施展遍及各地、包覆民眾及其生活地區的現象。兩地同質性的空間書寫，可能與被統治者皆無法脫逸於統治者以現代文明改造之新環境及統治高壓外相關。

於「概念性的空間變異」表現方式上，當台灣作家以書寫因政令而使原有生活空間發生變異的情形，來表現被統治者的既有傳統空間遭統治者所建造的殖民空間所推擠、壓迫時，「滿洲國」作家則亦出現了書寫如工廠、鐵路等現代設施的建設過程中伴隨著破壞被統治者傳統生活空間的情節，藉由象徵「統治者的殖民空間」與「被統治者的傳統空間」相互消長的情形來呈現統治者、被統治者的權力關係。兩地作品皆出現相似的空間書寫，可能與兩地民眾對於統治者的「介入」及隨之而進駐地方的現代化產物所帶來的「推擠效應」而產生扞隔感、壓迫感相關。

在「歷時性的空間變異」方面，台灣新文學作品中所表現的，時常以殖民地受到統治者歷時性的政策所造成的空間變異為書寫策略，以反應其前／後、現代化／傳統之間的差異與距離；反觀「滿洲國」文學關於空間變異書寫的作品中，卻較少出現這類情形，原因可能由於兩地所受到的統治階段性的強弱差異，導致「滿洲國」文學作家在書寫空間變異及其落差的時候，受到較多的限制。這也可以說是兩地日治時期文學的一大差異特色。

小　結

本節主要探討日據時期的台灣、「滿洲國」小說中的「變異空間」如何被作家呈現，以及小說中的某些空間意象的特殊變化情形，可能隱含了何種文化意涵。

筆者認為，若以「空間」作為閱讀、比較兩地小說的方法，日據時期台灣小說中的「空間書寫」，不僅反映出總督府所推動的「模範村」、「美化作業」、「部落振興運動」等政策所造成的地方空間變異現象，也透過描繪「建築物的高低差」、「原有空間遭受政策破壞」、「喪失土地」等具有一定對話能量的意象系統，表現統治者與被統治者間的權力關係，並隱含其特殊的被統治者思維與批判立場。

「滿洲國」文學中的「空間書寫」所呈現出的，則是對統治者標榜「王道樂土」之虛妄性，以及殖民資本、現代化設施對東北原有空間產生的影響

進行回應，表現在「建築物影響原有生活空間」、「現代化設施割裂原有土地」、「喪失土地」等空間變異方面，並以空間中的特殊意象，如：建築、鐵路等隱喻統治者的入侵，或是書寫現代化空間與原有空間之間的排擠、覆蓋情形，來突顯統治者與被統治者在文化空間中的折衝關係。

　　要言之，兩地文學作品內，都不約而同地可以從對「空間」的觀察中，尋找出地方空間遭逢外力介入而發生「變異」的情形，亦皆藉由書寫「空間變異」所產生的矛盾與違和，突顯統治的失當與不適。除了同質性外，也因為對話目的、批判對象、統治模式與文學生產的條件不同，而使得「空間」作為小說詮釋的關鍵詞時，被賦予了複數的意涵，也即是本文下一節將討論的，小說中相對於「變異空間」而生的「未變空間」。

第二節　台、滿文學中的「未變空間」

　　在統治者高舉「現代、文明」大纛，力倡地方改造政策的壓力下，被統治者被迫服膺統治階層要求，在各地區進行地方改造工作，因而產生被統治者必須面臨原有生活空間發生變異的情況。然而，在地方空間逐漸改變為統治者想像的「理想地」、「文化村」的同時，是否有某些空間之屬性、形象、特色未受到改變，在「變異的大環境」下，以原貌持續存在？這些「未變空間」有何特色？其意象又可能隱含何種寓意？

　　本節將探討與前述「變異空間」特性相異，但亦有其意義的「未變空間」，在兩地文學中多以何種樣態出現，並試圖闡釋其意象的文化意涵。

一、台灣文學中的「未變空間」

　　本段將探討日據時期台灣小說中的「未變空間」裡，有哪些特殊的文學意象，藉由分析文學意象的特性及作用，試圖闡釋此一「空間」所隱含的文化意義。

（一）進步反差——暗黑、髒亂的住所

　　筆者以「空間」作為閱讀文學創作之切入點，觀察到日據時期的台灣小說中在鋪陳台灣人的生活背景之際，時常透過描寫其內部生活環境「黑暗」、「污穢」、「雜亂」、「破敗」的特性，來突顯台人生活窮困的形象。

　　龍瑛宗的〈植有木瓜樹的小鎮〉〔註97〕（1937）一文，描寫初入社會的主人翁陳有三，在生活壓力的催迫下，不得不向沉重的現實妥協，被生活挫敗與苦悶所包圍的理想，也因此逐漸被消磨殆盡。其中，作家描寫主人翁陳有三初來到小鎮，好友洪天送不僅熱情款待且歡迎陳有三在還未尋得住所前，得以與之同住。小說中關於洪天送位於 M 製糖會社附近的住所之描寫，反映出當時台籍員工居住環境的面貌：

> 從會社順著甘蔗田的小道走約半里路，有一條泥溝；馬口鐵皮葺的
> 矮長屋擠在一起。推開貼有紅紙──上面寫著「福壽」兩字的門，
> 裡面隔成二間，前面是泥土間，放置著炭爐汗水甕等廚房用具，屋
> 頂被煤煙燻得黑漆漆，蜘蛛絲像樹鬚一般垂下來。〔註98〕

> 後面是寢室，高腳床上鋪著草蓆，角落裡除了柳條行李箱與棉被之外，
> 散著兩三本講壇雜誌。板壁上用圖釘釘著出浴的裸女畫像。〔註99〕

從上述的描述中可以發現，洪天送的住所十分簡陋，屋內空間狹小且髒亂不堪，起居空間不分的房舍中充斥、滿佈著煤煙及蜘蛛絲。此外，這個狹小的房間內「只有一個極小的格子窗」〔註100〕，在室內空間嚴重缺乏光線及通風不易的情況下，居住者很可能會因為久居於環境不佳的住所而患病。縱使洪天送是受過教育的知識青年，也在會社中擁有一份穩定的工作，但由於薪資有限，即便他理解「明亮、清潔」生活環境對人體的重要性，卻也無力改善現今條件不佳的生活環境，他僅能以春聯、裸女畫像等物件潦草地佈置房間，並期待有朝一日能夠從這「破舊、髒亂」的「豚欄小屋」〔註101〕搬進「舒暢、整潔」的「社員的住宅」〔註102〕中。

　　小說中與陳有三同樣於役場服務的另一位台灣人蘇德芳，其居住環境與生活條件甚至比洪天送還惡劣。文中蘇德芳的住所週遭環境如下：

> 來到壁與壁之間只能通一個人的窄路，通過窄道，便有三間壁板腐
> 朽的古老日本式房子。前後左右都被嘉屋包圍著，角落的小快空地

〔註97〕 龍瑛宗，〈植有木瓜樹的小鎮〉，原載 1937 年 4 月號日本《改造》。收錄於葉
　　　　石濤、鍾肇政主編，《植有木瓜樹的小鎮》（台北：遠景，1997 年 7 月）。

〔註98〕 同註97，頁 6。

〔註99〕 同註97，頁 6。

〔註100〕 同註97，頁 7。

〔註101〕 同註97，頁 11。

〔註102〕 同註97，頁 11。

可能是垃圾場，令人反胃的惡臭陣陣撲鼻。〔註103〕

我（蘇德芳）也是到處尋找，最後才到這地方。六疊他他米兩間，
玄關二疊寬，房租每月六圓，還算便宜，但你看四周被包圍，空氣
流通不好，陰氣沉沉，害得小孩子常年生病，很想搬家。這種生活
真受不了。本島人沒有房租津貼，薪水又低，每月加計可真艱苦。
雖可租本島人房子，但衛生設備奇差，房租也得四、五圓，為了顧
全體統，結果也就在這裡落根了。〔註104〕

由文中對洪天送與蘇德芳的居住環境的描述，台灣人普遍的生活樣貌大多生
活於骯髒、污穢、破舊、空氣不流通的環境中，由於長期處於生活條件惡劣、
不適人居的環境中，因而連帶影響了身體健康。

在這個以製糖工業為發展重心的小鎮中，台灣人非但沒有因為會社進
駐、製糖業蓬勃發展而獲得較好的生活，反之，眾多隨會社設立而來至小鎮
居住的日人，卻得以獲得較優渥的薪資、居住於整潔、美觀的區域中。

筆者認為，作家透過書寫日、台人的生活區域品質優劣所呈現的高度反
差，除了反映兩者在社會中所受待遇及資源分配的不平等、日人刻意區分你
我，強調彼此差異的情況外，同時也是台人作家拆穿統治者「提攜、向上」
謊言的一種書寫策略。台灣作家透過描寫被統治者無論如何努力仍無法突破
現狀、超越界線，仍舊被圍限於「低下、次等、無文化」區域中的處境，以
自我揭陋的方式反面指摘統治政策的失效及限制性。

日據時期台灣小說描寫台人生活區域「髒亂、破舊、惡劣環境」的書寫
屢見不鮮。例如楊逵在〈模範村〉一文中，也曾透過書寫台灣民眾真實的生
活空間與「美化作業」成效、目的相違背的衝突及反差，來諷刺統治者的虛
應態度。

〈模範村〉描寫統治者一心一意欲將泰平鄉打造成文化城、理想鄉，為
了搏得「模範」之美名，動員全體村民從事勞役工作。百姓為了服膺統治者
「美化環境」的要求，只好犧牲家居環境堆疊雜物，造成屋外整潔、屋內卻
雜亂無章的荒謬景象：

就外面來看，都是夠整潔的了，可是，一踏入屋子裡面，卻因農具
雜物一股腦兒搬了近來，沒有地方安置，變得零亂不堪了。許多農

〔註103〕同註97，頁12。
〔註104〕同註97，頁14。

　　家，甚至睡覺的地方以及吃飯的地方也被這些雜亂東西佔據了。只
　　好坐在糞桶上面吃飯，睡在犁耙下面的也不乏其人。〔註105〕

本來就十分狹窄的農家房舍，被堆積的鋤頭犁耙，畚箕糞桶，破爛傢俱和稻草甘蔗等等佔滿，甚至連床底下也沒有一點空隙。為了成就統治者對室外景致的要求，反而使得民眾起居於此、活動於此，與生活最為相關的室內空間，成了壅塞、髒亂的雜物堆積處。四處滿佈死角的家屋裡，「常常在半夜裡床底下的草堆中會鑽出一條蛇來，驚動農人的好夢」〔註106〕，影響了民眾的生活品質。帝國對於殖民地空間的改造，變動之大，近乎以「先破壞，再重建」文化體的方式進行殖民地塑造。

　　又如同呂赫若的〈牛車〉中描述：縱使主人翁所居住小村莊已和往昔大不相同，在統治者的地方改造政策下，小村莊看似逐漸邁向「現代、進步」之行列，但是台灣民眾卻無法享受因地方改造所帶來的「進步」，如同文中對台人生活區域四周的環境描述：

　　正在朦朧沉睡的街市，由於鄉間農民的湧來才把它搖醒。但雖是這
　　麼說，街中央的樓上還是陷在深深的醉夢裡，只有街邊屋髒的洋鐵
　　屋簷下的市場和破舊的板壁是擠磨著，充滿了騷鬧。〔註107〕

　　街尾污穢的平房，被埋在塵沙裡面。板子和洋鐵屋頂垂了下來。雞、
　　吐綬雞、鵝，在路上跑來跑去地鬧著，屙著屎。這裡汽車很少來，
　　被喚做所謂台灣人街，政府認為這是不衛生的本島人的老窠，所以
　　完全不管。〔註108〕

透過上述的敘述，我們可以發現，縱使村莊已在統治者的「指導」之下，一步步向「現代、文明、進步」之路邁進，但是這樣的「改變」卻僅發生在特定的區域。如同文中敘述即便統治者了解台灣人的生活環境不佳，與自己所高倡的「環境清潔、衛生、整齊」論點相違背，但統治者卻選擇忽視眼前亟待改善的社會問題，並以「強調界線、分化彼此」的消極態度來處理問題；對統治者而言，台灣民眾的生活區域不過是「不衛生的本島人的老窠」，並非是「欲改善的區域」。在無力改變現狀的困境下，台灣民眾僅能懷著無奈之情繼續在骯髒、紊亂、黑暗、潮濕的環境中度日。

〔註105〕楊逵，〈模範村〉，頁287。
〔註106〕同註105，頁287。
〔註107〕呂赫若，〈牛車〉，頁10。
〔註108〕同註107，頁24。

透過上述的例子，筆者認為，台灣作家以「陰暗、潮濕、髒亂、破舊」來形容台人的生活空間，是特意將自我（被統治者）與「髒亂、陰暗、污穢」連結，藉由營造統治者／被統治者空間「整潔／髒亂」、「明／暗」、「文明／落後」之對比，突顯在統治者「文明改造論」的指導方針下，台人的生活環境並未得到改善，「未變的陰暗家屋」成為作家藉以消解統治政策的有效性的一種書寫策略。

（二）心靈寓所──傳統廳堂與神龕

台灣文學作品中的「未變空間」，除了有「暗黑、髒亂的住所」外，「傳統廟宇與神龕」也是作品中「未變空間」的一個典型空間。像是楊逵的〈模範村〉中描述：「一向供在廳堂的桌上，朝夕焚香叩拜的媽祖和觀音的佛像，也被當局強迫搬家，換為日本式的神牌，和寫著『君之代』（日本國歌）的卦幅」〔註109〕在統治者以強大的政治力介入社會，強力宣導、施行「生活改造」之下，不僅大環境發生變異，與台灣民眾生活息息相關的日常活動空間也被迫更易，甚至連台人傳統信仰的「媽祖」、「觀音」佛像都被迫變換作「日本式的神牌」。

然而，縱使「地方改造」的列管範圍廣泛，大從外部的硬體建築街道形式，小至個人隱私的文化信仰，都因為政策的實施而被迫改變，及連帶影響地方空間變化，但台灣民眾卻並未因此拋卻信仰，他們在變更劇烈及受統治者嚴密控管的大環境下，極力尋覓得以保存傳統文化的空間。如同文中所述：

> 結果，媽祖和觀音的佛像要搬到哪裡去呢？只好委屈地藏在骯髒的
> 破家具堆裡，因為日本人是不肯讓它們拋頭露面的。但是，不拜菩
> 薩他們是無法安心過日子的，因而常常把佛像從骯髒的監牢裡解放
> 出來，悄悄的流著淚，提心吊膽的焚香禮拜。在這嚴肅的禮拜中，
> 偶爾聽見皮鞋聲音一響，便又慌忙地一手抓著佛像的脖子，一手捏
> 熄線香，匆忙把它藏到床下草堆裡去，可憐的觀音媽祖竟不叫屈。
> 〔註110〕

老者寄予精神寄託的神佛，擁有深厚中華文化涵養的祭神文化，因為被統治者強制禁止，並以強力推動的日本式「皇道文化」所覆蓋，媽祖和觀音的佛像只好隱於雜物堆之中，只能於私底下悄悄流淚，提心吊膽的焚香禮拜，當

〔註109〕同註105，頁287。
〔註110〕同註105，頁288。

殖民者強制改變之處從實際的生活空間蔓延至精神空間之際，被統治者再沒有可以寄託信仰之所在，最後的精神寓所亦被強佔、踐踏，令人不勝唏噓。

又如同尚未央的〈老雞母〉（1936）一文，就描述天賜與天賜嫂一成不變、日復一日的生活。每日「天賜完盡一天工作返家時，天賜嫂也炊熟了晚頓，在廳堂鼎桌上點香燒燭，廳堂上一時燦然光亮」〔註111〕，天賜嫂在等待天賜工作歸家前夕，總會將晚餐備妥，習慣性的點香燒燭以敬神祭祖。由此可知，不論環境如何劇烈變動，天賜與天賜嫂每日仍舊保留著家傳的神龕廳堂，不忘敬神祭祖的傳統習俗。文中提及無子的天賜在得知德發嫂順利生產的當下，旋即燒香點燭、敬謝神明保佑：

> 天賜一聽見是男的，不禁心內一喜，隨時燒香點燭，一時點得廳上光亮亮。他點了一束案八香，很虔誠地先拜了三界公，然後由觀音菩薩王爺公一直拜到外祖公止，……。〔註112〕

由此可知，台灣民眾即便身處統治者易主、地方空間變易的環境之中，他們仍舊不忘、甚至依賴著傳統的敬神文化，無論家屋空間多麼狹小，還是為祖傳的神龕和廳堂特留了空間，虔心敬神、祭祖之舉，亦成為台灣民眾不可或缺的每日必行工作。

（三）消極遁世──夜夜笙歌的妓館、酒樓

日據時期台灣文學中除了「暗黑、髒亂的住所」與「傳統廟宇與神龕」是異環境下的「未變空間」外，筆者認為「酒樓、妓館」，也是自古至今皆有、不因環境變動影響的「未變空間」。然而，此類「未變空間」在不同時期的文學作品中出現所隱含的文化意涵是否有其異義？

一吼（周定山）的〈老成黨〉〔註113〕（1931）一文，作家透過描述一群「子曰店的學徒」，表面上尊崇禮教、背地卻飲酒狎妓的可恥行徑，來暗諷滿嘴仁義道德的知識份子，私下行為卻極不檢點，表現其言論、行為「表裡不一」的衝突：

> 陋巷窗縫逆射的光線已和星影相接吻了。路上被行人和車輪輾磨

〔註111〕尚未央，〈老雞母〉，原載《台灣新文學》第 1 卷第 10 號，1936 年 12 月 5 日出版。收錄於葉石濤、鍾肇政主編，《植有木瓜樹的小鎮》（台北：遠景，1991年 2 月），頁 264。

〔註112〕同註 111，頁 281～282。

〔註113〕一吼（周定山），〈老成黨〉，原載《南音》創刊號，1931 年 12 月～1932 年 2月 1 日出版。收錄於葉石濤、鍾肇政主編，《豚》（台北：遠景，1991 年 2 月）。

著。臭水和黑泥，調成一片又黏又濃的黑泥塗。T 先生機靈活動的
兩條腿，大展著點，輾跳，越——跳的腳藝——（對手藝而言）一
路泥花亂濺，聲色並佳的到焦心欲到的後車路——妓館。〔註114〕

由上述文字中可發現：「妓館」在此成為主人公縱情育樂的場所，作家是以嘲
諷的口吻書寫主人公出入「妓館」一事，藉由書寫傳統知識份子言行相悖的
舉止來批判傳統知識份子墮落的悲哀。但隨著時代變遷、環境更動，原本在
舊社會被眾人批判的聲色場所（如：「妓館」、「酒樓」），卻因為外在環境的變
化，而使得此類空間有了不同的文化意涵。

　　隨著中日戰事緊張，台灣總督府日益加重的統治壓力，使得社會中彌漫著
蕭殺的氣氛，台灣民眾被迫納入戰爭動員的一環。在這樣的社會氣氛中，筆者
認為，此時台灣作家於作品中書寫民眾出沒「酒館」、「娼樓」的情節，與前期
作家書寫主人翁往返聲色場所，有著不同的時代意義。像是王錦江的〈老娼頭〉
〔註115〕（1936），則是藉由一位老娼笑看世間冷暖、世景無常的甘苦談，表現
了性工作者無以逃脫命運枷鎖的悲慘經歷，以及青春年華跟隨眾多客人來訪的
榮景不再而逝去的惆悵。其中，文中曾敘述娼樓由盛漸衰的變化過程：

面向淡水河被日本娼樓包圍的這一角，原是有燦爛之極舊的歷史的
賣淫街。但這是供給廉價的極下流的滿足的。且不管日本人也扭，
所以綽號這裡的賣淫婦叫做「蕃仔酒矸」（賣淫婦間鄙夷罵他民族），
就是她的「鹽橄欖」的大名，也恐怕是和這裡有關係的來歷吧。幾
年前 X 町的賣淫，都鱗比接連在這一帶，後來當局下令逐到 X 町去
了。所以這裡現在只有疏疏散散著幾處沒有鑑札半公然的密賣淫而
已。〔註116〕

縱使本地娼樓因當局下令而被迫搬遷、從前「賣淫街」訪客絡繹不絕的榮景
以被今日門可羅雀的慘況取代，但是此篇小說仍舊反映出無論當局政策如何
影響環境變化、或使得客源驟減，在被「日本娼樓」包圍、夾擊的情況下，
由於「鹽橄欖」「她有鞏固不拔的日本客和愛廉價的主顧」〔註117〕，因此她的

〔註114〕同註113，頁 102～103。
〔註115〕王錦江（王詩琅），〈老娼頭〉，原載《台灣新文學》第 1 卷第 6 號，1936 年 7
　　　　月 7 日出版。收錄於葉石濤、鍾肇政主編，《薄命》（台北：遠景，1991 年 2
　　　　月）。
〔註116〕同註115，頁 205。
〔註117〕同註115，頁 206。

娼樓依然能夠於原地持續營業，在夾縫中尋得生存的空間，甚至還培養了諸位接續此業、年輕一代的台籍女妓。

又如同尚未央的〈老雞母〉中曾提及：

> 黑漆漆的夜幕緊跟在背後，迅速佔據了空間，儘量地發揮它的本領。這時路旁的街燈燃起黯淡的光芒在照著街道，從民家屋頂升起萬縷的灰色的炊煙也在迷茫中娘娘娜娜地消逝了。隨著五花十色的電光的輝煌，街路兩旁的商家呈了活氣，開始夜市的生意了。歡樂場的高巍的酒樓，陶醉鄉的奇形怪面的咖啡店像醒了睡眼，悠揚地宣奏著迷盪的音樂在叫客了。……〔註118〕

無論村莊因為統治政策的實施而產生何種變異，但每日黑夜來臨，顧客們的「陶醉鄉」——各式五光十色的「酒樓」依舊在夜的國度裡聳立著，結束一日辛勞的酒客們於此熙攘穿梭，讓自己在聲光酒色中沉醉、麻痺。

綜上所述，舊時的「酒樓」、「妓館」或「娼樓」，原是民眾縱慾娛樂的場所，然而，對標榜著以「現代文明」建立新時代的統治者而言，這些傳統的娛樂場所則是落後、頹廢、萎靡的象徵。即便將進入戰爭期前夕、社會充斥著為戰爭服務的氛圍，小說中的人物身影卻屢屢徘徊在「酒樓」、「妓館」及「娼樓」間，使得這些作為人們得以縱情聲色、逃避現實的空間，相較於外面社會喧嚷著的中日戰爭與南進跳板，毋寧是一處暗喻台灣民眾得以藉由此一未變空間，逃避緊縮的殖民時期變化與迴避被統治者納入帝國東亞體系中的書寫策略。

二、「滿洲國」文學中的「未變空間」

「滿洲國」作家作品中除了呈現出諸多因統治者介入、政策施行而造成地方空間產生變異的情況，筆者認為，部分作品中，事實上也可能試圖在刻意描繪的變異環境中，設計進部份「未變的」、「傳統的」的典型空間元素。以下本段將試著詮釋「滿洲國」作品裡，「未變空間」所可能象徵的文化意涵。

（一）維護傳統——老街與年節佈置

筆者認為，「滿洲國」小說中出現「未被變異空間」的書寫情形，主要出現在「滿洲國」文學作品中描寫人物與蘊藏傳統文化的物或場所的相互關係之中。如田兵〈T村的年幕〉（1936）一文中，透過原本意味著希望、渴望重

〔註118〕同註111，頁261。

生的「歲暮」，將村民的種種生活之不堪的情節一一描寫出來：

> 灶王爺呀，我沒錢買糖供養你，也好，那就求你如實的、一五一十
> 地報告給黃天大老爺，俺對你不尊敬的理由吧。〔註119〕

> 白色和灰色構成的這個小村落，幾家的門框上，驟然新添上幾縷紅
> 色，血樣的紅色，誰一眼都認得那是春聯，是過年的標志，是長一
> 歲的象徵。在那上面，哪一家也沒寫上無錢、無能、王八蛋、快死、
> 不景氣和慌恐的字樣。在這種吃飯難的年頭，過年要貼春聯的習慣
> 下，儘管年頭老早就迫使他們以為命該如此，然而仍然要寫上幾副
> 春聯，春聯滿寫的是期望升官發財，五穀豐登……以它來給人一種
> 渺茫的溫暖與自我麻醉，亮出深重的希望、企圖和憧憬。〔註120〕

在九一八事變以後，日本大肆對東北地方進行「現代性」的政策與文化統治，隨著東亞局勢的變化，以及中日關係日趨緊繃的年代，田兵採取「年暮」這一原本象徵年節　歡慶豐收、藏餘的意象，通過故事中的人物「過節」的儀式，將對於統治者的控訴與批判，透過話語技巧，反面地揭露出來。以保持、堅守「祭神」與「敬神」的傳統文化為基礎的敘事基調，或是於年節來臨之際，即便生活困頓與失望，依然盡其所能地維持年節該有的傳統習俗。諸如上述所言的敬神，或是做年糕、貼春聯等等；在特殊文化屬性的「滿洲國」統治結構底下，這種表面勉力依附傳統節慶習俗，實則同時偷渡批判現實與維繫傳統習俗、文化觀的手法，實際上便可能是作家藉由將「傳統節慶」融於故事中的物件與生活空間中的敘事手法，表現了其企圖夾帶批判，同時爭取屬於「東北」的傳統文化生存空間的心態。

　　同樣發表於戰爭期前後的馬加〈潛伏的火燄〉〔註121〕（1937）一文中所描寫，則是即便整個市鎮為了官員下鄉，而起了很大的變化，然而相對於「街上是已經修好的汽車路，兩旁是挖成流水的淺溝，路面用石頭碾子壓得平平的，土是新黃色的，那正對著商店門口的布幌子互相照耀著，有幾張花花綠綠的標語貼在磚牆上，這氣象明顯的有了變化。」〔註122〕，再往裡看的話：

〔註119〕田兵，〈丁村的年暮〉，頁441。
〔註120〕同註119，頁449。
〔註121〕馬加，〈潛伏的火焰〉，寫於1935年6年22日，原載《文風》第1期，1937年5月。收錄於張毓茂主編，《東北現代文學大系・短篇小說卷（上）》（瀋陽：瀋陽，1996年12月）。
〔註122〕同註121，頁271。

> 小集市上仍是脫不掉鄉村的氣息，街道兩旁有布庄，有油房和棧房、
> 貨店、煎餅鋪、小飯館、掛著膏藥牌子的藥鋪，以及那不常開張的
> 理髮處。〔註 123〕

所有東北民眾日常生活型態與樣貌，仍舊保留其原有樣貌。而這些地方，相較於被迫更動的傳統環境與殖民統治政策，也就突顯其未經殖民統治者染指，並且相對於進步的、外來的、帶有統治者目的的空間而存在的，屬於東北原有傳統文化的空間。

（二）心靈轉型──聲色場所

除了以傳統街道、節慶等意象象徵作為與「變異空間」相互爭奪，進而可能存續文化傳統的「未變空間」，「聲色場所」這一意象，也是東北作家作品中慣常出現的空間表現型態。如也麗〈三人〉〔註 124〕（1939）一文，敘述一名「滿洲國」小學教員，因為時代的苦悶與理想幻滅而習慣至聲色場所買醉的故事：

> 一切都死寂，除了幾聲野犬的驚嚎，再什麼也不見不聞了。連電燈
> 都沒有的這羊鎮，幾乎是被人淡忘了，腥臭的胡同，載行我這夜遊
> 人──在我的不遠的前面，忽的發現了一縷如輝的火光，我的腳步
> 放緊了些，我猜想那就該是我所找尋新的刺激的地方了。〔註 125〕

然而，原本象徵著墮落、放縱、淫逸的「聲色場所」，在主人翁柳靈根與他的賣身學生葉芬相認的刹那間，以一種相對於文明的「反高潮」姿態，表現出其「聲色場所」的歧義性，不只作為風花雪月的歡場，也成為了師生相認的空間：「十年來被風吹雨打的柳靈根……原形是一點也不存在了吧？」〔註 126〕不僅為人師表的原形不再，實際上作為學生的原形，也早已因為生活苦與現實的壓逼而拋去原有的「形象」。然而，原本的淫穢的「風月場所」，在這裡卻反而成為師生重新面對自己、認識彼此的空間，甚而至於於此才能重新找回自己的空間。

> 葉芬，你不必再哭了，我們該慶賀我們的奇遇，這夜色雖然這般的

〔註 123〕同註 121，頁 271。

〔註 124〕也麗，〈三人〉，寫於 1939 年 2 月末日，選自短篇小說集《花冢》，出版資訊不詳。收錄於張毓茂主編，《東北現代文學大系・短篇小說卷（上）》（瀋陽：瀋陽，1996 年 12 月）。

〔註 125〕同註 124，頁 305。

〔註 126〕同註 124，頁 315。

深，可是妳的光明該從今夜開始了。〔註127〕

在這樣的空間中，原本喪志的老師重新拾回了往日爲人師表的「能力」，也透露出學生的「光明」，是從這一空間開始。「風月場所」被由文學所拓展的意義，也因此在「變異空間」中，爭取了一個表面「未變」，實則是藉由「未變」來潛藏「覺醒」的空間。

同樣是作爲尋求刺激的地方，「風月場所」在也麗的作品之中，被賦予成爲容納、產生「覺醒」的空間，那麼在作家爵青的〈哈爾濱〉〔註128〕（1941）一文中，又可能意味著什麼？

在充滿著異國混合風格的街道與屋舍的哈爾濱街頭風景，令身爲資產家的家庭教師的主人翁穆麥，甫抵哈爾濱，便覺「這都會是不能久住的」。除了在課堂上對付五個孩子，課後的穆麥，除了休息，也開始想往如「馬迭爾的暗室」、「影院」、「喫茶店」間，最終，則終於留連至「妓館街」之間。

被異國文化逐步淘洗的哈爾濱街頭，原本是穆麥所不適應的，被現代化價值觀沖昏了頭的都市風景，令尙嫌保守的他屢屢暈眩：

> 哈爾濱多少丈夫坐在旅館的床沿上翻看電話簿，想給他的妻妹或另一個女人打電話去，而他的妻卻在電影院裡把腰放在別人的臂間。
> 金融交易所裡走出在前五分鐘尚爲巨富的商人，不留一個遺囑地跑到江沿去就自殺了。童貞女像遊戲一樣，就把貞操交給另外一個男人，可是在妓館街拐角的露天飲食店裡用餐的勞動者，卻是十年如一日⋯⋯。〔註129〕

在這裡，滿城的「聲色場所」，逐一被主人翁哀怨與不適的知識份子的覺悟與徬徨省視，這些場所時而凸顯了穆麥內心的道德尺度，實而則突顯了穆麥對於相

〔註127〕同註124，頁315。

〔註128〕爵青，〈哈爾濱〉，選自小說集《歐陽家的人們》，長春藝文書房，1941年12月版。收錄於張毓茂主編，《東北現代文學大系・短篇小說卷（下）》（瀋陽：瀋陽，1996年12月）。另，作者本名劉爵青（1917～1962），吉林長春人，原名：劉佩，筆名有：劉爵青、爵青、可欽、遼丁、阿爵等。爵青在文學創作上，主張創作中應該有作者的哲學，並將這種認識參透於作品之中，因此，他在創作中，「常是帶些悲觀與抑鬱的成分去描寫社會中不常見的奇事，所以作品的結構都很奇特」（《東北文學》新年號，頁82）。正因爲作者這種超異的寫作技巧，而在東北文壇獲得了「鬼才」的封號。爵青亦是東北文壇「藝文志」派的代表作家之一，倡導創作之藝術性。參考劉慧娟，《東北淪陷時期文學史料》（長春：吉林出版社，2008年7月），頁162～164。

〔註129〕同註128，頁1494。

對於城市光明外衣的觀察。無論是放縱的性慾、資本橫流的都市風情、五光十色的娛樂場所與人際關係，小說中更銳利地表現出相對於這些元素的意象：

> 這個棕色的異國流浪者，也許還懷念著莫斯科的豪華的往日，也許悲傷著自己流亡的憂鬱和離開溫柔的家的情景，可是這大都市的存在，就連這麼一個人的簡單的需要和安慰都不能給他嗎？這山似的貨物表現些什麼呢？在都市裡，只有人力車夫，貨物搬運夫，從淪貧群裡逃出來的苦力才是都市的大動力，都市的重心、壽命和活力非由他們那棕色的肉皮流汗不可。可是反過來，這都市的全財產是他們的嗎？他們只不過能在大商店的櫥窗裝飾前面，或金融放送裡，時或嘆息一聲而已……。〔註130〕

當穿梭於交錯著變與未變的「聲色場所」中時，穆麥終於在城市裡最原生的黑暗中，一如往常地只能「暈眩」：

> 小鬍子站在穆麥身旁說：「哈爾濱最黑暗的地方不就在前面嗎？」「妓館街！」穆麥猛地這樣想了一下，木屋群就在眼前一齊坍毀滅了。耳邊想著囂亂的呼喊和悲鳴，身子不容抵抗地便躺在小鬍子懷裡了。〔註131〕

相對於光明、現代化卻充滿詭異與悖德氣氛的「妓館街」外，街內的風景對於主人翁的意志來說，所呈現的卻是「黑暗」與「晦澀」，若是以「妓館街」之「未變」，從變異劇烈的城市內部來突顯其「光明」、先進底下如毒瘤般的存在，那麼，使得穆麥日復一日地還能保持批判的觀察力的動力，恐怕就是由「妓館街」之黑暗所給予的啟示：

> 看著那些郊外更矮小屋髒的貧民窟和土木工人的天幕，由一列護路榻旁的瀝青大道跑去，一轉彎就停在場門前了。他想：一件頭痛的事，又要開始了。〔註132〕

正因為帶著酒意的主人翁偶然間探尋了「哈爾濱最黑暗的地方」，奇幻似的旅程途中的所見所聞，在穆麥心中起了極大的迴響，讓他在清醒之後，甚而有了更強烈的反身思考能力和社會觀察力。看似黑暗、墮落的空間，在此反成為了主人翁「覺醒」之處。

〔註130〕同註128，頁1490。
〔註131〕同註128，頁1494。
〔註132〕同註128，頁1498。

三、台、滿文學中「未變空間」之異同

（一）台灣方面

　　台灣作家透過書寫即便統治者宣稱統治政策會給地方帶來「進步」、「光明」的新興氣象，以「向現代化邁進」作爲改變地方的理由，但是實際上台灣民眾卻沒有享受到地方改變的「甜美果實」，仍舊生活在「暗黑、髒亂的住所」中。同時，作家也藉由書寫民眾在私空間保留「傳統廳堂與神龕」，每日遵循每日拜神祭祖的文化宗教儀式，表現民眾雖身處於已然變異的大環境中，卻仍透過保存傳統的「未變空間」及傳統儀式來存續自我文化。此外，作家亦時常於小說中書寫台灣民眾因生活苦悶而至酒樓、妓館尋歡縱慾的情節。這種小說人物屢屢徘徊於「酒樓」、「妓館」間、呈現社會頹廢的小說，或許可視爲是作家透過描寫民眾以「沉淪於聲色場所」作爲逃避現實、被戰爭及統治者收編的一種書寫策略。

　　因此，筆者將台灣方面之「未變空間」的幾種內涵歸納如下：

1. 突顯空間中的反差情形。
2. 保存與統治者實際控管的生活空間有所出入的傳統文化的「空間」。
3. 以書寫「空間」的「未變」突顯知識份子之變。
4. 負面意涵的未變空間的僵固性。
5. 藉由人物遁入未變空間，逃避緊縮的殖民統治環境。

（二）「滿洲國」方面

　　在「滿洲國」因日本以及殖民資的本干涉、介入下，而產生了無論是人文或是自然環境上的變異情形，「滿洲國」作家透過書寫東北民眾在歲末之際，仍舊遵循過節文化的傳統，佈置且營造過節場景的情節，藉由民眾向神明訴怨之舉來反映現實生活的艱困，及批判統治政策的不完善。作者亦藉由小說中出現「傳統街道」，呈現縱使統治者於東北地區以「現代」名義大力推動建設，施行一連串的「改善」政策，但東北民眾並未摒棄原有的生活慣習與型態，舊有的生活空間依舊存在的情節，或許可以視爲東北民眾爭取「傳統文化」續存空間的書寫策略。

　　此外，作家群亦有藉由書寫東北知識份子深感時代苦悶，寄情酒色來忘卻痛苦、麻痺知覺之際，卻在未變的「聲色場所」中展現其反省與觀察的情形。因此，筆者將滿洲方面之「未變空間」的幾種內涵歸納如下：

1. 通過維持未變的傳統、習俗與文化觀偷渡反面批判統治現實。
2. 突顯其未經殖民統治者染指，並且相對於進步的、外來的、帶有統治者目的的空間而存在的，屬於東北原有傳統文化的空間。
3. 「風月場所」在「變異空間」中藉由表面「未變」來潛藏其中人物「覺醒」的空間。

小　結

　　本節主要探討日據時期的台灣、「滿洲國」小說中的「未變空間」如何相應於「變異空間」而被作家呈現於作品中，並試圖詮釋「未變空間」的存在於兩地作品中的可能意涵。

　　筆者發現，兩地作品中的「未變空間」，呈現出以下的相似性：

　　台灣作家往往透過書寫台灣民眾居住於「暗黑、髒亂的住所」中，呈現台、日人生活差異的現實面，以達到批判統治者宣稱統治帶來「進步」的虛妄謊言；或者藉由書寫民眾於私領域保留「傳統廳堂與神龕」、虔誠拜神祭祖的儀式，表現被統治者在已變異的大環境中仍試圖以維持舊有生活空間存續傳統文化。而於「滿洲國」作品亦不乏這種類似的「空間」結構。

　　「滿洲國」作家同樣也藉由書寫東北民眾保留「傳統街道」或「謹守過節傳統」，呈現東北民眾即便身處於因統治者與殖民資本入侵而產生變異的環境中，仍舊藉由保存傳統空間使文化得以被承續。

　　然而，兩地作品中的「未變空間」亦有其差異存在：

　　當台灣作家書寫小說人物徘徊酒樓、妓館尋歡縱慾，以反映台灣民眾以叛逆行徑展現反社會、不願被統治者收編的情緒之際，「滿洲國」作家則書寫小說人物在「聲色場所」中重獲反省、觀察、批判能力。

　　同樣描寫作為與「變異空間」相對應的型態未變之「聲色場所」，台灣作品中的小說人物，是以「消極的自我」來消解「積極的殖民」，而「滿洲國」作品則呈現小說人物在此看似「墮落」的空間中產生「頓悟、覺醒」的精神變化。就敘事型態而言，兩地作家藉由相同的空間意象，賦予了不同的意涵；前者的空間做為「消極的自我」之所以「消極」、規避的空間，而後者，則於其中尋找到得以發生變化的條件。也正是在這種差異之中，得以窺見兩地作品中「未變空間」雖被以二元的方式與「變異空間」分而論之，卻毋寧因為這種分類詮釋方式，提供了觀察兩地未變空間的複數意涵及文學表現與意象經營上的異同。

結　語

從上述的論述中，我們得知，台、滿兩地的現地作家，常藉由書寫「空間變異」，反應殖民地原有社會在受到宗主國統治後，被迫改變原有樣態，成為符合殖民者心中「理想」的殖民地空間樣貌。作家透過書寫統治者如何在地方營造其「理想中的殖民地空間」，表現出統治者以優越的姿態對殖民地進行的「指導」與「改造」，企圖將殖民地重新塑造成一個殖民監控嚴格、充滿權力關係的「理想地區」。

縱使帝國對台灣與「滿洲國」分別抱持不同的統治期待與初衷，但兩地的文學作品中都不約而同的描寫地方因統治政策與殖民資本入侵而產生變異的情形。如兩地文學作品中皆出現作家描寫殖民者建築高聳建築物，以達到監控殖民地現場與塑造殖民者權威的象徵隱喻；也有描寫跨國企業與殖民資本入駐殖民地後，假借文明之名在殖民地設置現代化工廠設備與交通設施，卻以行殖民地經濟剝削之實的相關書寫；這些作品中所呈現的進步空間形象，表面看來繁華、進步，實際上卻可能暗藏著日本帝國以優越姿態為殖民地與佔領區帶來「文明空間」的動機與目的。台、滿兩地作家藉由書寫殖民地的「變異」與原貌之「不再」，以及相對於「變」而存在的「未變」，表現出現實中殖民高壓與政策對殖民地的影響，以及滲透於影響之外的文學空間。

透過檢視文學中的「空間」，其如何被設計、佈置及變異，筆者認為，日據時期台、滿文學中的「空間」設計，除了出反應兩地被統治者因「空間變異」而遭遇的生活受挫，作為與殖民統治對話的書寫策略外，小說中某些具特殊地緣樣貌的「空間」，也成為了在殖民高壓統治下，一種被透過文學所建構出的，具有隱藏性格、存續文化與傳統的垺隙。

台灣與「滿洲國」的在地作家，在作品中所描寫的「未變空間」，不僅可作為突顯被「殖民政權」所改變的空間的對照組，兩地作家也藉由「刻意保留殖民地某些面貌」的隱藏其精神性的「不變」與「維持」在其中。

雖然台、滿兩地的文學作品中，都不約而同地在文學中的殖民地社會內部，佈置進了「未被改變的殖民地空間」，但是，卻又因為統治政策與文化地緣等關係的差異，而有不同的詮釋意義。在台灣方面，作家以書寫殖民地陰暗、潮濕、髒亂作為批判殖民當局無法如其所云，有效地改善殖民地之陋，帶領殖民地脫離黑暗步向光明、進步之途。而在「滿洲國」方面，作家們所書寫殖民地空間的「未變」，實際上是隱藏有作家藉由文學創作「保留」了殖

民地原貌,以此作為存續傳統文化的一種精神性的空間。

　　因此,雖然台、滿兩地文學作品中都有描寫環境雖然遭到殖民者的介入與干預而產生些許變化,但是,在藉由書寫空間以保有文化傳統與民族精神於特定的空間中,可說是兩地被統治者作家在書寫環境艱難的歷史現場中,不約而同透過文學表現的轉圜,進而採取的書寫策略。諸如傳統廟宇或年節文化,對台、滿兩地被統治者而言,便具有特殊的意義在其中。作品中,這些被作家藉由文學創作所建構出的空間,往往便是他們在殖民高壓下維繫傳統與精神的寓所。此外,兩地作家亦常在文學創作中,設計在殖民地逐漸被統治者改變之際,亦有某些自然景物,被以特殊的姿態描繪在作品之中,它們通常便是故事主角藉以躲避殖民統治者追緝的藏匿處,成為賦予受殖者能動性的來源。

　　透過觀察文學中的殖民地「空間」,我們可以發現,統治者懷著有效治理、管束被統治者的心態,對殖民地社會與環境進行改造與經營;被統治者則是表面屈從於殖民統治,實則透過文學創作,另闢出得以保存自我文化精神,不受統治者干擾與改變的空間。這種藉由設計「空間」,以保存自我主體與文化的書寫策略,正是台灣、「滿洲國」現地被殖民者作家們,在統治者對兩地社會進行全面性「矯正」與「破壞」的過程中,除了藉由文學書寫直接批判與諷刺的方式外,更精神性的一種與統治政策對話的方式。

第四章 「地改」而「人變」
——台灣、「滿洲國」文學中多重空間下的人物形象變化之比較

前　言

　　承接本文第三章對台灣、「滿洲國」文學中「空間」描寫的分析，筆者提出以「變異空間」與「未變空間」兩種類型，閱讀並詮釋日據時期台、滿小說中有關「空間」的書寫特性。這一章則試圖進一步探討殖民地台灣、「滿洲國」小說中，在這兩類的文學空間裡活動的「人物」，他們與空間的相互關係，並試圖分析出「空間」的變與不變與「人」所發生的關連性，透過詮釋活動於不同空間中人物的形象，深化人物形象與空間連結所可能隱含的文化意義，並且比較台、滿文學中這類人與空間連結的書寫情形之異同，探尋日據時期兩地文學作品中人物形象與「空間」的對應情形，期望藉此能觀察出台、滿小說中所呈現在遭受日本帝國直接、間接控管地方的特殊經歷下，不同地域、異質空間中的人物反應及其形象背後有何可供詮釋的可能。

　　本章分為兩節進行論述，第一節處理台灣、「滿洲國」文學中「變異空間」裡的人物，各自呈現了哪些典型人物形象，並且比較兩地人物形象之異同。再者，進一步說明這些人物形象所象徵的文化意涵，以及兩地書寫現象之異同所可能隱含的文化意義。第二節則將重點著墨於兩地文學中「未變空間」的人物形象如何於作品中再現，並加以比較兩地文學中人物形象之異同處，

希望能以「空間」作爲跨區域、跨殖民地文學比較的平台之一,進而觀察出殖民地文學中,被統治者活動與「空間」相互展演出的具典型形象的殖民地人物。

第一節　台、滿文學中「變異空間」裡的人物形象變化

承接上一節史料分析的結果,當社論報導反映出殖民地的變異會影響被統治者時,這種殖民地的「人地」關係與連結性又如何於文學創作中被書寫?被統治者作家,如何透過文學創作呈現殖民者改變殖民地之際,被統治者的行爲反應與心理狀態呢?在文學世界中,小說人物又如何回應這個因外來殖民者介入而日漸變化的社會呢?

本節筆者欲比較台灣、「滿洲國」文學中「變異空間」裡的人物形象書寫情況有何相似處及相異處。藉由比對台、滿兩地文學中「變異空間」裡被統治者形象的類同特色及差異形象,試圖呈現兩地作家如何透過文學創作與時代對話的方式,在前一節爬梳史料的基礎上,從日據時期小說作品中變異／未變的「空間」與「人」在其中所呈現的形象切入,將人地關係作爲觀察小說呈現社會情狀的著眼點,進一步透過分析文學作品中被統治者的形象,理解文學創作如何呈現殖民地發生變化對被統治者的影響。

一、台、滿小說中的類同形象

學界對於日據時期台灣文學及東北文學創作中「被統治者形象」的研究,目前仍多設定於諸如女性、農民、原住民等,以「身分」作爲分析對象,或是在探討日據時期作家書寫特色時,才可能觸及論析日據時期殖民地文學作品中人物形象。本文嘗試突破以「身分」或「角色類型」作爲分析被統治者形象的研究模式,以「變異空間」中的人物爲考察對象,試著觀察小說中述及「空間的變異」對文中人物有何種影響。

閱讀日據時期台灣、「滿洲國」文學創作,筆者發現被殖民統治者改變的空間中的人物粗略呈現:(1)徘徊於城鄉間的轉業者(2)倚「賣」求生(3)死胎與夭折的孩童(4)「瘋」與「狂」的人們(5)殘缺者(6)認同矛盾,這幾類特殊人物形象,以下筆者將分別闡釋「變異空間」中的人物形象所可能隱含的文化意涵。

（一）尋求生的出路——徘徊於城鄉間的轉業者

日據時期台灣及「滿洲國」小說創作中，慣常描寫因殖民資本與殖民統治者入侵農村、鄉，迫使地方原有的經濟生態與生產結構產生變態，因而促使生活在土地上的人們也不得不改變賴以維生的生活型態，在強大的殖民暴力及經濟壓迫之下，為了生存，民眾只好離開農村，離開生長的土地，前往陌生的新興都市中另尋生存之路的情節特徵。

然而，在殖民統治結合資本主義的影響下，小說中人物們又將採取何種態度與形象面對被改變的家園？據此筆者企圖追問在日據時期台灣、「滿洲國」小說創作中，民眾前往／離去「城」與「鄉」的原因為何？人們在離／返「城／鄉」的過程中，可能會遭遇哪些情況？其行為背後有何涵義？「城」與「鄉」之於民眾的意義何在？這些民眾的組成結構呈現何種樣貌？小說人物又呈現何種形象？

A. 台灣文學方面

在台灣文學方面，林越峰的〈到都市去〉（1934）一文明顯地呈現了「離鄉」、「前往都市」的書寫主題。〈到都市去〉主要敘述主人公忘八本是住在鄉下，以栽種青菜到鎮上換錢養活家庭的農夫，「只因為年來的經濟，漸漸起了動搖，各種東西的價錢，都跟著漸漸低降下去，就是青菜的價錢，也不像從前那般的好了，因此忘八便將耕農的生活放棄」〔註1〕。在決定轉業之後，一開始忘八每日擔著補靴的籠箱到鎮上的十字路口攬客，但住在這陣上的人們多是沒有靴穿的農人或小工，因此忘八只好放棄此途，改到王老爺家任小田工一職，卻也因王老爺苛刻相待而辭去工作。於鄉村裡已走投無路忘八下定決心，決意離開鄉村，期待到城市能另覓他職、改善生活。但舉家遷往城市後的日子，卻也是歷經波折，就在忘八傾盡積蓄，向老鄉阿四頂下黃包車後，才發現車佚的活計根本不足以養家，為了生存，忘八只好重操舊業替人補靴、擦靴，賺取微薄的零錢。到了城市後的忘八，雖然看見城市「洋樓是高大，水銀燈是明亮，坐著汽車，吃著大菜的人們，也是很不少」，但是「但是在其陰影下，餓著肚皮，受著風霜的人們，卻也多著哩」〔註2〕。由忘八的經歷來看，因為鄉村近年來的變異，物價的大幅波動，使得忘八放棄原本賴以維生

〔註1〕 林越峰，〈到城市去〉，原載《台灣文藝》創刊號，1934 年 11 月 5 日，收錄於葉石濤、鍾肇政主編，《薄命》（台北：遠流，1997 年 7 月），頁 233。
〔註2〕 同註1，頁 244。

的工作，改做其他的工作。但沒想到即便換了工作，又因景氣普遍的低靡，大家無力消費而無生意上門，最後終在受到地主不公的對待而決定出走，離開生育自己的家鄉，離開這個自己費盡心力卻仍無法尋得生存之路的地方，將希望寄予人雲繁華的都市，踏上離鄉闖蕩的路程。

究其所因，忘八決意離開故土，是因為「勤奮務農就能平靜度日」的日子已不復存在。一開始，即便無法耕田，忘八還是選擇了留在鄉村，尋找其他工作維持生計，但多次轉業的結果，還是不如忘八預期，最終貧困交迫的忘八不得不走上「離鄉」的道路。然而，看似通往「希望之途」的都市，卻並非如忘八所想的充滿光明，到了都市後的忘八，雖然見識到了都市光鮮亮麗的一面，卻也體悟到並非所有在都市的居民都能擁有享受繁華的權利，在繁華、光鮮的背後，隱藏的是都市貧富差距極大社會現實。

這樣的情景在日據時期的台灣創作中屢見不顯，像是張慶堂的〈鮮血〉〔註3〕（1935）與徐玉書的〈謀生〉〔註4〕（1935）都出現了小說人物離鄉前往都市與轉業的情節。張慶堂的〈鮮血〉描寫佃農九七不願待在農村繼續受地主無理欺壓，「再也沒有勇氣在這 C 村為作田人而繼續住下去了」〔註5〕，因而決定「就往都市去吧！」〔註6〕九七的離鄉，同樣也是因為農村日漸凋敝、無法負擔苛捐雜稅所致，正是因為家鄉的生存條件與經濟環境日漸艱難、惡化，才驅使在縫隙底下求生的小老百姓不得不離開熟悉的故土，前往未知的都市另覓他業。然而，伴隨著離鄉、前往都市而至的，是改途轉業的必需性。以往在農村，由於世代耕作，務農對民眾而言，是再熟稔不過的事，但如今到了一個陌生的環境，在失去田地、身無資產、賴以維生的耕作技能毫無用途之際，他們只能選擇在城市中販賣勞力以賺取微薄薪資，在金錢堆砌的利益世界中，當一名失根的城市勞工。如同九七在走投無路之下，選擇了以拖人力車營生，卻因為生意不佳，長期營養不良的緣故，最後體力不支昏厥而慘死自動車輪下，悽慘遭遇令人不忍卒睹。

〔註3〕張慶堂，〈鮮血〉，原載《台灣文藝》第 2 卷 9 號，1935 年 9 月 24 日。收錄於收錄於葉石濤、鍾肇政主編，《薄命》（台北：遠流，1997 年 7 月），頁 317～344。

〔註4〕徐玉書，〈謀生〉，原載《台灣文學》第 2 卷 3 號，1935 年 3 月 5 日出版。收錄於葉石濤、鍾肇政主編，《送報伕》（台北：遠流，1997 年 7 月），頁 129～148。

〔註5〕同註3，頁 330。

〔註6〕同註3，頁 331。

　　徐玉書的〈謀生〉中的競英夫妻，同樣也是因農村的環境大不如前，而使他們「抱著落魄的靈魂，離開親朋和故鄉，而踏上異鄉漂泊的途程了，他爲著生活和債務的驅使，不得不拋棄了他底父親遺下給他這支鋤頭的生活，而轉到別途的生活了。」〔註7〕競英心中的吶喊道出了所有離鄉轉業者的痛苦心聲——離鄉是出於生活的驅使，是不得不的悲哀。然而，故事並沒有交代離開故鄉、前往城市的競英和美玉，他們的生活是否有所改善，但是從小說文中提到「農村愈來的物價，一天低下一天，可是都市的物價卻一天一天的高起來」〔註8〕，我們似乎已能預見貧困夫妻前往都市後所遭遇到的挫折與磨難。誠如葉石濤曾於〈文學來自土地〉一文中寫道：

> 新文學自日據時代發軔以來，土地與農民即爲最重要的主題之一！日據時代的新文學作家大多數來自廣大的農村，他們最熟悉的莫過於土地景觀與農民生活，因此新文學作品中常出現的是農民悲歡離合的生活，殖民地政府的橫暴苛斂，以及大自然與土地之間的密切關係。〔註9〕

我們可以從小說中發現，促使小說中的主人公離開原鄉的原因，皆是因爲農村已不似從前單純儉樸，並由於殖民者與資本家的介入，使得農村的經濟生態日漸變異，農民無力承擔苛稅、繼續承租田地，離鄉另覓工作成了他們得以繼續生存的唯一道路。然而到了城市，又因爲現代化機械的普及脅迫到自己販賣勞力的工作機會，使他們無可避免地再次面臨生存危機，最後不得不走上絕路或是返回貧困破敗的農村。他們被命運之輪與現實驅趕著，奔波於務農與勞動工作中，遊離在城與鄉之間。

　　其中，「小販」此行業的出現恰巧印證了小說人物在面對離返城鄉與轉業時的轉折與過度。許俊雅在分析日據時期台灣文學作品時，曾說明日據時期台灣大量攤販產生的社會成因，「與被統治者不論於農、工業都四處碰壁的慘況息息相關」〔註10〕。由此我們可以看見這群「四處碰壁」的被統治者，爲了求生，他們徘徊在農村與城市中努力尋求得以容身的隙縫，流轉在各行各

〔註7〕同註4，頁146。

〔註8〕同註4，頁137。

〔註9〕葉石濤，〈文學來自土地〉，《台灣文學的困境》（高雄：派色文化，1992年7月），頁9。

〔註10〕許俊雅，〈日據時期台灣小說蘊含的思想內容〉，《日據時期台灣小說研究》（台北：文史哲，1999年），頁430～431。

業中只爲繼續生存下去。筆者以爲，這種「離鄉轉業」的人物形象反映了在殖民地生存空間的日益緊縮與「變異」的情形之下，呈現出被統治者嘗試突破殖民圍限的一種積極的求生意志。

B.「滿洲國」文學方面

上述發生在台灣文學中的離鄉轉業的情況，也同樣出現在「滿洲國」小說中，其中，最有代表性的爲戈壁的〈離鄉〉〔註11〕一篇。〈離鄉〉描寫農村所有的作物皆因去年的一場水災而瞬間化爲烏有，加上「秋天繳不上租子不算，連天的肥料錢，雇牛費，統統都變成了債，而且這一年的糧食，更成了嚴重的問題，向別人去借貸吧，鄉下又全都是些過同樣苦日子的人，鄉下又沒有賣苦力的地方，連那閉塞的小市鎮上做卯子工也全沒人要……。」〔註12〕村子裡的農民正苦無出路之際，碰巧「招供的」到鄉下來招募勞力，「給人們闢出一條新的生路」。爲了生存下去，離開農村、另尋生路成了他們不得不選擇的途徑；也正是這種無法改變現況、翻轉現實的挫敗與無奈，「驅迫著一批一批的莊稼人，接連著走上這條路上來了」〔註13〕。農業是滿洲經濟的基本要素，與中國其他地區一樣，那裡的農業生產也建築在半封建的榨取關係之上，土地所有的分佈非常懸殊，「在這個經濟關係下，連年的凶作，苛酷的稅金、封建的地租、高利貸的榨取、價格的壟斷——這些因素只得使半佃農變成佃農，而土地集中的傾向也越發急激顯著起來」〔註14〕。農民的出走，意味著農村的環境已然發生變化，甚至影響到民眾的生計問題。可以說，「對東北土地與東北農民生活命運的關係，是東北作家透視與表現『東北形象』的一個聚焦點」〔註15〕。

然而所謂的招供，多是殖民資本家投資的會社爲了徵招人力到礦坑或深林中從事採礦、鋸木而到鄉間宣傳外地工作之手段。這些離鄉的莊稼人原本對於到異地工作充滿希望，到了工寮卻聽見「疲憊的缺乏血氣的人臉，全似些胃病患者」的前輩們氣憤地抱怨著：

〔註11〕 戈壁，〈離鄉〉，寫於 1939 年 12 月，原刊載於瀋陽《新青年》月刊，後選入小說集《離鄉集》（北京：新民印書館，1944 年 9 月）。本文引用版本收入於梁山丁編，《燭心集》（瀋陽：春風文藝，1989 年 4 月），頁 269～291。
〔註12〕 同註 11，頁 270。
〔註13〕 同註 11，頁 270～271。
〔註14〕 譚衛中，《今日之滿洲問題》（廣州：世界情勢社，1932 年 6 月），頁 36。
〔註15〕 逄增玉，〈東北作家群的藝術取向〉，收於劉中樹主編，《鐐銬下的繆斯——東北淪陷區文學史綱》（吉林：吉林大學，1999 年 11 月），頁 210。

……來啦，可不是，一塊七八毛錢一天工，打濛濛亮幹到日頭落，……
做工的除去下雨陰天，再不就碰傷了胳膊腿，歇個一天兩天的工，
一個月好說幹二十天整活，扣去鞋腳錢，抽菸錢，剩個十幾塊錢，
夠幹個屁？冬天不加工，幹一天天的靡費，我們打去年秋天來到這
兒，連歇工帶過冬總共一個人沒寄過家去二十塊錢，光他媽火車腳
就足扣去個半月的工錢！這不是，大老遠的賣苦力賺下個光桿身
子，回家呢，更沒有好想頭，而且連盤纏錢都湊不出來。〔註16〕

到達遠方，離鄉的農民們才知道他方並沒有招工者說的福利，也並非如想像
中的美好，甚至可能因工受傷，終生遺憾；從他們每日傾付勞力，換得的微
薄薪資還得被苛刻的資本家與工頭層層剝削，以及被非人道方式對待的悽慘
處境來看，滿洲的勞動者對資本家而言就好比是「會說話的家畜」〔註17〕。
即便如此，現實的重擔仍舊脅迫、催促著這群滿洲農民必須在逐漸凋敝破敗
的農村家園與充斥不公、危機的工作環境中做出抉擇，而「離鄉轉業」正是
他們力圖突破因殖民陰翳壟罩而百業蕭條的家鄉、另尋生存出路的一條途
徑；縱使過程要離開溫暖的家鄉，要捨棄熟析的工作，須面對航向未知的風
險，但是他們仍然不畏未知的恐懼，不願待在殖民勢力箝制下日漸凋敝的農
村中繼續坐以待斃，於是他們選擇「離鄉」、「轉業」，嘗試在滿洲這塊黑暗大
陸中，尋找自己的生存之道。

（二）生存狀態的延續——倚「賣」求生

筆者觀察到日據時期台灣、「滿洲國」小說創作中，時常出現主人公在面
臨生活極度困頓之際，為了養家糊口，除了另尋工作出路之外，在家徒四壁、
物資缺乏的情況下，最常見的莫過於選擇以「販賣」原本不該有對價關係的
孩子與身體。然而，這種倚「賣」換取金錢、物質的交易方式，除了表現被
統治者的極度貧困之餘，是否還有其他的解讀方式？

A. 台灣文學方面

首先，在台灣文學方面，楊守愚的〈凶年不免於死亡〉（1929）與柳塘的
〈轉途〉（1936），皆以「賣子換錢」作為小說轉折及故事張力的高潮。像是
〈凶年不免於死亡〉便是敘述主角佃農至貧在「稅金不因年凶而減少」的情
況下，無法再續租田地，至貧只好轉為作工，但惡運接踵而至，在改業的日

〔註16〕同註11，頁275。
〔註17〕同註14，頁36。

後又被巡查大人催繳已過期的戶稅，對於至貧無力納稅的情況視而不見，聲稱即便至貧再窮，「這一筆官廳的稅金，是不能短少的」〔註18〕，最後甚至隨口向至貧提出非人、殘酷的解決之道——賣子換錢，在殘酷現實的壓迫及催促下，無力反轉命運的至貧只好忍痛賣子。然而在阿英被賣後不久，妻也因悲傷、憂鬱旋即患病逝去。

柳塘的〈轉途〉同樣敘述主角阿才因家貧無力撫養多子成長，曾經將一個甫出世的女孩讓給他人做養女，但此舉只能解燃眉之急，卻無法解決家貧的處境，阿才總是罣礙著這些「『會食沒相咬』的孩子，怎樣維持？每一想來，都要使他覺得恐怖，不安」〔註19〕，甚至「他有時也曾想到賣掉這些孩子，但，總苦無好的對手」〔註20〕。阿才在納了三圓九十錢的自轉車稅後，所餘不多，他在妻子對貧困生活的漫罵、詛咒中，無限的憂思誘使他在心底起了「賣子——轉途、轉途——賣子……」之念。

筆者認為，至貧與阿金不得不以「賣子」來換取金錢的舉措，皆暗指殖民地因殖民者的幹預、介入，使民眾的生存空間被壓縮而緊繃，在有限的生存空間裡已然無法再容納多子的出現。然而，主人公選擇「賣子」的行為，除了如其他研究者解讀為「文化斷裂」的表現外，筆者認為「賣子」這一動作還可能是被統治者爭取生存空間、延續命脈的一種策略。雖然民眾「賣子」的直接理由眾多，但多不脫家貧、無法負擔沉重生計之原因，在自己無力撫養孩子成長的情況下，父母忍痛「賣子」，除了為求換取金錢外，也是冀求文化得以續存的一種展現；無力撫養孩子的雙親，希望骨肉能在得以容納其身的他處成長，或許環境並非富足、安逸，但這些「買子」、「納子」家庭的環境終究較孩子的原生家庭好，「賣子」的行為背後其實隱含著父母希望孩子都能繼續存活、尋得屬於其生存空間的滿懷無奈與深切寄望。

此外，筆者發現台灣、「滿洲國」小說中亦常描寫被統治者女性為了維生，必須以「販賣身體」、「以性交易」的方式，換取金錢、物資或生存權。在台灣文學方面，賴和的〈可憐她死了〉（1931）、翔（楊守愚）的〈女丐〉（1931）、

〔註18〕守愚（楊守愚），〈凶年不免於死亡〉，原載《台灣民報》第257～259號，1929年4月21日、28日、5月5日，收錄於葉石濤、鍾肇政主編，《一群失業的人》（台北：遠景，1997年7月），頁10。

〔註19〕柳塘，〈轉途〉，原載於《台灣新文學》第2卷1期，1936年10月28日，收錄於葉石濤、鍾肇政主編，《牛車》（台北：遠景，1997年7月），頁316。

〔註20〕同註19，頁316。

呂赫若的〈牛車〉（1935）、楊華〈薄命〉（1935）、一吼（周定山）的〈炫風〉（1936）、蔡秋桐的〈四兩仔土〉（1936）……等等都曾書寫過被統治者女性以「販賣身體」來討生活的情節。像是吳希聖的的〈豚〉〔註21〕（1934）一文中的賣春婦阿秀，身為長女的她想減輕家中的負擔，便以賣春為業，成為貧困家中的最大收入來源，但卻也因此染上性病。當阿秀病發而無法接客之際，阿秀立即面臨生活頓時陷入困境的危機，她心想：「不接客，身體就會好起來，這是可以預知的。可是，不做這種買賣，哪來注射費？家裡的生活怎麼辦？……」〔註22〕。阿秀用單薄的身子，支撐起沉重的家計，阿秀身在這個她無力改變的世界上，為了家人、為了生存，她只能倚靠她僅有的身體去換取「生」的可能。如同文末反思阿秀自盡的原因：「她為什麼而死？非死不可嗎？沒有一個人知道，大概是因為自己不能再『生』錢養家，心裡苦悶難受吧？」〔註23〕當賴以維生的身體患病、已不再是自我能控制之際，阿秀心裡明白自己再也沒有換取「生」的籌碼，倘若繼續活著只是成為家中的負累罷了，於是她選擇自盡結束自己悽慘的人生。

又如守愚的〈女丐〉描寫明珠在生母過世後，被繼母賣給老鴇，於是明珠「她在十三歲的那一年，便開始她的妓女生活。」〔註24〕墜入風塵的明珠自此與家中失去聯絡，在充斥淫穢、金錢至上的煙花世界中，「她這樣地一年年下去，送往迎來，去了一個，又是來了一個，一日裡，不知道要和幾十個嫖客周旋，但她那不幸的、乖舛的運命，依然緊緊地跟住她，不肯放鬆地監視她，使得她不能脫出它的圈套，不自主地隨著它所指示的途徑跑去」〔註25〕明珠只能憑著出賣身體，才能夠換得生存的空間，換取生的權利。

B.「滿洲國」文學方面

在「滿洲國」文學方面，亦有女性以販賣身體營生的情節出現在作品之中，像是小松的〈鐵檻〉〔註26〕（1940）描述女主角小芸勇敢追求真愛，毀

〔註21〕吳希聖，〈豚〉，原載於《福爾摩沙》第3期，1934年6月15日，收錄於葉石濤、鍾肇政主編，《豚》（台北：遠景，1997年7月）。
〔註22〕同註21，頁8。
〔註23〕同註21，頁23～24。
〔註24〕翔（楊守愚），〈女丐〉，原載於《台灣新民報》第346、347號，1931年1月10、17日，收錄於葉石濤、鍾肇政主編，《一群失業的人》（台北：遠景，1997年7月），頁170。
〔註25〕同註24，頁171。
〔註26〕小松，〈鐵檻〉，原載於《藝文志》第3輯，1940年5月，收錄於張毓茂主編，

婚從鄉村逃至都市，爲了謀生，只好從事陪酒女侍的工作，但卻因爲一次意外毀容而墜入人世的黑暗深淵──成爲在黑暗、陰濕、腐臭巷弄的拉客妓女。爲了養活自己和幼子，小芸只能以販賣自己的身體維生，卻因爲之前被酒客以酒杯砸臉破相而屢遭嫖客侮辱拒絕，「剩在冷風中的那個女人，凍得發抖，把頭貼在牆上，菸蒂用力丟在地上」〔註27〕。到了城市，原本純樸的鄉村姑娘爲了生活，在毫無資本的情況下，只能倚賴女性特有的天賦維生，以販賣身體、靈魂與尊嚴換取在城市的暗巷中覓得一處棲身之所及維持基本的物質生活。如同東北文學評論家上官纓之評判，小松的〈鐵檻〉確實「寫出市景民俗的眾生相」〔註28〕。這種女性爲了求生而選擇以身體作爲生存的現象，同樣地在秋螢的〈礦坑〉中也出現相似的情節。小說描寫主人公張斌在黑暗中模糊的辨認出那位背著煤塊走過的女子，是村子裡馮祥的遺妻，「馮祥一年前死了，剩下這女子無法度過，便依靠著每天到煤山上去撿媒，晚上時常跑到那巡邏夫的小板房裡去幽會，完了便偷一鐵筒煤拿回家裡」〔註29〕。在民不聊生、物資短缺的環境中，馮祥的遺妻只能靠出賣自己的身體，才得以換取巡邏夫「默許」其偷煤行爲，換得民生必需品。被黑暗壟罩的滿洲大陸，有許許多多如馮妻一樣必須倚賴「身體交易」才得以支援生計的女性，她們失去了可以倚靠的男性肩膀，在漆黑、險惡的環境中，努力求生的堅強意志，就如同張斌所見「遠處煤山上那巡邏的屋子裡，一朵微小的紅光似乎在不穩的哆嗦著」〔註30〕的微光，雖然看似細小、微弱，實際上卻隱藏著強大且堅毅的生命光芒與力道。

　　不論是販賣孩童或身體，生活在殖民陰翳覆蓋下的被統治者，他（她）們在貧困的生活中奮力求生，在缺乏金錢、物質的環境下，只能倚靠販賣身

《東北現代文學大系‧第五集‧中篇小說卷》（瀋陽：瀋陽，1996 年 12 月）。
《鐵檻》脫稿於 1940 年 1 月，相較於前期創作《無花的薔薇》刻意迴避現實，古丁認爲小松創作《鐵檻》此期，是衝破其寫作「潛伏期」的一個飛躍發展。參考劉慧娟，《東北淪陷時期文學史料》（長春：吉林出版社，2008 年 7 月），頁 40～42。

〔註27〕 同註 26，頁 168。

〔註28〕 上官纓，〈且說小松〉，《東北淪陷區文學史話》（吉林：長春市政協文史資料委員會，2006 年 6 月），頁 102。

〔註29〕 秋螢，〈礦坑〉，選自小說集《去故集》，文叢刊行會，1941 年 1 月，收錄於張毓茂主編，《東北現代文學大系‧短篇小說卷》（瀋陽：瀋陽，1996 年 12 月），頁 412～413。

〔註30〕 同註 29，頁 413。

體與自身的延續（孩子），忍受拋卻尊嚴及骨肉分離的痛苦，在這個因殖民統治而使生存空間日益緊縮的空間中，她們只能蜷曲於生活空間中最黑暗的角落，求取得以容納自己的縫隙。在陰暗角落中倚「賣」求生的情景，反映了被統治者生存的不易，但同時也呈現了被統治者在艱難的環境中努力求生的精神與生命力。

（三）殖民之子的輓歌——死胎與夭折的孩童

「孩童」在日據時期台、滿小說中，多呈現貧、病、瘦、弱的形象，然而，許多時候這些貧、病、瘦、弱的孩童，或是仍孕於母體的胎兒，他們的命運似乎皆不免走向「死亡」之途。然而，作品中多出現書寫「夭折的孩童」是否有其文化意涵呢？

賴和的〈可憐她死了〉〔註31〕（1931）一小說的敘述中心始終環繞在女主角阿金身上，道出阿金身為女性被當作物品一賣再賣的悲慘經歷。其中文末描寫某日阿金獨自在河邊洗衣，因暈眩跌入水中，即便她曾奮力掙脫困境，但是「阿金帶了一個大腹，分外累贅，要爬起竟爬不起來，愈爬愈墜入深處去」〔註32〕，縱使在失去意識前還惦記著母親及未出世的孩子，但是無情的命運洪流仍將她與其未出世的孩子帶離這人世間。筆者認為小說敘述有身孕的阿金墜河而亡，暗隱了作家安排讓未出世的孩子死去，是不願讓孩子出生後陷入惡性生活的循環黑洞，背負著從父輩以來的不幸與悲慘的用意。悽慘的結局，卻鏗鏘有力地直指殖民地的黑暗面。殖民統治下的百姓，非但沒有豐衣足食，在貧困將人逼向絕路之際，便促成了千萬個如阿金不斷被販賣的受害者，被迫離家、沒有安身立命的所在，這種因殖民所造成生存空間的壓迫，最後連象徵希望的嬰孩都無法於母胎中安適地發育、成長便被迫死去。

在日本殖民統治底下的台灣，孩子的夭折與死亡似乎成了常態，除了賴和的〈可憐她死了〉之外，另如瘦鶴的〈沒有兒子的爸爸〉〔註33〕（1931）描寫孩子接連因染疫死去；蔡德音於〈補運〉〔註34〕（1935）文中寫母親因

〔註31〕 賴和，〈可憐她死了〉《台灣新民報》363～366 號。1931 年 5 月 9、16、23、30 日，6 月 6 日出版。收錄於《台灣作家全集——賴和集》（台北：前衛，2002 年 11 月。），頁 133～148。

〔註32〕 同註31，頁 147。

〔註33〕 瘦鶴，〈沒有兒子的爸爸〉，原載於《台灣新民報》第 368、369、379 號，1931 年 6 月 13、20、27 日。收錄於鍾肇政、葉石濤主編，《一根秤仔》（台北：遠景，1979 年 7 月），頁 29～38。

〔註34〕 蔡德音，〈補運〉，原載於《台灣文藝》第 2 卷 8、9 號，1935 年 10 月。收錄

迷信叫孩子去廟裡「補運」，幼子卻不幸發生被爆竹炸傷致死的意外；一吼的〈乳母〉〔註35〕（1936）描寫鄭正凱因失業，妻子素雲只好替人哺乳以維持家計，但自己的幼子可生卻因缺乏照顧得病而死；張慶堂〈他是流淚了〉〔註36〕（1936）描述章大根之妻「自結婚後，每年都產下兒子，可是數個月就死掉去」〔註37〕；柳塘的〈有一天〉〔註38〕（1936）描寫南生之弟與父親皆患病，但因家中無多餘金錢讓弟弟看病，其弟因病重而死；尚未央於〈老母雞〉〔註39〕（1936）一文描寫天賜嫂自身無法生子，多次領養他人孩子，但孩子最終皆仍夭折；龍瑛宗在〈黃家〉〔註40〕（1940）中寫村中慈雲宮附近某一人家孩子被坍塌土牆壓死，若麗之子卓尉因患腎臟炎而死……等等，日據時期台灣文學中書寫孩童死亡的創作數量極多。

描寫孩童夭折、死亡的情節在「滿洲國」小說中同樣屢見不顯，像是陳隄的〈生之風景線〉〔註41〕（1940）描寫阿鳳嫂上街排隊領取配給米，卻因人群擁擠不慎被推倒在地，「血從身子下部不斷滲出，褲襠都染紅了，叫了幾聲，也沒答應，一摸嘴只有出氣沒有進氣。」〔註42〕又如蕭紅的〈王阿嫂的死〉〔註43〕（1933）描寫王阿嫂因妊娠不能上工，竹三爺前去慰問才得知幾

於鍾肇政、葉石濤主編，《薄命》（台北：遠景，1979年7月），頁279～287。

〔註35〕 一吼，〈母乳〉，原載於《台灣新文學》第1卷3號，1936年4月1日。收錄於鍾肇政、葉石濤主編，《豚》（台北：遠景，1979年7月），頁143～156。

〔註36〕 張慶堂，〈他是流淚了〉，原載於《台灣新文學》第2卷1期，1936年12月28日。收錄於鍾肇政、葉石濤主編，《薄命》（台北：遠景，1979年7月），頁381～407。

〔註37〕 張慶堂，〈他是流淚了〉，《薄命》，頁381～382。

〔註38〕 柳塘，〈有一天〉，原載於《台灣新文學》第1卷8號，1936年9月19日。收錄於鍾肇政、葉石濤主編，《牛車》（台北：遠景，1979年7月），頁301～313。

〔註39〕 尚未央，〈老母雞〉，原載於《台灣新文學》第1卷10號，1936年12月5日。收錄於鍾肇政、葉石濤主編，《植有木瓜樹的小鎮》（台北：遠景，1979年7月），頁261～282。

〔註40〕 龍瑛宗，〈黃家〉，原載於日本《文藝》第8卷11號，1940年11月。收錄於鍾肇政、葉石濤主編，《植有木瓜樹的小鎮》（台北：遠景，1979年7月），頁65～100。

〔註41〕 陳隄，〈生之風景線〉，寫於1940年7月遼寧故居，原載《濱江日報・暖流》，1940年7月8日、15日、22日、29日，8月5日。收錄於張毓茂主編，《東北現代文學大系第三集・短篇小說卷》（瀋陽：瀋陽，1996年12月），頁731。

〔註42〕 同註41，頁731。

〔註43〕 由於蕭紅撰寫〈王阿嫂的死〉一文時仍未離開東北，因此筆者亦將此文納為分析對象，特此說明。蕭紅，〈王阿嫂的死〉，寫於1933年5月21日，署名

天不見的王阿嫂，因為前幾天被張地主踢一腳，小產腹疼，「她的身子是被自己的血浸染著，同時在血泊裡也有一個小的、新的動物在掙紮」〔註44〕、「王阿嫂就這樣的死了！新生下來的小孩，不到五分鐘也死了！」〔註45〕王阿嫂未出世的孩子胎死腹中，母子均亡。

愛倫‧坡曾在其著作《創作哲學 The Philosophy of Composition》〔註46〕中闡示，文學的目的沒有其他，就是作家通過藝術創造使得讀者得到某種刺激。他所謂的「美」是一種效果，及作家通過藝術創造使讀者得到某種「刺激」而使「靈魂昇華」的效果，他認為最能充分地表現美的語調是「哀傷」，體性的感受在實際上都是滲透社會性內涵，死亡與美的緊密結合，是愛倫‧坡最關注的人類精神議題。倘若文學中的「死亡」如同愛倫‧坡是感染、傳遞恐懼的最佳途徑，那麼象徵「希望」與「未來」的孩童之死，其中所隱含的意喻與形象帶予人的刺激，勢必更加複雜與強大。

筆者認為，台、滿文學中多賦予孩童「夭折」、「死亡」的形象，是一種批判、控訴殖民體系的表現，作家透過書寫孩童之死，除了呈現被統治者在殖民高壓下強烈的絕望與悲哀，是一種社會環境使其「不得不然」的被動反應外，孩童死亡同時也是被統治者以主動的姿態斷絕血脈，不願骨肉來到世上承續父輩以來所經的磨難；不願孩子生存在這個充斥著不公不義、辛酸血淚的人間；不願讓孩子淪為「殖民之子」。綜而言之，「孩童之死」可以視為被統治者為了使殖民荼毒「無法續存」、為了擺脫被統治者世代受苦而選擇以「斷根」、「絕後」達到控訴、反轉的一種書寫策略。

（四）「瘋」與「狂」的人們

A. 台灣文學方面

筆者在閱讀日據時期台、滿文學作品之際，觀察到兩地的小說在書寫殖民地被改變之際，其中的被統治者時常會出現異於常理的行為反應，這種「瘋狂」的行為不僅止於「發瘋」，筆者認為「偷」、「搶」的行為同樣呈現人們在遭遇困境之際，因而產生心理異常的瘋狂行為。在台灣文學方面，像是一吼

悄吟。選自短篇小說集《跋涉》，哈爾濱五日印畫社，1933 年 10 月。收錄於張毓茂主編，《東北現代文學大系第三集‧短篇小說卷》（瀋陽：瀋陽，1996年 12 月）。

〔註44〕同註43，頁 965。
〔註45〕同註43，頁 966。
〔註46〕愛倫‧坡（Edgar Allan Poe），《The Philosophy of Composition》，1846 年。

的〈炫風〉〔註47〕（1936）就曾描寫臭萬妻因擔憂無力償還賦稅而遭受責罰，
沉重的生活壓力最後將她推向「瘋狂」的邊界：

> 臭萬妻近來時常失神地獨自呆坐著，精神上就像喪去了一種什麼重
> 要機靈似的，小孩的啼饑也忘記了餵乳。做起事來，已不同前那麼
> 有勁，兼之洗衣挑水和煮薯根這些瑣屑的事情，都要累她一身。……
> 她最苦痛的，就是臭萬像一條笨牛。……瞨田雖不管種租，磧地金
> 現在從何處去搾油，想到將來的要如何度日，就完全陷於悲慘的絕
> 望了——眼前一花，彷彿四圍都是張牙舞爪的猛獸，作勢欲噬人的
> 恐怖。從這以後，逢人便嚷著：「哀喲！救人呵，要咬我！」有時見
> 著自己的孩子的小嘴張開，埋首懷中的竄尋乳頭的當兒，就大喊：「虎
> 又開嘴了！大家趕緊走呵！」同時便吱吱的笑到眼淚直流。〔註48〕

臭萬妻的「瘋」，是因為明瞭被統治者在嚴苛的賦稅制度下終究是底層被剝削
的一群，在殖民桎梏的鉗控下，被統治者的未來永無光明時日，於是恐懼、
擔憂與不平所聚合的強烈情緒終於超越臭萬妻的理智線，加上文末臭萬殭臥
圳頭，哀慟與怨恨更將臭萬妻推向瘋狂的極限，臭萬妻自此徹底崩潰，哭喊
著無以言喻的痛，「如替盡人間的分訴委屈的喪歌」〔註49〕。如果臭萬一家無
法閃避未來接踵而來、可預測的困境與慘況，那麼臭萬妻的「瘋狂」，除了是
被統治者以激烈的情緒呈現對殖民政策的批判、控訴，亦是被統治者試圖以
「非正常」的「瘋狂」行為來脫離殖民者以諸多不公義的法則、規定對「正
常的」被統治者之框限，用「失序」來顛覆殖民「秩序」的一種能動方式。

　　至於被統治者在殖民高壓下，選擇越渡道德邊境而採取「偷」、「搶」來
維生的瘋狂行為，台灣文學方面可以楊守愚的〈一群失業的人〉〔註50〕（1931）
與張慶堂的〈年關〉〔註51〕（1936）作為代表。〈一群失業的人〉描述一群離
鄉背景的失業者，因盤纏用盡，身無分文，「大家正在餓得了不得，聽到有蕃

〔註47〕一吼，〈炫風〉，原載《台灣新文學》第 1 卷 10 號，1936 年 12 月，收錄於葉
　　　　石濤、鍾肇政主編，《豚》（台北：遠景，1997 年 7 月），頁 3～28。
〔註48〕同註47，頁 134～135。
〔註49〕同註47，頁 142。
〔註50〕守愚，〈一群失業的人〉，原載《台灣新民報》第 360～362 號，1931 年 4 月
　　　　18 日、25 日、5 月 2 日，收錄於葉石濤、鍾肇政主編，《一群失業的人》（台
　　　　北：遠景，1997 年 7 月），頁 39～52。
〔註51〕張慶堂，〈年關〉，原載《台灣新文學》第 1 卷 4 期，1936 年 5 月 4 日，收錄
　　　　於葉石濤、鍾肇政主編，《豚》（台北：遠景，1997 年 7 月），頁 3～5。

著可以充饑，誰能不要呢？你也爬起來，他也站起來，爭先恐後地準備著到
那畑裡去把蕃薯挖來」〔註52〕，但偷竊行為卻被田主發現，落荒而逃。張慶
堂的〈年關〉則是敘述年關將至，拉車的阿成因為貧窮，無錢辦年貨、替孩
子買新衣。某日阿成在拉車時被顧客掌摑，飽受侮辱的阿成在沒有其他快速
賺錢途徑的下，心想：「被迫至這地步來，便不能怪我們了，現在所留給我們
的路，只有兩條了。一條是靜靜地讓他扼殺，另一條就是橫了心，碰碰我們
的運氣啦，什麼他娘的道德哪，XX哪，XX哪……我們現在可不管了，我們
想要活著。……」〔註53〕最後鋌而走險，步上搶劫一途。但從未犯罪的阿成
因緊張、顫抖而失手鳴槍，雖未傷及富人，卻引來巡警的追緝與逮捕。

透過〈一群失業的人〉與張慶堂的〈年關〉的例子，筆者發現被統治者身
處於這個因殖民介入而產生變異的殖民地中，被統治者唯有涉險去「偷」與「搶」
才能夠打破業已走投無路的慘況，才可能獲得改變現況的機會。因為依循正常
的生活規範只會讓自己一步步陷入殖民者所設的陷阱之中，步上貧者愈貧、弱
者愈弱的無限深淵，似乎只有透過諸如「偷」、「搶」此般不按規範而為的越舉，
被統治者才能夠暫時逃離殖民的捆綁，憑藉「求生」本能的驅使，去尋求意識
自主的可能，且用超脫規範的「偷」、「搶」衝撞殖民體系的規範。

B.「滿洲國」文學方面

在「滿洲國」文學方面，擅於「描寫黑暗」、刻劃對掙紮在社會底層的
普通民眾的被扭曲了的性格和病態心理的東北作家秋螢，其作品〈小工車〉
〔註54〕（1941）與〈礦坑〉〔註55〕（1941）誠是描寫人物「瘋狂」的最佳案
例之二。〈小工車〉描述馮雲祥本是安分守法的工車收票員，卻因為後來禁
不起他人誘惑，而將原本打算用來還債的錢都輸光了。長久以來生活沉重的
壓力壓得他直喘不過氣來，加上突如而來的損失，馮雲詳的義理廉恥敵不過
現實的困境，想起韓惠林告訴自己偷款致富的方法，掙紮、矛盾的他最終仍
究無法脫出內心惡魔的誘惑，決定放手一搏，趁無人之際，將車款偷偷塞入

〔註52〕同註50，頁45。
〔註53〕同註51，頁352。
〔註54〕秋螢，〈小工車〉，選自小說集《小工車》（瀋陽：瀋陽文選刊行會，1941年1
月），收錄於張毓茂主編，《東北現代文學大系‧短篇小說卷》（瀋陽：瀋陽，
1996年12月）。
〔註55〕秋螢，〈礦坑〉，選自小說集《去故集》，文叢刊行會，1941年1月，收錄於張
毓茂主編，《東北現代文學大系‧短篇小說卷》（瀋陽：瀋陽，1996年12月）。

自己的衣袋之中。但當他得知好友爲營救自己被惡犬咬傷的孩子而受了重傷的噩耗之際，馮的最後一根牽引理智的弦線終將斷裂：

> 馮雲祥好像瘋狂了，他轉過身子，從人群中向車門衝去。電車早已
> 開出站外，正加快速度飛跑。人們都被嚇得驚呆啦，不知他出了什
> 麼毛病。他拉開車門，突然縱身一跳，便摔倒車外。在他跳車時，
> 制服上的那個破洞，又正好掛在車門的拉手上，被扯裂成碎片，那
> 捲紙幣也散落了滿地，隨著深深的前進，又迎風起舞，沿著這條軌
> 道也像飛跑……。〔註56〕

被拋在車後的馮雲祥，雖然還想爬起來向煤場奔去，但是「軟癱在地上的軀體，已經不能動了」〔註57〕，這時從他的頭部，有股紅的血跡流出來，把地上的積雪也染紅了。而〈礦坑〉一文，曾描述主人公張斌在新市街巧遇陳升，陳對張斌言道：「這二年來我到過了許多地方，使我增多了許多見識，我挨餓，受冷，到處漂流，於是我生活的法子是偷，最後的住處是留置場、監獄」〔註58〕。然則陳升卻對被拘禁於留置場、監獄不以爲意，甚至告訴張斌這不失爲在無處爲家、無飯可食之際的權宜之計。在〈小工車〉與〈礦坑〉中，我們可以看到秋螢秉著作家對生活的敏感與關懷，他用筆記述「掙紮在饑餓線上的工人、市民，還有走投無路的青年學生，寫出一幅幅市井的人生圖畫」〔註59〕。這些悲苦的底層人物，無一不是正在與生活搏鬥、尋找生存出路，他們在走投無路之際，即便知曉違規後必定飽嚐苦果，但生活迫使他們只能選擇以「偷」這種非常規的方式，去「偷取」缺乏的物質；去「偷竊」自己被掌控在殖民者手中、失去已久的自由。

　　由台、滿兩地文學之例看來，筆者認爲作品中敘述被統治者「瘋狂」、「偷搶」的形象與行爲，除了是對殖民者所雲「理想地」、「樂土」最大的諷刺之外，被統治者透過「瘋」與「狂」的行舉，是一種欲擺脫被殖民制約的途徑；經由「瘋」與「狂」超脫理智、道德或法律給予的束縛；用「瘋」與「狂」顛覆殖民宰製，反轉殖民者與被統治者「命令——順從」的絕對位置；用「瘋」與「狂」讓被箝制的生活得以「失序」，爭取被統治者自我主宰的能動力。

〔註56〕同註54，頁893。

〔註57〕同註54，頁917。

〔註58〕同註55，頁395。

〔註59〕上官纓，〈東北淪陷區長春作家群〉，《東北淪陷區文學史話》（吉林：長春市
　　　　政協文史資料委員會，2006年6月），頁119。

（五）行動感知被圍限的殘缺者

　　台、滿小說創作在描寫出現於「變異空間」的人物有上述幾點特色外，筆者察覺到，在兩地的創作中頻繁出現「殘缺者」此一特殊的被統治者人物形象。在台灣文學方面，像是蔡秋桐的〈四兩仔土〉〔註60〕（1936）描述土哥母親——勤姆「目睭失明」〔註61〕，行動不能自由、楊守愚的〈鴛鴦〉〔註62〕（1936）中阿榮因運蔗而遭輾斷腿、廢人的〈三更半暝〉〔註63〕（1936）阿祥的腳殘、郭秋生的〈王督鄉〉〔註64〕（1935）描述王督鄉自幼時害病雙足全廢……等等，被統治者「殘廢」的形象大量的出現在作品之中。

　　「滿洲國」文學方面則亦有呈現描寫「殘缺者」的情形，其中山丁的〈殘缺者〉〔註65〕（1944）可謂是切中探討「殘缺者」主題的一篇小說。〈殘缺者〉敘述主人公天生聾啞，「他底世界永遠是深邃的肅靜，他的四周永遠是沉默，白色的；死寂的沉默」〔註66〕，某日因戒嚴時間在街上行走被官兵抓走，瞎了眼了老母奔出屋外乞求官兵放過這個殘廢的兒子，卻仍無力挽回兒子被帶走，母子分離的悲劇。主人翁卻巧遇瘸腿的、任修鐵道苦力的一位老人，老人離家 20 多年，欲返鄉看看妻與子，卻也被抓至此地。「他把凍僵的老人背起來，踏著有點堅硬的積雪，小心地馱到破落的家」〔註67〕。一夜過去，當主人公醒來時，才得知他救回的跛腳老人原來是自己離家已久的父親，錯綜複雜的命運讓失散的一家人終在此相聚，「他新鮮的喜悅抖著，感到了自己底世界的完整」〔註68〕。

〔註60〕愁洞，〈四兩仔土〉，原載《台灣新文學》第 1 卷 8 號，1936 年 9 月 19 日，收錄於葉石濤、鍾肇政主編，《一群失業的人》（台北：遠景，1997 年 7 月），頁 355～367。

〔註61〕同註 60，頁 361。

〔註62〕楊守愚，〈鴛鴦〉，原載於《台灣新文學》第 1 卷 10 號，1936 年 12 月 5 日，收錄於葉石濤、鍾肇政主編，《一群失業的人》（台北：遠景，1997 年 7 月），頁 207～229。

〔註63〕廢人，〈三更半暝〉，原載於《台灣新文學》第 1 卷 10 號，1936 年 12 月，收錄於葉石濤、鍾肇政主編，《送報伕》（台北：遠景，1997 年 7 月），頁 391～413。

〔註64〕郭秋生，〈王督鄉〉，原載於《第一線》，1935 年 1 月 10 日，收錄於葉石濤、鍾肇政主編，《一群失業的人》（台北：遠景，1997 年 7 月），頁 403～422。

〔註65〕山丁，〈殘缺者〉，《豐年》（北京：新民印書館，1944 年）。

〔註66〕同註 65，頁 20。

〔註67〕同註 65，頁 28。

〔註68〕同註 65，頁 29。

　　山丁在作品中創造了耳聰、瞎眼或是斷腿的「殘缺者」角色，這些角色通常是故事中的背景人物，看似毫無重要性，易被讀者所忽略，但筆者認為實際上這個角色的設定和反映時代及影響主角思緒有著集為密切的關係。東北文學評論家上官纓就曾認為：「《殘缺者》中三位主人公的悲苦命運，就集中凝煉地概括了那個時代農民的典型形象」〔註69〕。由呈現社會上這些「殘缺者」的刻苦生活和倍受歧視，除了可以反映出這群飽受多重壓力的人們在社會中，如何用堅強的意志和信念生存下去，其背後可能也隱藏著對日政府強力箝制東北人民的自由，甚或迫害人民的批判意識。因為被日本控管的滿洲國下的東北人民，對於位於優位的日人來說，就彷彿是低下的「殘缺者」。藉由描寫殘缺者如何受嘲弄、欺騙、迫害得以反映現實黑暗面，暗指日本殖民的惡行；也藉由描寫殘缺者「身殘」但「心不殘」，用以呈現東北人民滿懷助人為本的善念和堅強的生存意志，固守自己的家園、別無他求的純樸形象。

　　《日本鐵蹄下的東北》一書曾記載：東北人的行動，現在是極受限制的，路上滿佈了日本憲兵員警，到處嚴查，種種查詢，非常嚴格，言語少有支吾，便被囚禁毒打〔註70〕，現實環境的控管嚴格，使得「現在的東北，幾乎是一步不能走動的」〔註71〕。就是在如此嚴苛的環境下，筆者以為作品中出現大量被統治者「殘缺」的形象，是被統治者在殖民地「行動不自由」與「喪失感受能力」的象徵，也是對殖民暴力的一種控訴。

（六）內心糾結的認同矛盾者

　　被統治者對於殖民者產生「認同」的背後所隱含的「心態轉折」實是十分繁複、矛盾且糾結的。在日本施以「同化」或「協和」政策的「文化操作」〔註72〕下，被統治者對於殖民主會產生「認同」現象則可能是出自於「以接受同化反同化」〔註73〕的心態。姑且不論對日產生「認同」的出發點是因為「無力翻轉現實」亦或於初始就認同日本較為優越，在日本殖民、統治中後期台灣與「滿洲國」文學中皆曾出現書寫被統治者「認同混淆」的作品。

〔註69〕 上官纓，〈梁山丁及其作品〉，《東北淪陷區文學史話》（吉林：長春市政協文史資料委員會，2006年6月），頁24。

〔註70〕 宋斐如，《日本鐵蹄下的東北》（上海：戰時讀物編譯社，1938年1月），頁53～54。

〔註71〕 同註70，頁56。

〔註72〕 詳情可參考 Chou Wan-yao（周婉窈）"The kominka Movement:Taiwan under Wartime Japan,1937～1945"（ph.D. diss,Yale University,1991）。

〔註73〕 可參考陳培豐，《「同化」的同床異夢》（台北：麥田，2006年11月）。

這樣的書寫現象就如同方孝謙剖析台灣日據後期文學中的知識青年呈現「在既受排斥又不得不接受的情況下，沿著從『理性算計』到『神秘順從』的態度光譜，卻逐漸認同日本人。」〔註74〕從「抗拒」到「不得不屈從」到「認同」，如此曲折的認同心態轉折可視爲台籍作家試圖在孤苦、絕望的被殖民之路上，爲求改善現狀「不得不把希望寄託在『皇民之路』＝『一視同仁』上」〔註75〕而另尋的一條生路。

日據時期台灣知名作家呂赫若就書寫過在殖民教育引導之下，台灣人產生「認同錯亂」的危機，他所創作的〈一年級生〉〔註76〕（1943）便是敘述男童萬發急切想學好日語「每天晚上上床後一定要媽媽再教他直到記起來爲止」〔註77〕，並以學會說日語爲榮的一篇小說。此外，諸如周金波的〈尺的誕生〉〔註78〕（1942）、張文環的〈重荷〉〔註79〕（1935）……等作品中，都曾描述年幼的台灣孩童崇敬日人，渴望透過「服從、爭取榮耀」而成爲日人的認同問題。

殖民政策影響殖民地，被統治者因殖民地發生變化而受改變、產生「認同」錯亂的情況同樣地也曾反映在「滿洲國」小說之中。劉黑枷的〈奴化教育下〉（1942）就描述孩童權德在日式教育下，被教導成爲「愛友邦」、「愛皇軍」、「一心向日」的服從者，做出許多令其母痛心欲絕之舉措，像是當權德聽見母親道出其父是被日軍所殺時，權德不但不相信，還挺身而出爲日人說話：「人家老師說咱『滿洲國』建國時，土匪橫行，那時死人很多，爸爸就是叫『鬍子』殺的。你不尊敬友邦，我不跟你好啦。」〔註80〕；或是爲了爭取

〔註74〕 方孝謙，〈日據後期本島人的兩極認同：庶民小說與知青文本的分析〉，《台灣社會研究季刊》第42期，2001年6月，頁219。

〔註75〕 星名宏修，〈日據時期的台灣小說——關於皇民文學〉，《二十世紀中國文學》（台北：學生書局，1992年4月），頁254。

〔註76〕 呂赫若，〈一年級生〉，原載於《興南新聞》，1943年4月4日。收錄於呂赫若著、林至潔譯，《呂赫若小說全集（下）》（台北：印刻，2006年3月），頁449～455。

〔註77〕 同註76，頁451。

〔註78〕 周金波，〈尺的誕生〉，原載於《台灣文藝》第3卷4期，1942年1月20日。收錄於中島利郎、周振英編著，《周金波集》（台北：前衛，2002年10月），頁37～50。

〔註79〕 張文環，〈重荷〉，著於1935年11月29日。收錄於張恆豪主編，《張文環集》（台北：前衛，1991年2月），頁47～55。

〔註80〕 劉黑枷，〈奴化教育下〉，原載《現代文藝》第11期，1942年11月。收錄於張毓茂主編，《東北現代文學大系第二集·短篇小說卷》（瀋陽：瀋陽，1996年12月），頁641。

校方的表揚，權德盡力緝匪，卻無意間破壞了舅舅和義勇軍所籌劃的反抗行動。

然而，被統治者會產生「認同」混淆的背後成因與殖民地的變異有直接的相關性，殖民者透過教育、文化、法令等手段對殖民地進行重整與塑造，藉由規劃、營造殖民地空間的編制與氛圍，達到對被統治者價值觀與認同的影響力。

二、「變異空間」中被統治者的差異形象

承接本文上一小節探討日據時期台、滿小說中「變異空間」中人物形象的雷同特色，本節則是將焦點置於活動於變異場景中的人物形象之上，希望藉由比較台、滿文學中人物形象的差異，能夠進一步深化書寫背後的文化涵義。

（一）「堅毅」或「病弱」——台、滿文學中女性的差異形象

筆者在閱讀過程中發現日據時期台灣與「滿洲國」文學中的「女性」各有其特點，兩地文學中的「女性形象」更呈現了十分不同的樣貌。由於文化差異的緣故，台灣女子多呈現柔弱、悲苦的形象，在殖民體系與父權至上的雙重壓迫下，台灣女性在社會中幾乎毫無地位，在家庭裡永遠只是依附在男性底下的從屬者，有時候甚至被當作「物」任意販賣、交易，過著失去自由與尊嚴的非人生活。因此，日據時期的台灣小說中將幼女賣予他人做「查某嫺」、娼妓的情況屢見不顯。此外，由於日據時期台灣民眾普遍有營養不良的現象，因此小說中的台灣女性通常呈現身體羸弱、面如菜色或患病的形象。正是因為台灣女性在生理條件與社會地位都處於弱位、次等，所以當小說中的女性遭遇突發事件或失去可依賴的男性之際，她們似乎也失去「生」的動力，不是逐漸枯萎死去，便是選擇自我了結。

如同張慶堂的〈鮮血〉（1935）描寫佃農九七的父親在九七 12 歲那年去世，「他的母親因過度傷悲，遂染成重病，因沒有錢可醫治，竟把可憐的孤兒留下，而跟他的父親去，一起死了。」〔註81〕台灣女子多是以夫為天，當丈夫過往，她們的生活重心似乎也隨之而去，失去靈魂的軀體抵擋不住病的入侵，於是精神與肉身日漸枯竭、乾涸，「死亡」似乎成了她們解脫苦痛的唯一途徑。

〔註81〕張慶堂，〈鮮血〉，原載《台灣文藝》第 2 卷 9 號，1935 年 9 月 24 日。收錄於收錄於葉石濤、鍾肇政主編，《薄命》（台北：遠流，1997 年 7 月），332。

又如賴和的〈誰害了她〉一文中描寫金生的妻每天都要到農場作工，回家後又要忙於家務，在物資貧困的生活中，逐漸失去了健康，由於過度操勞、營養不良的緣故，最終仍難逃死神的召喚。此外，金生在工廠做工的女兒阿妍因被監工騷擾，在惱怒、羞愧、害怕的雜揉情緒下，阿妍慌張逃離卻失足掉入大川之中。誠如〈誰害了她〉的標題，作者透過金生之妻女的雙雙死亡欲詰問的是，在社會上有多少台灣女性如金生的妻女一般，終日為生活忙碌而失去健康，或是在職場上遭受歧視、騷擾，反映出台灣女性似乎永遠無法擺脫「死」的命運。倘若女性是土地「陰性化」的隱喻，筆者以為，描述羸弱、貧病的女性形象及其死亡的情節大量地出現在台灣文學作品中，可謂是台灣作家藉由描寫女性悲慘命運吶喊殖民地傷痛的一種書寫策略。

與台灣文學中女性呈現「病弱」、「依附男性」形象不同，「滿洲國」文學中的女性相較於台灣女性，呈現較為「堅毅」、「勇敢」、「自主」的形象。像是秋螢的〈礦坑〉中描寫礦工張斌的妻子，在歷經二度喪夫的苦痛後，被工頭玷汙、懷其子後，為了生活與孩子，隱忍怨恨委屈與工頭共同生活。但當與張斌所生之子死去後，「在一陣暴風雨後的黎明，孫富領著孩子正睡得香甜，這時她領著自己的女兒招弟，輕輕地走出了家門」〔註82〕，果敢地領著女兒離開這個充斥暴力與悲慘回憶的家。縱使她不清楚未來該何去何從，但文末描寫「在晨光漸亮中，母女二人兩條瘦弱的影子，漸漸消逝在市街的邊沿」〔註83〕，其實富有象徵張斌妻女「走向光明」的意味。另又如但娣〈砍柴婦〉〔註84〕（1945）中與小帶弟相依為命的婆媳，她們雖然皆歷經喪夫之痛，但為了拉拔小帶弟，仍舊堅強面對生活的磨難與困境。為了生活，婆媳兩人不顧可能被巡林者抓緝或被深山猛獸攻擊的危險，鋌而走險到深林中偷砍枝木以維持生計。「少婦繁忙敏捷地揮動光閃閃的鐮刀」〔註85〕，一面伐木，一面照顧幼子；「婆婆用枯瘦粗糙的老手捆好一大捆松枝，表面謹慎地遮蔽一層蘆葦和草葉」〔註86〕，兩人將性別、體力與年齡的限制拋諸腦後，拚了命

〔註82〕秋螢，〈礦坑〉，頁 427。

〔註83〕同註 82，頁 427～428。

〔註84〕但娣，〈砍柴婦〉，選自小說集《懸崖》，東北文學叢刊編輯部，1945 年 12 月，張毓茂主編，《東北現代文學大系・第三集短篇小說卷（中）》（瀋陽：瀋陽，1996 年 12 月），頁 718～723。

〔註85〕同註 84，頁 719。

〔註86〕同註 84，頁 719。

地把握時間伐木、揀枝，呈現東北女性堅毅的一面。此外，文末描寫小帶弟不慎失足、滾落山下受創時，婆媳兩人雖然著急、心疼，但在媳婦將小帶弟送往急救的同時，婆婆仍強忍悲傷繼續工作。婆媳兩人雖雙雙歷經喪夫之痛與至親受傷的打擊，卻仍咬緊牙根，為生存而奮鬥，表現出東北女性母性堅強、勇敢且積極的一面。

透過台、滿文學中「女性形象」的比較，筆者發現台灣文學中的女性多呈現柔弱、悲苦、從屬男性的形象，這可能是作家以女性之死或其命運乖舛來隱喻「母土」上的被統治者因殖民侵略所承受的傷痛；而「滿洲國」的文學作品中，在「男性的缺席」下，東北女性多呈現堅毅、勇敢、能幹的形象。此外，筆者以為，東北文學中「男性的缺席」暗指「滿洲國」被迫於「中國」領土中割離的現實情況，而堅強、勇敢的東北女性則象徵東北人民在面對殖民入侵之際，積極、勇敢的求生態度。

（二）抵抗方式的差異

日據時期台灣與「滿洲國」文學作品中出現於「變異空間」中的人物其形象差異，亦表現在「抵抗」殖民壓迫之姿態度及方式上的不同。縱使台灣文學與「滿洲國」文學中呈現變異空間裡的人物雖然皆不脫悲苦、困頓、貧窮等形象，但是在他們走投無路，決意起身反抗、不再忍氣吞聲之際，小說人物反抗的態度與方式似乎有所差異。

台灣小說多是描述主角在遭遇打擊或不平等對待的事件後，強烈的不滿情緒與接踵而來的生活重壓誘發去他們沉潛思考，被統治者與殖民者的優劣關係、主從關係背後的涵義，於是他們選擇不再沉默以對，決定拋棄個人的性命安危，執意以死亡或以暴制暴來衝撞殖民體系。然則這種以性命作為賭注、一去不復返的行為，呈現了在嚴密的殖民控管下，被統治者不得不選擇以這種慘烈的方式表達不滿、進行抗爭。此外，這樣的行為，同時也代表著被統治者試圖從殖民織網中掙脫，藉由重新掌握身體的自主權，選擇「主動反擊」來逆轉被統治者的被動劣勢。

「滿洲國」文學中被統治者「反抗」的群體、對象、方式都與台灣文學描寫的被統治者的反抗行為有所出入。「滿洲國」文學中的被統治者因殖民介入而被壓榨、奴役之際，不公平的對待同樣地促使東北民眾的反抗，然而與台灣不同的是，東北民眾多以「集體組織」的方式從事抗爭，這與東北地區的政治情況及民族性格息息相關。由於軍閥既有的地方勢力與國民黨、共產

黨等多方抗日組織的發展，使得身處於殖民亂世下的東北民眾在不滿情緒瀕近臨界點時，多會選擇加入義勇軍或地下抗日組織，以集體性的方式進行武裝反抗。加上東北人民性格較直率、剽悍的緣故，加入反抗隊伍的成員不分性別、年齡，男女老少為了宣洩積壓已久的怨怒、表達不滿情緒，早就將生死置於度外，因此當反抗隊伍藏匿於廣袤的山林之中，以游擊形式來進行突擊之際，相較之下，東北人民高漲的反抗意識與多採直接對決的抗爭方式，使得「滿洲國」文學中的抗爭場景皆伴隨著雜揉高昂的民族與階級意識的不滿，呈現強烈的反抗力道。

　　像是林珏的〈山村〉〔註87〕（1939）描寫降雪的屯子遭到胡匪攻擊，黑煙四起，宣撫官到屯子指揮疏散，限村民即刻離開，好受「友邦皇軍」保護。但由於事出突然，眾人措手不及，懇請宣撫官寬限時日離開，卻遭拒絕。然而天未亮時，山麓上插著「白底紅心」棋子的「友邦」卻向人群開炮炸屯，日軍殘暴的行舉促使百姓們加入義勇軍的行列，走上積極抗日的道路，大家齊歌：

　　　為著自由——
　　　同志
　　　拼上頭顱；
　　　瞄準槍頭。
　　　……
　　　團結起來！
　　　折斷殘酷的鐵蹄，
　　　掙出暴戾的魔手。
　　　……
　　　團結起來，
　　　前邊有光明的大路。〔註88〕

眾人合歌的磅礴氣勢，闡明了武裝抗日的走向，也將眾人的心與力量緊緊地合而為一。此外，筆者認為爵青的〈鐵檻〉藉由象徵的寫作手法，說明了東北民眾在殖民情境下「不得不」群起反抗的必要性。倘若「鐵檻」與「土牆」

〔註87〕林珏，〈山村〉，寫於 1937 年 2 月 13 日，收於小說集《山村》，烽火出版社，1939 年 10 月。收錄於張毓茂主編，《東北現代文學大系・第二集・短篇小說卷（中）》（瀋陽：瀋陽，1996 年 12 月），頁 760～768。
〔註88〕同註87，頁 767～768。

的意象是對東北人民實體與精神上限制的象徵，那麼〈鐵檻〉一文便是透過人於「牆」、「柵欄」之內外來作為對殖民圈限的「侷限」與「突破」，這樣的象徵意涵隱藏著東北人們若再繼續逆來順受，不願去跨越「牆」、「柵欄」所象徵的殖民圈限，那麼將永遠都是被日人關在鐵檻裡的囚徒、永無脫離苦難之日的告示；唯有像勇於跨越「土牆」離家、加入義勇軍的邱青，憑藉誓死之心放手一搏，才有掙取自由生存的機會。

小　結

綜上所論，台灣與「滿洲國」小說的類同形象與差異形象，都和本文前一章節所分析的兩地文學中的「空間」有著密切的關連。正是因為地方空間的「變」與「未變」所造就的社會條件及生活環境的差異，影響了生存於其中的人們，致使其行為反應及心理狀態亦隨之產生了變化，因而發生「地改」而「人變」的情況。

其中，兩地文學作品在人物類同形象方面，大致可分為下列六項：

1. 失、轉業者
2.「賣」性及「賣」子
3. 後代之死亡
4.「瘋」與「狂」的人們
5. 殘缺者
6. 認同矛盾

雖然兩地的文化傳統、統治方式以及空間的型態有所異同，然而在「變異空間」作為背景的空間書寫框架下，台、滿兩地作家不約而同地描寫出了以這些人物形象為角色的小說作品，雖然這些形象在細部的動態與特徵上，可能依據兩地的文化風格與書寫傾向而有所出入，但是，基本的形象及其所表現出來的意圖，兩地作品中的人物形象仍有程度上的類同情形。

而在人物差異形象方面，筆者粗略地分為以下兩點：

1.「堅毅」或「病弱」的女性形象
2. 抵抗方式

除了類同形象外，兩地小說也同樣有針對「女性」以及「抵抗」的情形進行書寫，然而，兩地作品所呈現的「女性」及「抵抗者」之人物形象，卻有著不同的文學特色。

　　以「女性」形象而言，殖民地台灣小說的女性，多呈現出以柔弱、悲苦、從屬男性的被動性格；而「滿洲國」小說中的東北女性，在大環境呈現出「男性的缺席」的潛文本狀況下，則多呈現出堅毅、勇敢、能幹的形象。

　　以「抵抗」的方式而言，台灣小說多以隱晦的「動詞」暗示方式，以描寫底層台灣人的「偷」、「盜」等行為，以破壞殖民地治安與社會穩定，達到對殖民統治權力的衝撞。反觀「滿洲國」小說中的抵抗，則更多的是以固定意象投射殖民統治的權力如「牆」、「柵欄」等，這可以說是肇因於文學、文化，乃至於地方統治條件所衍伸而成的，相應於「變異空間」的人物形象書寫特色。

第二節　台、滿文學中「未變空間」裡的人物形象變化

　　綜論本文第二章對日據時期台灣、「滿洲國」小說中「未變空間」的分類，兩地小說中「未變空間」具體的空間場景主要表現在「陰暗的生活環境」、「傳統空間」與「尋歡場所」之上。以下，筆者將分析這些活動於「未變空間」的人物，分別表現出何種形象？這些形象又隱藏何種涵義？並比較兩地文學中「未變空間」裡人物形象的異同之處。

一、被統治者的類同形象

（一）不忘傳統的虔誠信徒

　　在台灣與「滿洲國」小說中，時常出現描寫被統治者或因現實的不順遂而前往廟宇求神問卜，或是在貧困的生活中盡己所能慶祝傳統節慶。如同蔡德音的〈補運〉〔註89〕（1935）透過被母親要求去廟中「補運」的「我」所見：「真是盛況，所謂無立錐之地了！大都是女人，或作揖，或磕響頭，或丟筊，或拿著香兒，嘴裡不知道唸些什麼央告話的樣著，或在排案旁邊做些什麼」〔註90〕，以及「這時幾個漢子出來把剛點上的燭兒一支一支的拔起來吹熄，向那個差不多有二十多拃大的竹筐兒裡丟進去，香兒也是這麼樣的扔在另外的一個竹筐兒裡，所以香爐不見得發爐之景，……」〔註91〕將敬神人潮

〔註89〕蔡德音，〈補運〉，原載《台灣文藝》第2卷8、9號，1935年10月，收錄於葉石濤、鍾肇政主編，《薄命》（台北：遠景，1997年7月），頁279～287。
〔註90〕同註89，頁282。
〔註91〕同註89，頁283。

之洶湧的盛況描寫而出。由此可見，如同「我」一般因現實碰壁而冀求神明保佑、相助的人群之多，被統治者的「求神」、「祭祀」之舉，除了反映了現實社會的生存困境迫使被統治者尋求宗教的心靈慰藉之外，同時也呈現了被統治者即便其生活空間因殖民者介入而發生變化，但被統治者仍舊不忘文化傳統之本。

被統治者除了透過「敬神」、「祭拜」的行為來排解生活的苦悶，同時他們也極其重視傳統節慶的來臨，像是蔡秋桐的〈四兩仔土〉（1936）描述鄉村裡「囝仔歡喜得手舞腳跳，帶著新年的新衣穿了，出外去賺食的人們也陸續回歸來了，……」〔註92〕，為了迎接年節的到來，凋敝的農村在此時呈現出與平時死氣沉沉迥異的熱鬧氣氛：

> 必必卜卜……家家戶戶在鬧著辭年了，門聯也換新了，施施沙沙的新紅箋，紅炎奪目，真有個新氣象了。土哥想要過個好年，買了一副春聯，五張紅箋，一生未曾用過春聯的土哥，倒將橫批要糊在門柱，至於大小當然是無分。……（後略）〔註93〕

為了「過個好年」，一貧如洗的土哥也盡自己最大所能買了副春聯以表心意。由於自古以來台人重視年節的傳統，人們不論年齡性別、不論貧富階級，為了慶祝年節，必定傾盡所能準備過節所需，感謝老天一年來的關照、保祐，同時也祈求上天來年能夠繼續庇祐蒼生。即便生活不盡如意，人們仍舊懷著感恩、虔誠之心，祈求上天能夠聽見他們的心聲，解救民眾得以脫離苦難。身處亂世之中，當盡人事已無法改變現況，那麼人們只好將希望寄託於天，寄託於信仰，期待未來有一天能惡運散去、好運降臨。而眾人與土哥為了過節而作準備的行為反映了被統治者即便物質生活再貧窮、困苦，但透過對傳統文化的尊崇與延續，卻讓被統治者在精神上十分滿足。

描寫人們敬謝神明、不忘傳統節慶的情節同樣也出現在「滿洲國」文學作品中。像是田兵的〈T村的年暮〉〔註94〕（1936）就描寫村莊裡的百姓們，

〔註92〕 愁洞，〈四兩仔土〉，原載《台灣新文學》第1卷8號，1936年9月19日，收錄於葉石濤、鍾肇政主編，《一群失業的人》（台北：遠景，1997年7月），頁362。

〔註93〕 同註92，頁364。

〔註94〕 田兵，〈T村的年暮〉，原載長春《明明》月刊，1936年5月。收錄於張毓茂主編，《東北現代文學大系·第二集短篇小說卷（上）》（瀋陽：瀋陽，1996年12月），頁439～451。

雖然在農作歉收與賦稅沉重的高壓力下生活過得並不如意，但當年節將至，村莊裡仍舊充斥著濃厚的過節氣氛：

> 小孩子們在這些日子裡，特別高興，有的穿著用大人棉襖改成的小襖，或出著用洋麵袋染了色做的，也有用趕廟會時買來的破爛鬼子襖改造的小襖。儘管有的破了洞，褲子露著半截黑紅的腿，甚至赤著腳丫穿著破鞋，高興得都忘了冷啦。這些在窮苦環境的壓力下造成了倔性子的孩子們，也並不去表示不滿了，……。〔註95〕

孩子們盼望已久的年節終將到來，因為只有在年節期間，他們才有機會享受短暫的輕鬆與歡樂，只有遭逢年節，才能在被貧困、勞累、沉悶追趕的生活中，得到得來不易的幸福。人們縱使肩負沉重的經濟重擔，但為了迎接年節的到來，還是努力地在貧困的生活中，找到自己過節的方式，營造過節的氣氛，如同文中描述：「在這種吃飯難的年頭，過年要貼春聯的習慣下，儘管年頭老早就迫使他們以為命該如此，然而仍然要寫上幾副春聯，春聯滿寫的是期望升官發財，五穀豐登……以它來給人一種渺茫的溫暖與自我麻醉，亮出深重的希望、企圖和憧憬。」〔註96〕正是因為「年節」傳統融合了人們對過去的感謝之意以及對未來的憧憬，在這新舊交會之際，「過年」的習俗成了人們「拋卻過往不順遂、迎接新氣象到來」的一種精神儀式，也讓在被統治者在殖民黑暗的壟罩下，藉由遵循傳統習俗，尋得精神慰安的寓所，且讓文化得以續存、傳遞。

（二）寄情酒色、麻痺自我者

筆者曾於本文第二章分析台、滿文學作品時發現，在兩地作品中都有描述在日本以殖民方式介入台灣與「滿洲國」，致使兩地空間因此遭逢驟變之際，兩地本有的「娛樂場所」並沒有因此而消失。然而筆者欲續釐清的是，台、滿文學中出現在這些「聲色場所」之中活動的被統治者多以何種形象與姿態出現？他們前往該地的行為則又反映何種文化意涵？

台灣方面，楊少民的〈廢人黨〉〔註97〕（1935）便是描述一群生活毫無目標、無所事事的少年，他們秉持著「人生幾何，對酒當歌！飲吧飲吧！酒

〔註95〕同註94，頁443。
〔註96〕田兵，〈T村的年暮〉，頁449。
〔註97〕楊少民，〈廢人黨〉，原載《台灣文藝》第2卷6號，1935年6月，收錄於葉石濤、鍾肇政主編，《牛車》（台北：遠流，1997年7月），頁253～265。

也好查媒也是好，青年們應當快樂些，等待死去就沒有了！」〔註98〕的態度，成日過著閒蕩、懶散的生活，「他們一群的人，天天過這浪漫的生活，只找些今日的快樂而不顧明日的痛苦」〔註99〕，將所有的金錢與時間虛擲於在酒館的花天酒地之上。縱使這群青年打著「自由」的口號而聚首成群，但實際上他們只是一群不願面對現實陰暗，游離於現實之外的虛無者，他們靠著飲酒作樂、縱情聲色，逃避現實的磨難與挫敗，倚賴享樂來麻痺心靈，過著如行屍走肉般的生活。

守愚的〈女丐〉〔註100〕（1931）與王錦江的〈老婊頭〉〔註101〕（1936）則在敘述妓女們悽慘的身世與經歷之際，旁及對嫖客的描述。〈女丐〉描寫明珠當妓女時，「那幾位比較上等的嫖客——所謂憐香惜玉的公子舍人」〔註102〕與「買笑取樂的土豪劣紳」都曾是明珠的老主顧；當她淪為野娼時，「總是和那些兇暴的無賴，和齷齪的流氓糾纏不清」〔註103〕。毋論今日明珠是妓女還是野娼，毋論交易地點是妓院還是暗巷的破屋，毋論對象是公子舍人、土豪劣紳還是無賴、流氓，明珠都有其顧客群，由此也呈現出各個階層對「性」與「縱欲」的需求。這樣的情形同樣地也發生在〈老婊頭〉中，小說敘述「面向淡水河被日本娼樓包圍的這一角，原是有燦爛之極舊的歷史的賣淫街」〔註104〕，但卻因幾年前當局下令驅逐搬遷，「所以這裡現在只有疏疏散著幾處沒有鑑札（許可證）半公然的密賣淫而已」〔註105〕，但有著「鹽橄欖」花名的老婊頭，「她有鞏固不拔的日本客和愛廉價的主顧」〔註106〕，所以雖然生意大不如前，她卻得以在不搬遷的情況下續存營生。由此，筆者認為台灣小說中大量書寫「妓女」及人們出現於諸如酒館、妓院這種「聲色場所」，在在反映了一種社會高壓下民眾亟欲尋求抒壓、洩欲管道的現象。

〔註98〕同註97，頁255。
〔註99〕同註97，頁256。
〔註100〕翔（楊守愚），〈女丐〉，原載於《台灣新民報》第346、347號，1931年1月10、17日，收錄於葉石濤、鍾肇政主編，《一群失業的人》（台北：遠景，1997年7月）。
〔註101〕王錦江，〈老婊頭〉，原載《台灣新文學》第1卷6號，1936年7月7日，收錄於葉石濤、鍾肇政主編，《薄命》（台北：遠流，1997年7月）。
〔註102〕同註100，頁172。
〔註103〕同註100，頁172。
〔註104〕同註101，頁205。
〔註105〕同註101，頁205。
〔註106〕同註101，頁206。

　　上述描寫民眾前往聲色場所尋歡的情節同樣也出現在「滿洲國」小說中，如也麗的〈三人〉〔註107〕（1939）就曾描寫柳靈根因深刻體悟即便得從事神聖教職之位、卻無力謀改變社會現狀之職，如同柳的自白：「笑和哭在殘忍的剝奪我的生命，我的生命是整個地在笑和哭的漩渦裡喘息者了。可是我能擺脫掉這個嗎？倔強使我流離，事情使我憤慨，在這樣混濁的不潔空氣裡，我能得到舒適的呼吸嗎？」〔註108〕在理想與現實背反的衝擊之下，柳毅然離職，從此四處流浪，過著居無定所的漂蕩生活。某日柳來至羊鎮結識老褚，兩人把酒言歡，柳卻在白湯下肚後，陷入過去諸多不快的回憶之中，壓抑已久的情緒猛然迸發，孤獨、苦悶、慘痛雜揉的情緒席捲而來，柳感到自己極需溫存，於是帶著酒意走向暗街：

> 一切都死寂，除了幾聲野犬的驚嚎，在什麼也不見不聞了。連電燈
> 都沒有的這羊鎮，幾乎是被人淡忘了，腥臭的胡同，載行我這夜遊
> 人——在我的不遠的前面，忽的發現了一縷如灰的火光，我的腳步
> 放緊了些，我猜想那就該是我所找尋新的刺激的地方了。〔註109〕

小說敘述主人公「我」闖進了暗娼的家，「禮教……道德……這時候，也被酒力給沖頹了。但我無暇顧及這些，管不到這些，我只是貪婪地瞅著她，……（後略）。」〔註110〕在酒精的催化下，主人公為了忘卻腦中的痛苦、壓抑激動情緒，拋棄了道德、禮教的束縛，本能地將這業已爆發的衝動，化作生理的需要，期望在溫柔鄉裡得以宣洩情慾，尋求生理上的慰安。

　　爵青的〈哈爾濱〉〔註111〕（1941）則透過主人公穆麥醉後往妓街途中見聞：腐屍味惡臭的街道、穿著油膩長衫的廚師、用黑手擺弄著包子的禿孩子、坐在鮮果舖外竹簍堆中的婦人、在露天飲食店中用餐的勞動者……，將「哈爾濱最黑暗的地方」——妓館街的情景——「再過去一處窪地，灰白的炊煙裡露出陰濕的小木屋來，木屋的屋脊參差不齊，有的屋脊上還飄著洗完的破亂衣褲，木屋隙間的小路上，有半面陰影搖曳著，在木屋群的盡頭，是個髒

〔註107〕也麗，〈三人〉，寫於 1939 年 2 月末日，選自短篇小說集《花塚》，出版資訊不詳。收錄於張毓茂主編，《東北現代文學大系‧第二集‧短篇小說卷（上）》（瀋陽：瀋陽，1996 年 12 月），頁 303～318。
〔註108〕同註 107，頁 303～304。
〔註109〕同註 107，頁 305。
〔註110〕同註 107，頁 306。
〔註111〕爵青，〈哈爾濱〉，選自小說集《歐陽家的人們》（長春：藝文書房，1941 年 12 月），收錄於《爵青代表作》（北京：華夏，2009 年 1 月）。

綠色的水潭，上面漂著貝色的浮藻和青苔，不知道是哪一只窗子裡，飛出來一支下流的流行民謠」〔註112〕，以一種既眞實又飄邈的奇幻感受描繪而出。此外，小說亦藉由居住於道外妓街的「小鬍子」一角，說明來去於此的人們的模樣：

> 哈爾濱多少丈夫坐在旅館的床沿上翻看電話簿，想給他的妻妹或另
> 一個女人打電話去，而他的妻卻在電影院裡把腰放在別人的臂間。
> 金融交易所裡走出在前五分鐘尚爲巨富的人，不留一個遺囑地跑到
> 江沿去就自殺了。童貞女像遊戲一樣，就把貞操交給另外一個男人，
> 可是在妓館街拐角的露天飲食店裡用餐的勞動者，卻是十年如一
> 日……。〔註113〕

正是因爲都市的瞬息萬變予人予人世事無常的不確定感，在充斥著金錢花花世界中，人心亦隨之改變，疏離、背叛、貪婪、厭世……等種種情緒流轉於市民的思緒中。劉曉麗曾撰文寫道：「他（爵青）小說執著於於都市風景線，《哈爾濱》、《大觀園》、《某夜》、《巷》等小說，用空間結構的方式描繪都市的繁華與潰爛、開放與墮落、文明與野蠻」〔註114〕，她認爲爵青的文體具有先鋒的味道，「用詭異、晦澀、風流、華麗的文字流連忘返地咀嚼都市中個體的靈與肉和病態悲歡」〔註115〕。如同穆麥在與主人之妻靈麗發生關係後的自我詰問：「都市的囂塵迷惑了理智嗎？」〔註116〕人們在無力改變命運的挫敗之中，只能透過情慾的解放，嘗試在同類的身上，尋求短暫的溫暖與慰藉，用身體的快感彌補身處黑暗社會中的空虛心靈。

二、「狹隘／寬廣」的自由：「自然」中被統治者的差異形象

　　經由歸納台、滿小說中「空間場景」的描繪特色，筆者於第二章節曾將兩地文學中書寫「未經改變的」、「原始的」、「傳統的」空間分作四大場景各述其特點，其中，透過小說情節的爬梳，筆者發現兩地作品在描寫「自然山林」與「活動於其中的人物形象」之際，似乎呈現了不同的人地關係。其中

〔註112〕同註111，頁9。
〔註113〕同註111，頁9。
〔註114〕劉曉麗，〈被遮蔽的文學圖景──對1932～1945年東北地區作家群落的一種考察〉，《上海師範大學學報（哲學社會科學版）》第34卷2期，2005年3月，頁52。
〔註115〕同註114，頁51。
〔註116〕同註114，頁12。

最大的差異是，「滿洲國」文學中呈現人與原始自然之間的關係似乎較台灣文學中人與自然景物的依存關係更為緊密。雖然台灣小說中出現許多描寫人如何依戀土地、人與土地不可分割的故事情節，但由於以農業發展為要的台灣，自從成為日本的殖民地後，在殖民資本介入農村經濟體系後，殖民者與資本家幾乎掌握了台灣的經濟動脈，殖民者所訂定的農業政策亦對台人造成深遠的影響，其中一項便是面臨「失土」的危機。然而，在土地所有權被統治者與資本家以強奪、利誘逐漸掌控、剝奪之際，身處殖民高壓控管下的台人卻無力反擊，只能隱忍默許這群「外來者」將自己與母土強制分離。因此，即便台灣小說曾出現書寫諸如「聳立於土地上的老樹」此項富有強烈文化涵義的意象對小說人物凝聚民族向心力、續存傳統文化的影響，但在日據時期台灣小說普遍呈現殖民高壓「無孔不入」地施壓於全台的狀況下，縱使民眾仍保有由自然物所象徵——凝聚眾心、寄托精神的寓所，他們仍舊無法脫離殖民桎梏的牽絆，只能將希望寄託於象徵文化根源、生根於母土的自然物上，人們藉由活動於有限的狹隘空間中，彼此交流慰藉、相濡以沫。

　　由於自然條件與政治因素的差異，「滿洲國」文學中所呈現的「人」與「大自然」的連結關係較高。其中，東北本是高山環繞、幅員遼廣、密林蓊鬱、物產豐饒之處，對東北民眾而言，生活在擁有優渥條件的自然環境中，以及統治者無法全面掌控地方的有利條件下，東北地區所能夠供給民眾逃離世事、藏匿隱身的「自然空間」較殖民地台灣多。像是石軍的〈無住地帶〉〔註117〕（1942）就曾描述董連珠為女色失手砍傷薛長富後，「整整逃了兩天兩宿，便逃到這莽原一片和鬱蒼的密林綿亙千里的無住地帶來。」〔註118〕而後董因炭窯全毀，財產盡失的情況下，亦不得不走向這「無住地帶」，本是仇家的董、薛，最後卻因為命運的安排再度聚首，從此兩人不問世事，在「無住地帶」中相依為命。某日因薛被惡狼咬傷腿，嚴重的傷勢加上多日的飢餓，虛弱的薛長富極需要進食補充體力，董連珠二話不說旋即外出尋找食材：

> 約摸走有一頓飯的工夫，他（董連珠）終於走盡密林，來到將樹木
> 砍伐殆盡了的空場，一些將欲腐朽的老樹，骷髏樣橫臥在爛草裡，

〔註117〕石軍，〈無住地帶〉，原載《華文大阪每日》第 8 卷 9 期，1942 年 5 月，收錄於張毓茂主編，《東北現代文學大系·第二集·短篇小說卷（上）》（瀋陽：瀋陽，1996 年 12 月），頁 417～437。

〔註118〕同註 117，頁 424。

> 枯樹幹間，還一簇簇滋長出牛糞似的蘑菇，空間瀰散著古木香。秋
> 陽仍然那樣和藹的普照著這寂寥的山野。這處女的密境，自從開天
> 闢地，恐怕就沒有過人跡。〔註119〕

董連珠便在「這處女的密境」中採獲了蘑菇、狍子、雁肉，在穿山越嶺、途
經黑龍江沿之際捕獲了野雉與鮮魚，亦目睹大自然的美景，「他迷醉於這使人
感動人的大自然的偉力之中了。他只覺得有說不出的狂喜，浮游在他心頭。
他感激的要滴出淚來，他知道這就叫做國境」〔註120〕。雖然董連珠在歸途被
象徵「殖民陰翳」的濃霧困住，以致失去搶救薛長富性命的時機，但若從故
事初始說明董連珠、薛長富雙雙因現實所迫而逃至「無住地帶」，以及董連珠
在自然山林中豐收的情況來看，這「無住地帶」的自然密林就如同東北人民
的母親，當民眾無法承受現實的重壓時，她總是敞開雙臂、給予民眾最溫暖
的擁抱；生活處於絕境的人們，也總能在此覓得一處得以生存的空間。

　　綜前所述，由於嚴苛的政治環境及地理環境的不同，台灣文學中所呈現
的被統治者在現實的重壓下，無法隱匿於狹小的「未變空間」中，只能將精
神寄託於根植母土的自然物上，透過短暫的聚集、交流，維持傳統、文化的
延續；「滿洲國」文學中所呈現的人們在遭遇生活的挫折之際，則能隱身深山
密林中，隔絕世事的紛擾，且能在幅員遼闊、資源豐沛的自然中尋獲得以生
存的空間。然而，筆者以為，兩地作品在呈現未變的「自然空間」所提供給
被統治者活動的自由度，除了體現地理條件的差別之餘，同時也呈現了殖民
者對台、滿區域掌控程度的落差。

小　結

　　通過對兩地小說中「未變空間」人物形象的閱讀，筆者發現到，兩地的
類同形象表現在兩種人物特徵上：

1. 不忘傳統的虔誠信徒

2. 寄情酒色、麻痺自我者

　　同樣活動於「未變空間」之中，前者的形象與「未變空間」的功能相輔
相成，多半用以對應於「變異」，而表現出透過維持信仰，表現對於在地傳統
文化的堅持、依賴與維繫。而第二類人物形象，則相反地採取與「變異」對
話的方式，在「變異」中的「未變」空間裡，以自我麻痺的方式，表現出企

〔註119〕同註117，頁428。括號為筆者所加。
〔註120〕同註117，頁434。

圖與變異相抗的自我麻痺與自我放逐。而兩地作品在這兩種形象上所呈現的類同情形，除了反應出當時的知識份子的自我認知的相似性，也表現出知識份子在面臨外力強迫轉型與外來文化衝擊進而發生變異的情形時，藉由文學創作所產生的相似的敘事結構。

　　而兩地活動於「未變空間」中的差異形象，主要則是表現在對於人物與「自然」的相互關係上。台灣方面，由於統治環境的緊縮程度與統治政策的強度不同，小說中大抵多透露出殖民高壓的環境特色下，於此，自然物所象徵的寄託精神的功能性，在臺灣人無法脫離殖民桎梏的牽絆的現實環境下，雖然同樣企圖將希望寄託於象徵文化根源、生根於母土的自然物上，然而，「土地的失去」，以及人們只能藉由活動於有限的狹隘空間中的書寫特徵，也反應出透過自然所意欲表現的「人的不自由狀態」。

　　而「滿洲國」小說方面，由於自然環境與統治技術未若台灣是屬於殖民直接統治等條件上的差異，作品中所呈現的「人」與「大自然」的連結關係，變成為一大可供詮釋的意象。然條件與政治因素的差異，「滿洲國」文學中所呈現的「人」與「大自然」的連結關係較高。其中，肇因於東北本身的地理條件，以及東北民眾依賴土地營生、維生的比例較高，在外來統治者無法有效全面認識、並掌握東北的情況下，作品中所書寫的「人」於「自然」活動的自在感、充實感，而非活動於「現代化都市」、統治者的農場的書寫策略，所能夠被賦予的詮釋條件，也呈現出明顯與台灣小說不同的特色。

結　語

　　筆者透過爬梳日據時期台灣、「滿洲國」文學作品中「變異空間」與「未變空間」裡的小說人物形象，發現在台、滿文學中「變異空間」裡的相似人物形象特色大約可略分為以下六種：（1）徘徊於城鄉間的轉業者（2）倚賴「賣子」、「賣性」求生（3）死胎與夭折的孩童（4）「瘋」與「狂」的人們（5）殘缺者（6）認同矛盾者。然而兩地文學作品中的人物呈現上述六種特殊形象除了反映台、滿地區因殖民介入發生變化，而又導致「人」之變異外，小說人物以特殊形象出現於「變異空間」還可能隱藏著被統治者試圖在「被改變」、「被箝制」及「日益緊縮」的殖民空間中以「離鄉轉業」、「販賣交易」的方式另尋生活空間的求生意圖；也可能是藉由「血緣斷絕」反映不願成為「殖民之子」的表現；或由「瘋狂」的行舉，打破殖民者所訂定的殖民地規範；

或由身體「殘廢」、行動不便暗喻殖民地上被統治者處處受限；亦可能是藉孩童的「認同混淆」以達對殖民教育政策的批判。而兩地文學的「變異空間」中的人物形象亦出現兩項明顯差異：其一爲「女性形象」的差異。台灣女性普遍呈現病弱、從屬的形象，東北女性則呈現較堅毅、剛強的形象，造成形象的差異原因主要是因爲兩地文化的差異。其二爲「抵抗方式」的不同。台人多以犧牲個人性命，以達衝撞殖民體系之效，則「滿洲國」人民多選擇集眾成軍，以群體革命表達不滿。造成差異的原因與日本殖民時間長短與殖民強度有關。

兩地文學「未變空間」中人物相似的形象有：（1）不忘傳統的虔誠信徒（2）寄情酒色、麻痺自我者。殖民陰翳覆蓋下的貧病者反映且批判了殖民統治對被統治者的影響之深遠，亦藉貧病的形象諷刺殖民者謊稱殖民政策帶來的正面性；不忘傳統的虔誠信徒呈現被統治者在殖民統治下仍力圖保有傳統、傳承文化；在聲色場所中寄情酒色者則呈現了殖民社會中現實的苦悶，人們唯有透過將壓力轉爲生理需求，才得以循得宣洩情慾的出口。由於殖民體制與地理環境的不同，「未改變空間」中人物的形象差異也呈現在台、滿「自然」空間的廣狹，及其空間供給被統治者生存範圍與自由度的差異之上。

綜而言之，筆者認爲「變異空間」與「未變空間」中的人物形象，整體呈現出被統治者在遭遇故鄉因殖民介入產生變異之際，力圖在「已變異」的空間中自我調整、改變，嘗試在日益緊縮的殖民環境中開拓「生存空間」，同時也試圖在「變異空間」中尋找保有傳統文化的「未變空間」。而這種作品中描繪被統治者因地改而「變」的書寫策略，或許透露出殖民地作家藉由創作對殖民統治進行精神突圍的軌跡。

第五章 視線的差異
——「在地」與「離鄉」作家作品中
「鄉土空間」之意涵

前 言

　　台灣與「滿洲國」都曾有一群在地知識份子於離開故鄉、抵達異地後，集體描寫關於故鄉文化現象的書寫特色。本章即處理台灣、「滿洲國」兩地屬於「離鄉」作家所描寫的「鄉土空間」之風格、特點，並比較兩地「在地」作家作品中所呈現的「鄉土空間」有何異同處，以觀察出「離鄉」作家與「在地」作家之文學作品中，分別描繪出何種「鄉土空間」與其中的相似與殊異處。筆者並且試圖進一步釐析「在地」與「離鄉」作家作品的異同之處，可能隱涵著哪些文化意涵？作家「離鄉」與「在地」客觀條件的差異，如何影響作家主觀感知或營造其文學的「鄉土空間」？期望能透過「離鄉」與「在地」作家作品中對「鄉土空間」描寫的比較，映照出台、滿「離鄉」與「在地」作家觀看故鄉視線的差異，尋找不同地域、不同文化條件、不同思維想像的作家群體所呈現多元的時代之音。

　　本章分為兩大節進行論述，第一節主要分析台灣旅日作家及「東北作家群」〔註1〕之代表人物，其作品中的「鄉土空間」各自呈現何種特色？藉由論

〔註1〕1951年王瑤在其著作《中國新文學史稿》中首度將「東北作家群」這個名詞概念引入文學史。書中第二編《左聯十年》的第八章專有一節介紹「東北作家群」，細緻的分析和介紹了蕭軍的《八月的鄉村》、蕭紅的《生死場》，以及端木蕻良、舒群、羅烽、白朗等人的創作。參見白長青，〈關於「東北作家群」創作的斷想〉，《社會科學輯刊》，1989年第4期，頁150。

析作品中鋪排「鄉土空間」的意象群,闡釋兩地「離鄉」作家之「鄉土空間」呈現何種特色,及其背後所隱涵的文化意義。第二節首先說明「離鄉」作家作品作爲和「在地」作家作品參照、比較的可能性,期望透過比較「在地」、「離鄉」作家創作中對於「鄉土空間」描寫的同異處,進而從比較的視野中,歸納出不同語境及文化背景的作家感知、想像家鄉的差異點,亦試圖能從分析「離鄉」作家描繪「鄉土空間」之特殊意涵,且綜論「離鄉」、「在地」作家作品中「鄉土空間」描寫差異背後的文化涵義。

第一節　遙遠的回望:台、滿「離鄉」作家的「鄉土空間」描寫

　　本節主要探討台灣、「滿洲國」之「離鄉」作家在異地所創作之含有「鄉土空間」的作品,這些「空間」各自被兩地作家進行何種描繪與形塑?又可能隱含哪些文化意義?

　　筆者共分兩部份進行論述,第一部份選擇台灣旅日作家楊逵、翁鬧與張文環在旅日期間所創作的作品,以及「東北作家群」中的蕭紅《生死場》(1935)、蕭軍《八月的鄉村》(1936)以及舒群〈沒有祖國的孩子〉(1936)爲論析對象,探究台、滿「離地」作家作品中的「鄉土空間」各自呈現何種特色?又各自可能隱含哪些文化意涵?第二部份則是比較台、滿「離鄉」作家在異地創作之際,其書寫中的「鄉土空間」以及意象經營之異同,以釐析兩地由「內」、「外」觀看鄉土視線間的差異,並透過詮釋其中的相異處以期對兩地作家創作現象及作品中的深層涵義有深入的理解。

一、台灣旅日作家的鄉土空間書寫
——以楊逵及《福爾摩沙》集團之翁鬧、張文環爲例

　　由於殖民統治使然,一方面,台灣旅日作家離鄉赴日的出走過程,除了令他們產生了對安居的憧憬,及對故土的懷想,另一方面,又因爲日本高度近代化給予自己的刺激,而使他們的心思始終擺盪在追思故鄉與憧憬日本文明之間。作家並且將這類內心的膠著與矛盾以文字傾訴,除了表現在反思傳統觀念、知識青年的苦悶等議題上,亦反映在小說中描繪鄉土自然之美或帝都進步的空間描寫之上。

　　其中,筆者所欲關注、探討的,包括有台灣旅日青年楊逵,以及同樣具

有旅日背景的《福爾摩沙》作家群中的翁鬧與張文環之作品，透過分析他們在異鄉所創作的小說中的「鄉土空間」如何被建構呈現，從而觀察「離地」作家對故鄉台灣之想像。

　　具有左翼知識背景的楊逵之創作特色，一直以來都被研究者視為具有站在「階級」立場發聲的創作特質。而《福爾摩沙》作家群以建立「台灣人的文藝」自我期許，他們創作的基本指導原則則是「以文化形體使民眾理解民族革命」。因此，雖然他們所走的路線是同為寫實主義的，然而在技巧上卻是多樣的﹝註2﹞。

　　然而，除了楊逵以外，這一個由台灣旅日生組成，在三○年代對推進台灣文學、文藝發展佔有重要地位的文藝團體，其中各別作家對「鄉土」的看法與想像是否有所差異？以下筆者首先將獨立討論楊逵旅日時期之作品〈送報伕〉中的「鄉土空間」的形構。再者，則析論張文環與翁鬧在旅日時期之創作，藉由他們於小說中對「鄉土空間」的描繪呈現，探索並析論作家在特殊時代中下各自的心靈地圖及思考軌跡。

（一）如魅影般重擔的「鄉土」——楊逵的「鄉土空間」描寫

　　筆者觀察到，作家楊逵筆下的「家鄉」，除了是以「郵遞」的方式出現在作品中，將家鄉與在外地的主人翁相連繫外，往往也在主人翁於日本工作遇到困境時，成為了類似於心靈投射的場所。在一次現實的挫敗後，楊君不得不想起：「家鄉，回到家鄉又怎麼樣？」﹝註3﹞。本該做為心靈依歸場所的「家鄉」頭一回出場，便乘載著負面的情緒，非但無法排遣主人翁的挫折，更連帶越洋把「家鄉」正揹負著的「殖民歷史」一併喚醒。

　　被殖民資本所壟斷、掠奪的家鄉，在離地的知識份子心中，除了透過回憶、也透過即時的、延遲的信件往來，拼裝成一個具有「時差」的殖民地鄉土空間。空間是被入侵而殘缺的，而人物之間的關聯也因此在被壓迫與死亡的陰翳之下斷裂：

　　　　信的大意是這樣：

﹝註2﹞　陳芳明，〈先人之血，土地之花——日據時期台灣左翼文學的背景〉，收錄於台灣文學研究會主編，《先人之血，土地之花：台灣文學研究論文精選集》（台北：前衛，1989年8月），頁283。

﹝註3﹞　楊逵，〈送報伕〉《文學評論》第1卷第8號，1934年10月。收錄於葉石濤、鍾肇政主編，《送報伕》（台北：遠景，1997年），頁31。

> ——你說東京不景氣，不能馬上找到事情做的信收到了。你帶的錢
> 是那麼少，也沒有一個熟人，又找不到事情做，想著這樣窘的你，
> 我胸口就和絞著一樣，日夜不安。但家鄉也是同樣，自開設農場以
> 來，愈來愈困，弄到這步田地一點法子都沒有。我想，事到如今，
> 你絕對不可軟弱下來，絕對不可萌起回家的念頭。〔註4〕

母親的來「信」，沒有想念與多餘的親情的宣洩，而有的盡是家鄉的不幸與親情被迫因為現實而必須產生的「斷裂」，尚且不包括其信中提到：房子賣掉了、弟妹們的不幸死亡，連母親也將不久於人世。「這裏好像是地獄，沒有出路⋯⋯。」〔註5〕。「家鄉」被以「地獄」書寫進故事之中，有的盡是殘敗與不幸，離鄉而創作的楊逵筆下的家鄉，在日本東京街頭作為對比的現實條件下，家鄉既沒有令人感覺溫暖的記憶，也沒有可供遊子寄託心靈的空間，觸目所及，盡是重擔與不幸。

施淑在以「階級」的角度分析楊逵這篇作品時曾提到：

> 在這篇作品裡，作者楊逵藉著小說主角楊君在東京受派報所老闆欺
> 騙剝削的經歷，以及日本製糖會社強制收購農村土地，使他及故鄉
> 的人們家破人亡的慘痛情結，精確有力地表現了對於資產階級貪婪
> 狡獪本質的認識，對台灣農村破產與殖民主義間的結構性關係的批
> 判。這藝術上的成就，不論是由社會問題的具體掌握或思想深度來
> 看，都是前此的台灣小說中未曾有過的。在這之外，這篇洋溢著台
> 灣和日本的無產者間的深厚情誼的作品，也使得它的知識份子角
> 色，在形象上增加了國際主義精神的新幅度。〔註6〕

她認為，楊逵筆下的知識份子「始終如一地帶著社會批判者和行動者的姿勢，同時也使他的小說創作瀰漫著普羅文學特有的樂觀昂揚的氣息。」〔註7〕然而這樣的一種氣氛，在賦予了作家「離地」身份，以及以「鄉土空間」作為觀察作品的切入視角時，我們可以發現，在卸下了「階級」、「普羅文學」的厚重大衣後，這樣的一種「鄉土空間」，所呈現的於離地作家楊逵筆下的，既非相對於文明的落後形象、亦非可供心靈寄託的場所，反而是一種「負擔」，或

〔註4〕 同註3，頁45～46。
〔註5〕 同註3，頁46。
〔註6〕 施淑，〈書齋、城市與鄉村——日據時代的左翼文學運動及小說中的左翼知識份子〉，《兩岸文學論集》（台北：新地文學，1997年6月），頁77。
〔註7〕 同註6，頁77。

者說是源自於「殖民統治」的魅影般，持續地在知識份子赴日朝進步的、文明的宗主國求取更好的資源與身份的同時，成爲某種類似於「枷鎖」的物件。雖說具有一定程度的批判作用，然而，不可諱言，在「鄉土空間」作爲殖民統治的批判與揭露之用外，這種被以負面、死亡、殘破形象出現在作品中的鄉土空間，確實不再如過去我們所認知的「家鄉」所具備的一般功能與形象。

（二）富涵生命力鄉土大地——張文環的「鄉土空間」描寫

張文環（1909～1978 年）出身於嘉義小梅庄（今嘉義縣梅山鄉）大坪村一個小康之家，1927 年赴日就讀岡山中學，三〇年代在東京留學期間曾參與社會運動，事發後被捕入獄。其後張於 1933 年與王白淵、吳坤煌、蘇維熊等人組織「台灣藝術研究會」〔註8〕，並成爲其機關誌《福爾摩沙》的重要執筆成員〔註9〕，在《福爾摩沙》創刊號張文環發表自己的首篇創作〈早凋的蓓蕾〉（〈落蕾〉），於《福爾摩沙》第二號發表小說〈貞操〉。1935 年他以〈父親的顏面〉一文榮獲《中央公論》小說徵文「選外佳作」〔註 10〕，並於《台灣文藝》發表小說〈自己的壞話〉、〈哭泣的女人〉、〈父親的要求〉；〈重荷〉發表於《台灣新文學》。翌年，其小說〈部落的元老〉及隨筆〈被迫用上的題目〉刊登於《台灣文藝》上。張亦在 1937 年於《台灣新文學》發表在日創作的最後一篇小說創作〈豬的生產〉一文，1938 年偕妻定兼波子（張芙美）返台，結束了長達 11 年的旅日生活。

〔註 8〕 1930 年代初期，逢日本共產主義運動藉文藝活動增加能見度，而台灣民族社會團體「東京台灣青年會」左傾後謀求新方向與人力，於是在原台灣青年會會員林兌與左翼文藝青年吳坤煌、王白淵等人的奔走下成立了「東京台灣文化同好會」（東京台湾文化サークル），隸屬於日本「普羅列塔利亞文化聯盟」的非法組織。1932 年 9 月組織遭到檢舉而瓦且，張文環等人亦遭逮捕，獲釋後，張與吳坤煌另組「台灣藝術研究會」。參考行政院文化建設委員會建置，《台灣大百科全書》網站，http://taiwanpedia.culture.tw/web/about。

〔註 9〕 張文環曾接替《福爾摩沙》第 1、2 號編輯兼發行人蘇維熊之編輯工作，擔任雜誌第 3 號（亦是雜誌最後 1 號）主編。據野間信幸考察，《福爾摩沙》各號發行地址都是張文環在本鄉的投宿處，可見得他與前 2 號的編輯工作也脫不了關係。參見野間信幸著，涂翠花譯，〈張文環的文學活動及其特色〉，《台灣文藝》第 10 期，1992 年 5 月，頁 32～33。

〔註 10〕 據張良澤考證，張文環於 1934 年以〈父の顏〉（〈父之顏〉）一作投稿參加《中央公論》小說懸賞徵文，翌年 1 月公佈徵選結果，張文環僅獲得「選外佳作」而未正式入選。詳情參見張良澤，〈張文環的「父の顏」〉，《台灣文學評論》第 1 卷 2 期，2001 年 10 月，頁 217～219。

　　「故鄉」是作家創作的靈感源頭，不論是以回憶家鄉經驗而書寫的作品，或是欲表現因新舊環境差異致使旅日知識份子產生的精神衝突的文學創作，「故鄉」都是最重要的創作基底，它既是供給作家創作元素的重要源頭，也是作家產生差異經驗、差異感受進而去衡量相較今與昔、新與舊、日本與台灣等議題的重要關鍵。張文環從故鄉的山城出發，前往當時已擠身現代強國的日本留學，他熱愛著自己民淳俗厚的可愛故鄉，卻也曾為日本的文明、文化傾心過，雖然後來他在進軍日本文壇的過程中因遭遇挫敗而始將寫作焦點轉向故鄉，但在旅日時期張文環確實在創作中留下了在殖民國日本與故鄉間產生認同矛盾、疑惑的痕跡。學者柳書琴亦曾對張文環創作中呈顯殖民地作家內心複雜、糾結的狀況有其觀察及闡述，她認為〈父親的要求〉一文呈現出「帝都與故鄉糾纏矛盾、共生寄生，非但在張文環思考殖民地青年的社會民族處境時存在著，在作品刊行流通的過程中也是既對立又互補」〔註11〕的書寫特色。張文環曾自述自己在〈父之顏〉以後才開始思考小說本身的問題，於此之前只想藉小說傳達本島人實情而已〔註12〕。柳書琴由此評斷張文環的文學之路雖然始於《福爾摩沙》時期，但是真正使他自覺地從「報導」蛻變為「創作」，從社會運動精進於文學抗爭，認真思考創作問題的卻非〈父之顏〉莫屬〔註13〕。此外，柳亦指出〈父之顏〉及其改作〈父親的要求〉可謂是張文環文學創作「轉向歸鄉」的重要轉捩點，自兩篇「轉向小說」發表之後，他開始以故鄉人士為主題，發表了一系列鄉土色彩濃郁的小說〔註14〕。因此，筆者欲藉由觀看張文環〈早凋的蓓蕾〉〔註15〕（1933）與〈重荷〉〔註16〕（1935）兩篇作品，探討張文環旅日期間的文學創作，其中的「鄉土空間」如何被作家詮釋、描摹？透過觀察作家對「鄉土空間」的形繪、塑造，張文環筆下的「鄉土空間」除了作為故事場景之外，是否也可視為是作家書寫之際其心靈狀態的一種展現？

〔註11〕柳書琴，〈前進東京或逆轉歸鄉？論張文環轉向小說〈父之顏〉及其改作〉，《靜宜人文學報》第 17 期，2002 年 12 月，頁 7。

〔註12〕張文環，〈茨の道は續く〉，《興南新聞》，1943 年 8 月 16 日。

〔註13〕同註 11，頁 1～22。

〔註14〕同註 11，頁 12～15。

〔註15〕張文環，〈早凋的蓓蕾〉，原作發表於《福爾摩沙》創刊號，1933 年 6 月 11 日，收錄於張恆豪編，《張文環集》（台北：前衛，1991 年 2 月）。

〔註16〕張文環，〈重荷〉，原作發表於《台灣新文學》，1935 年，收錄於張恆豪編，《張文環集》（台北：前衛，1991 年 2 月）。

　　〈早凋的蓓蕾〉此篇小說主要由兩線敘事組成。其中敘事主線主要描述義山與秀英的情愛糾葛，以及兩人在傳統婚姻枷鎖與現實經濟重壓下戀情受阻的時代悲劇；另一敘事軸線則藉由義山與好友明仲的深談與交往，呈現不同階層的知識份子在現實中的受挫與內心苦悶，小說的主旨在於反思傳統父權下婚姻戀愛的不自由以及欲反映殖民社會下知識份子的鬱悶。筆者以為，在這篇小說中，「農村」與「海」是兩個極為重要的空間場景。作者筆下的「農村」，是莊稼人以汗水與心血耕耘、灌溉的園地，鄉村每日總是上演著「一群挑著香蕉、鳳梨的莊稼漢正從山上下來，他們像搶時間似地，邁著沉沉的步伐急急往市場趕去」這重複且單調的戲碼，勞動者的汗水濡濕他們的衣服，也澆灌了作物與土地。然而，在這個瀰漫著汗酸味的鄉間，卻也是蘊藏自然生命力之所在。仲夏之夜，灑落於豐饒大地的月光彷彿帶有魔幻的魅力引誘、挑動著人們的情感與欲望，「鼓動著某種情緒在他們的胸膛裡沸揚、澎湃」，年輕人們透過吹奏樂器，將抑鬱的情感藉此傳達，夜的農村不同於日間農村所呈現的沉悶與壓迫感，在看似沉靜、靜謐的表面下其實藏隱著情感的暗潮湧動。

　　文中描寫義山與秀英相約見面後，由於「寧靜的晚風把亂人心意的氣息吹入甘蔗田中。吹得甘蔗葉沙沙作響，彷彿是在催迫時光流逝。夏夜已闌。月華的冷冷清光撩人心亂。」〔註 17〕於大自然的催情作用下，兩人終究按捺不住壓抑已久的情感，於是天雷勾動地火，在「甘蔗葉發出窸窣的聲音」〔註 18〕的背後，義山與秀英有了肌膚之親。此刻作家筆下的「鄉土空間」成為青年男女野合的地方，充滿了野性的魅力與源源不絕的生命力，在蔗葉隱蔽下交合的戀人同時也與土地產生了緊密的聯繫，綿延不斷的生命力湧現在鄉野中，亦流轉於戀人身上。大自然成為戀人的歡愉之所，在原始、本能的慾望驅動下，人與人之間不再有所隔閡、芥蒂，在大地中展現最真實的自己；黷黑的夜成為背景，朦朧月光與層層交疊的蔗葉構築了一個隱密且充滿野性魅力的空間，不可見卻又傳出蔗葉搖動作響的蔗林，此時猶如舉辦儀式的神聖空間，瀰漫著神祕的氛圍。在這夜的鄉間，「生」的活力與能量不斷地被延續、傳遞著。

　　倘若「鄉土大地」是「生」的象徵，那麼於小說中幾度出現的「海」則是與「生」所悖反、象徵「死亡」的空間。如同文中描述「海洋這片死亡之

〔註17〕同註 15，頁 27。
〔註18〕同註 15，頁 29。

－141－

所望去是無盡的蒼茫、空濛，像在等著有人投向他的懷抱」〔註19〕，明仲與義山在遭遇困境時，皆欲以跳海自盡來解決現實中的受挫與苦悶。但作家仍安排明仲與義山在緊要關頭於情緒的低點中甦醒，以人性對死亡與生俱來的恐懼抗衡象徵「死亡」的大海所投以的媚惑，明仲與義山最終逃脫死亡的束縛，成爲繼續在困境中求生的築夢者。在此篇小說中，透過作家賦予「土地」「生」之象徵及「海」之「死亡」隱喻的空間象徵，可以發現作家將「生」的能動力寄予在穩固不移、提供萬物養分的土地之上；「海」的波動與變化莫測則成爲象徵危機四伏的死亡深淵。在靜／動所象徵的生／死的對照中，更顯「土地」所蘊涵的生氣與能量。

　　〈重荷〉同樣以偏僻、貧困的山村作爲小說主要場景。張文環在文中塑造了堅毅的母親與天眞的小男孩「健」兩個角色，並透過孩童「健」之所見所感，將母親在日本殖民與強勢資本的壓迫下，爲了養家活口不得不肩負生活重擔以及忍受稅務員刁難、欺侮的心酸悲哀呈現而出。在小說中，「山村」是人物活動的主要空間，在諾大廣闊的山村裡，蜿蜒崎嶇的狹隘山路，成了連結偏僻農地與市鎮的紐帶，是欲將農作銷往市鎮的莊稼人每日的必經之路。由於鄉村與市鎮相去之遙，爲了準時將農作在開市時間送往市鎮，莊稼人總是在「晨曦才剛爬上番薯田，停在紫色蕃薯花上的蜜蜂彷彿還在睡夢中」〔註20〕之際就得步上趕集之路。從鄉村耕地到市鎮的路途並非平順好走，「下了這個坡還得攀越另一個山坡才能走出平坦的道路。……走過合歡的林蔭道，再穿過相思步道，路就平緩了。」〔註21〕爲了從家中前往市鎮的市集與公學校，母親與健幾年來日日都得奔波於山路連接的兩端間。文中描寫與母親嘔氣而快步前進的「健」在猛然回頭的瞬間，「他卻一眼瞥見被香蕉擔子壓駝了背的母親從山坡下喫力地走上來。健的腦子立刻陷入混亂，走吧，可是母親究竟爬不爬得上這個坡呢？看母親喫力費勁的樣子，健突然心疼起母親來，覺得母親好可憐。」〔註22〕他看見母親走在崎曲難行的山路上，還得負著沉重的擔子與未能行走的幼弟，憂心著母親是否能負荷加諸於身上的負重，「健想著，迫不及待地便往山腳下疾奔過去」〔註23〕。雖然途經公學校之

〔註19〕同註15，頁19。
〔註20〕同註16，頁48。
〔註21〕同註16，頁50。
〔註22〕同註16，頁49。
〔註23〕同註16，頁49。

際,「林蔭深處隱隱傳來孩子們喧騰的鬧聲」〔註24〕引誘著「健」欲加入其中,但在他親眼看見母親被予以不公平的對待後,殘酷現實帶給「健」的強大衝擊逐漸地在他幼小的心靈中擴散、發酵,心情低盪的「健」最後選擇放棄到學校參加升旗典禮而隨母親返家。

　　就空間環境的佈局來看,作者選擇了山村為主要場景,這個空間藉由「山路」上接農村耕地,下連市鎮市集。故事的主要人物就是以此為中心,每日負著重荷往返於農村與市鎮之中。張恆豪曾評論張文環的小說「多以嘉義梅山的山村為經,以台灣的風俗民情,生活習慣及民間故事為緯」〔註25〕,學者陳建忠在比較沈從文與張文環鄉土小說時,亦強調原鄉對創作著的深遠影響,他指出張文環來自山鄉,沈從文來自水鄉,「『山』與『水』的記憶會在此後的文學書寫中成為永恆的背景,從而構成他們創作鄉土小說的重要依據」〔註26〕。家鄉並非是地理空間上的遙遠,而是在作家的心中,童年單純美好的生活已不復存在,為了保留記憶中醇美的故鄉,張文環選擇以文字重砌想像中的原鄉,構築一個充滿生命力的世界。柯喬文以為,作家在講述渺遠的家鄉故事時,「刻意採取遠距離的方式,看它、重塑它,並且在一次次的講述裡讓它活起來」〔註27〕。

　　筆者以為,在張文環的創作中,以「山」為場景的書寫不僅象徵作家兒時無憂生活的記憶與嚮往,還隱涵著作家對故鄉堅定的依戀,猶如「山」一般穩固、不移。此外,高低綿延的「山」也象徵著人生的起伏,如同本文上述提及母親與「健」必須山水跋涉、越過重重的陡坡丘壑才能抵達目的地,以及文末描述「她悄悄拉起衣袖拭淚。前方是一個陡坡,母子倆很快又氣喘呼呼起來」〔註28〕,母子倆必須再次越過千山萬壑才得以返家的情節。文中一再出現「陡坡」阻礙小說人物平順前行,暗喻了被統治者在殖民統治下生活的不斷受挫,也呈現出被統治者不向命運低頭,翻山越嶺努力尋求「生」的道路。

〔註24〕同註16,頁50。

〔註25〕張恆豪,〈人道關懷的風俗畫——張文環集序〉,《張文環集》(台北:前衛,1991年2月),頁8。

〔註26〕陳建忠,〈鄉土即救贖:沈從文與張文環鄉土小說中的烏托邦寓意(上)〉,《文學台灣》第43期,2002年7月,頁281。

〔註27〕柯喬文,〈講三○年代故事的人(上)〉,《台灣文學評論》第2卷4期,2002年10月,頁48。

〔註28〕同註16,頁55。

　　張文環在創作初期的作品，其小說人物多是農村民眾，舞台也泰半設定在台灣農村，小說中往往出現人物在人生十字路上被迫做抉擇的情節，野間信幸認為這樣的書寫狀況，反映了「作者的目的，在於描繪生存在台灣的現實環境之中的人們的影像和心態」〔註29〕。作為一個富有時代使命感的知識份子，張文環在創作上卻不似同時代其他台灣作家般以批判性強烈的文字針砭時事或書寫民族議題的作品，他的創作反倒以書寫故鄉作為抗衡殖民力量及反思現代性的依憑。張文環作品中濃郁的鄉野氛圍，營造出一種與世隔絕、自成世界且保有作家兒時記憶及想像期待的距離美。這或許是作家在離鄉之際，透過創造小說中以故鄉為原型的場景空間，將兒時記憶中那個充斥蓬勃生命力與野性魅力的故鄉印象用文字砌成，讓身處異地的自己擁有一處可以神往、讓精神歸返的「故鄉」。

（三）暗與黑的世界──翁鬧的「鄉土空間」描寫

　　翁鬧（1908～？）彰化縣社頭人，出身於窮苦的農村家庭，1929 年畢業於台中師範，曾於員林國小、田中國小任教，1934 年前往日本東京留學。他曾以〈憨柏仔〉入選日本「改造社」的文藝佳作。在日本亦曾加入「台灣藝術研究會」，參與並支持《福爾摩沙》集團的文藝活動，1904 年左右病歿於日本。翁鬧的文學創作，以小說為主，亦有新詩與評論。小說創作方面，著有短篇小說〈音樂鐘〉、〈憨伯仔〉、〈殘雪〉、〈羅漢腳〉、〈可憐的阿蕊婆〉、〈天亮前的愛情故事〉與中篇小說〈有港口的街市〉。

　　學界對翁鬧創作的討論多圍繞在他對於人類內心世界的探索、具有「新感覺派」創作風格之上，較關注作家創作的藝術性與作品中對人之心理層面的描述、剖析。然而，這個生性浪漫、赴日後不願返鄉，「在東京苦修流浪的文藝人」如何在文學創作中描述、呈現自己的家園鄉土？以下筆者將以〈憨伯仔〉作為討論對象，分析翁鬧作品中的「鄉土空間」呈現何種面貌。

　　〈憨伯仔〉〔註30〕一文描寫殖民社會下憨仔伯一家人永遠無法脫離貧窮與病痛，無法翻轉命運的悲哀。在小說中，翁鬧一再以「晦暗」、「潮濕」、「陰鬱」等令人鬱悶、不快的負面詞彙來形容憨伯仔的居住環境，將憨伯仔的家

〔註29〕野間信幸著，涂翠花譯，〈張文環的文學活動及其特色〉，《台灣文藝》第 10
　　　期，1992 年 5 月，頁 25。
〔註30〕翁鬧，〈憨伯仔〉，原載於《臺灣文藝》第 2 卷第 7 號，1935 年 7 月 1 日出版。
　　　收錄於葉石濤、鍾肇政主編，《送報伕》（台北：遠景，1997 年 7 月）。

屋稱作是「陰鬱的屋子」，並形容破屋「好比就是一隻破爛不堪的袋子。下雨時，餐桌上也好，床上也都有雨水滴下來：風一刮，好像整個屋子都要給刮走」[註31]，加上平日光線亦透不進屋內，「霉與濕土的臭味漂浮在空氣之中」[註32]，受潮的房舍中飄散著腐臭的淫氣與霉味，久久無法散去。「陰暗」與「潮濕」充斥於憨伯仔家屋之中，使得家徒四壁的陋室看來更為陰森，缺乏陽光照射的暗屋，「牆上多半剝落了，到處有洞洞，冬天的冷風從那兒吹進來。」[註33] 每到冬日，阿金婆與憨伯仔靠西加建的睡房每到午後，其長長的陰影總是蓋住整個埕子，讓原本因天冷而冰涼死寂的房舍失去短暫被冬陽暖照的機會，在長影翳障之下，更顯寒意逼人。

　　縱然「家」是閃躲外界紛擾的避風港，但是生活在如此陰鬱的所在，讓終日勞碌的憨伯仔在工作返家之餘，仍無法從自家中尋得一絲絲溫暖。生活在暗黑無光的鄙陋房舍中，憨伯仔觸目所及，盡是目瘡痍的殘破景象，面對同樣被生活逼的喘不過氣、患有惡疾的家人，讓走投無路、已對人生失望的憨伯仔之內心更為沉重；希望的光燭在風雨的摧殘之下，逐漸於黑暗中熄滅。雖然明白家屋清潔的重要性，但連生計都擔負不起的憨伯仔一家，又如何有心力顧及居家品質的優劣呢？正因為無暇顧及環境整潔，由竹子和稻草蓋起的家屋，成了蟲、鼠、蛇等毒害的最佳藏匿處，在憨伯仔破舊的屋子中，四處可見凹凸不平的地洞，成了臭蟲多眠的安祥地；農舍中隨意擺放的草堆，也成了老鼠、蛤蟆、蚯蚓等的藏匿地點。由於家屋位於竹叢之中，房舍本身又雜亂破舊，四處皆是汙穢死角，對於蟲、蛇而言，陰暗、潮濕的草屋，是最合適的安居處：

> 有一次，雞塒裡的蛋每天都不見一隻，阿金婆便在某一天看守雞塒，終於發現了好大的一隻蛇頭，從牆下一下一下地吐著舌頭往外窺望著。阿金婆在這一瞬間與牠打了個照面，下一個剎那，她幾乎失神地跳起來。（頁301～302）

百姓雖居住在自家，可是卻飽受蟲、蛇等毒害干擾，成日提心吊膽、擔心受怕，民眾就在抵抗社會壓力與擔憂毒害侵犯的內外夾擊中生存，在心力交瘁下用僅有的餘力自保、求生。因殖民資本入侵而驟變的農村，讓村民無法安居樂業，

〔註31〕同註30，頁316。
〔註32〕同註30，頁316。
〔註33〕同註30，頁307。

甚至連最基本的家中清潔都無暇顧及,「窮人連蛇都可以同住」〔註34〕。象徵了殖民外力對百姓所造成的壓力,從肉體的勞動蔓延至精神層面,也從村莊的公領域漫佈至私密的家中,如同烏雲遮蔽了陽光、黑暗壟罩著家屋、溼氣瀰漫於空氣中般,無所不在,迫使家家戶戶沉浸於陰鬱之中,屈從於黑暗勢力。

筆者認為,在〈憨柏仔〉小說情節中「無論如何掙扎仍擺脫不了的陰翳」象徵了殖民高壓之於民眾的箝制與負累,在殖民統治下受苦受難的百姓,不管如何奮力抵抗、謀求生路,仍舊無法從殖民者所佈下的天羅地網中脫逸逃出。在殖民者密佈的統治往下,苦難與病痛如同鐐銬般緊緊鎖住人們,因殖民者涉入而突如驟變的家鄉景象,不再是記憶中淳樸、悠閒的桃花源,現代化的設備、廠房,打亂了家鄉本有的生活秩序,破壞了地方的經濟平衡。當殖民巨輪不斷於身後追趕之際,百姓們只能咬緊牙根負著沉重的生活擔子,拖磨著殘敗的身軀,在惡劣的環境中如臭蟲般苟且生存,秉著僅能維持基本生存要素的消極心態,行屍走肉的生活著。

由於農村景氣衰敗的衝擊,成日籠罩於陰鬱的不僅只憨伯仔一家,村里間的家家戶戶都因為景氣不佳而壟罩於鬱悶的低氣壓之中,就像失去了烈日普照,「一天就好像只有早上與晚上而已」〔註35〕,沉重的窒息感緊隨著百姓,陰鬱如烏雲罩頂逐漸凝聚,重層地覆蓋著村莊,遮去了補充活力的暖陽。久而久之,每個人被殘酷的現實麻痺,對生活早已失去熱情,情緒與表情逐漸從面容上消逝,最後演變為「人人都只有擺著冷冷的面孔,說起話來也無精打采」〔註36〕的情景。「灰黑」的色彩除了出現在「烏雲罩頂」、不見天日的屋外,似乎也逐漸蔓延至家中。「煤煙」將本是雜亂的家屋抹上一層灰黑,使得破舊、凌亂的屋舍更顯髒亂,由於憨仔伯一家成天為生計辛勞奔波,根本無暇顧及生活環境,因此只好任由煤灰四散。煤煙怖及家中角落之意象好似是殖民統治的「黑暗勢力」已由「外」向「內」控制著人民的象徵,「灰黑」這個具有「壓迫性」與「影響力」的象徵色調,開始於民眾的生活空間中全面散佈,使人們的生活蒙上一層陰影,生命中的「色彩」逐漸被「灰黑」所包圍、吞噬。加上作者設定主角憨仔伯患有眼疾,在眼翳的遮蔽之下,憨伯仔模糊不清的「視界」讓本已十分陰沉、暗黑的世界更加灰濛。主角因眼疾

〔註34〕同註30,頁302。
〔註35〕同註30,頁317。
〔註36〕同註30,頁316。

而「矇翳」的情形暗喻著在統治者控制的「黑暗世界」下，諸如憨伯仔此類貧困的底層小人物，他們所看見的世界似乎較眾人更加黑暗；所承受的生活壓力似乎比眾人更爲艱辛；他們是社會中最無助、弱勢的一群。

　　翁鬧作品中充滿「黑」與「暗」的世界可謂是作家對鄉土印象的呈顯與反映，在這個不見光日的陰暗空間中，隨著時間的逝去，萬物逐漸枯萎、腐朽，人們拖著殘破敗壞的身軀，抱持著過一日算一日的心態，在步向死亡的路途中苟延殘喘的活著。作家書寫故鄉「蒙翳」的現象，呈現了作家在面對故鄉台灣被殖民陰暗罩之際悲觀、抑鬱的心態。在翁鬧的心中，故鄉台灣是陰鬱、雜亂、潮濕的地方，「黑暗」也成爲他在講述故事、形繪故鄉時的唯一底色，猶如許俊雅所述，翁鬧小說裡「台灣庶民的人生一如黑暗的色調」〔註37〕。這種人物身處「黑暗」的描述同樣出現在翁鬧另一篇小說〈可憐的阿蕊婆〉之中。〈可憐的阿蕊婆〉描寫阿蕊婆住在隔間的中央，屋中盡被蜘蛛網、煙灰所覆蓋，在這個狹小、污穢、晦暗的處所中，甚至連「早晨的陽光也不會射進阿蕊婆的枕邊」〔註38〕，阿蕊婆的生活空間與憨仔伯極爲相似，他們都在黑暗且狹隘的空間中度過大半輩子。

　　然而特別的是，在翁鬧的〈可憐的阿蕊婆〉與〈憨仔伯〉二文中皆出現了「妓院」的場景。在〈可憐的阿蕊婆〉中，阿蕊婆從前的大房子由於遠離街道，變賣後今日已變做私娼窟，該處「或許像神秘的靈修道場，也像跟這個世上一切俗念與規定隔絕的幽邃的祭壇一般。令人以爲：連太陽也顧慮著不敢隨便照射在它上面似的。」〔註39〕這個在暗巷狹弄中、日間靜悄的地方是生活苦悶的人們「期待能彌補自己心靈上的創痕」〔註40〕的救贖地。在翁鬧的小說中，「妓院」是「黑暗世界」中最陰暗的角落，但它同時卻也是人們尋求「靈」與「身」之慰藉、解放的救贖地。即便「黑暗」是翁鬧對故鄉的印象，是他對故鄉貧、敗、腐、壞的象徵，但從作家的書寫中，我們仍可看到他對於故鄉情感愛恨拉扯的痕跡，如同文中所述：「無論是何人，無疑的都

〔註37〕許俊雅，〈幻影之人——翁鬧及其小説（代序）〉，收錄於陳藻香、許俊雅編，《翁鬧作品選集》（彰化：彰化縣立文化中心，1997年7月），頁16。

〔註38〕翁鬧，〈可憐的阿蕊婆〉，原載於《台灣文藝》第3卷6號，1936年5月，收錄於張恆豪編，《翁鬧、巫永福、王昶雄合集》（台北：前衛，1991年2月），頁92。

〔註39〕同註38，頁97～98。

〔註40〕同註38，頁98。

想在地上黑暗的角落尋求靈的休息處」〔註41〕，即便故鄉是陰暗、髒亂、瀰漫死亡氣息的黑洞，但生長在這塊養育自己的土地上的諸多回憶卻還是永遠縈繞於作者心中。「故鄉」成為他既想逃離，又欲靠近的地方。翁鬧多情敏感的詩人性格與對故鄉愛恨交加的情感，或許是造成這位才情洋溢的「幻影之人」最終被抑鬱吞噬而客死異鄉的原因之一吧！

二、「東北作家群」的「鄉土空間」書寫

　　「滿洲國」政府於1934年開始強力掃蕩反日份子，原以哈爾濱報紙副刊為創作園地、且積極參與地下抗日活動的蕭軍、蕭紅、白朗、羅烽、舒群等人為了逃避當局的迫害與逮捕，相繼南下〔註42〕。1936年左右，這些因政治迫害而離開東北，前往華北或上海的流亡作家們，不約而同的在入關後發表許多以東北為背景，富有東北人文特色或批判日本帝國主義侵略意識的作品，這群來自哈爾濱北滿地區的作家以集束式的創作和群體優勢，震動了當時的文壇，形成了舉世矚目的「東北作家群」〔註43〕，誠如張毓茂所言，「作為一個文學流派的東北作家群引起文壇的特殊關注」〔註44〕。

〔註41〕 同註38，頁98。

〔註42〕 張毓茂指出「滿洲國」在成立初期，由於日本帝國忙於軍事侵略，在思想文化方面的統治尚未嚴密，在統治壓力較薄弱的哈爾濱地區，形成了以中共地下抗日組織員為主體的「北滿作家群」。其主要成員有金劍嘯、莊椿芳、舒群、羅烽、蕭軍、蕭紅、白朗等人，他們以報紙副刊為陣地，創作、發表了許多曝露現實的作品，並積極從事抗日活動，因而引起「滿洲國」當局關注。參見張毓茂，〈總序〉，《東北現代文學大系》。

〔註43〕 據逄增玉定義，從地域分布、具體處境等實際情形來看，流亡至關內的「東北作家群」主要由三部份人構成。其一是「九一八」事變發生後，因日軍關閉山海關，被迫流亡至北平的作家們，諸如端木蕻良、高蘭、李曼霖、于毅夫等人。另一部份東北作家來自北滿哈爾濱，於「九一八」之後陸續流亡到青島和上海，例如蕭軍、蕭紅、羅烽、白朗、塞克、耶林等人，這批作家是30年代初期以哈爾濱為中心的北滿左翼文壇的主要力量，他們以報紙副刊如：《晨光報》副刊《江邊》、《大北新報畫刊》、《黑龍江民報》副刊《蕪田》、《國際協報》副刊《文藝》與長春《大同報》副刊《夜哨》為陣地，發表文藝創作與譯作，「哈爾濱作家群」亦是「東北作家群」中最為大家知曉的一支。第三部份東北作家包括于黑丁、馬加、劉澍德、雷加、高淘等人，他們以「東北人民抗日會」、「東北旅平各界抗日救國聯合會」負責人于毅夫為核心，在宣傳抗日救亡的刊物上發表文章，開展文藝活動。參見逄增玉，〈東北作家群的藝術取向〉，收錄於孫中田等著，《鐐銬下的繆斯——東北淪陷區文學史綱》（長春：吉林大學，1999年11月），頁184～187。

〔註44〕 張毓茂，〈總序〉，《東北現代文學大系》，頁4。

　　大陸學者鄭麗娜、王科認為,「東北作家群」是由地緣關係而結成的集群團隊,並且具備群體的地域特色,東北現代作家語體的地域特色主要彰顯在:一是東北現代作家的語言充滿蠻勇粗獷的色彩、二是東北現代作家的語言充滿陽剛豪放的色彩、三是東北現代作家的語言充滿著原始洪荒的色彩〔註45〕。鄭、王兩人指出東北現代作家「他們的語體風格有共同的文化基因,共同的地域特色,以及鮮明的詩性風采,濃郁的悲劇情懷,這在他們的作品中得到了明確而豐沛的彰顯,是一個不爭的客觀事實。」〔註46〕學者高翔亦曾提出與鄭、王相似的看法,他認為東北作家群的作品中「濃重而不解的懷鄉情緒,構築起了東北人民的精神豐碑,表現出強烈的本土文化意識和鄉土特色。」〔註47〕綜論上述學者對「東北作家群」作品之分析,他們皆提及「東北作家群」的文學創作深具鄉土氣息與地域文化(local culture)的特色。

　　然而,在前人的研究基礎上,筆者欲深入追問的是,這群離鄉在異地進行文學創作的作家們,他們如何描寫自己生長的原鄉景致,如何呈現自己所熱愛、但卻因殖民壓力脅迫而不得不於此出走的故鄉東北,如何透過文字描述去塑造作品中的「鄉土空間」皆成為筆者於此欲考察、分析的要點。筆者欲以「東北作家群」中最為人知曉的蕭軍、蕭紅的創作為考察對象,試圖闡釋其作品中「鄉土空間」所隱涵的文化意義。

(一)共感生死的東北大地——蕭紅《生死場》中「鄉土空間」的特徵

　　蕭紅(1911～1943年),本名張乃瑩,1911年生於中國東北呼蘭河鎮的一個地主家庭。父親是當地頗有聲望的鄉紳,親生母親早逝,故蕭紅自懂事後便和父母保持著距離。1932年,大腹便便的逃家少女蕭紅,在即將被賣入娼家的絕境中遇見青年作家蕭軍,並於此期開始嘗試在報刊上發表創作。1933年蕭紅積極參與哈爾濱地下左翼運動及在《大同報》之文藝週刊《夜哨》上發表一系列的作品,同年10月與蕭軍自費出版兩人合集《跋涉》,兩人質量均優的創作自此轟動了東北文壇。翌年由於時局緊張,二蕭在6月12日離開哈爾濱,前往青島友人舒群夫婦加避難,9月23日在魯迅的接應下,再度逃

〔註45〕鄭麗娜、王科著,《文學審美與語體風格——多維視野中的東北書寫》,(北京:中國社會出版社,2009年6月),頁8～13。
〔註46〕同註45,頁3～4。
〔註47〕高翔,《現代東北的文學世界》(瀋陽:春風文藝,2007年12月),頁42。

至上海，蕭紅與魯迅深厚的師生情誼由此建立。蕭紅於 1936 年至 1942 年逝世前曾於上海、日本、武漢、重慶、香港落腳，寫下多篇動人的小說、散文、詩作與劇作，1942 年 1 月 24 日蕭紅由於長年久疾、病體虛弱，最後病逝於香港紅十字設立在聖士提反女校的臨時醫院，享年 32 歲。

《生死場》（1934）可謂是蕭紅踏入關內文壇的初啼之作，同時也是其創作生涯中的重要代表作之一。1934 年夏初，蕭紅與蕭軍離開哈爾濱來到青島，同年 9 月 9 日，蕭紅完成了《生死場》，翌年在魯迅的支持下，《生死場》由榮光書店出版，列為《奴隸叢書》之三，震動了當時的上海文壇。魯迅在書序中稱許蕭紅以女性細緻的觀察及「越軌的筆致」表現了北方人民「對於生的堅強，對於死的掙扎」〔註48〕，認為它能給人以「堅強和掙扎的力氣」〔註49〕。此外，為《生死場》命名的胡風亦特此撰寫了讀後記，留下「在這裡我們看到了女性的纖細的感覺，也看到了非女性的雄邁的胸境」〔註50〕的讚賞佳言。蕭紅這部以東北鄉村、人民為書寫要角的《生死場》，讓關內讀者藉此窺見了東北大地的風土民情以及同感了家鄉被他人侵占的悲慟，如同駱賓基在《蕭紅小傳》中對《生死場》的評論：

> 這不能說是一座壯偉的結構，可是有著一些青年踏著這精神的橋
> 樑，走過來；從這橋樑上望見了遙遠的彼岸，望見了不屈的中國土
> 地一角的奴隸們，不屈的樸實的靈魂，並且聽到他們充滿血絲的呼
> 聲，並且投身到他們的懷抱裡去。〔註51〕

眾多文學評論者都給《生死場》予以極高的評價，並對此寄予了深厚的民族情感，認為蕭紅的此篇大作深切地表現了東北民眾的苦難。

《生死場》是以淪陷前後的東北農村為背景，描寫農民們農村生活的自然相，以及農村在遭遇日軍侵襲後發生驟變的變貌。小說藉由呈現民眾的生活苦難，批判了在傳統封建制度下的東北農村地主的囂張跋扈、指摘日本帝國主義對東北的侵略及「滿洲國」政府所提倡「王道樂土」執政方向的虛偽性。誠如小說《生死場》之名，蕭紅喜以「場域」、「空間」作為分幕的敘事

〔註48〕魯迅，〈《生死場》序言〉，收錄於李濤主編，《蕭紅蕭軍文集・蕭軍卷》（成都：天地，1995 年 12 月），頁 1004。

〔註49〕同註48，頁 1004。

〔註50〕胡風，〈《生死場》讀後記〉，收錄於蕭紅，《蕭紅精品集：生死場》（台北：風雲時代，2010 年 10 月），頁 252。

〔註51〕駱賓基，《蕭紅小傳》（哈爾濱：北方文藝，1987 年 6 月），頁 55。

焦點，如同名以「麥場」、「菜圃」、「屠場」、「荒山」、「墳場」等等小節，在這些章節中，萬物與其生活的場域息息相關。特別的是，蕭紅在以細膩的筆法描寫東北民眾的活動之際，同時間也搭建起令人如歷其境的小說場景，在她的創作中，「鄉土空間」不再是故事的背景，而是誠為一個如有生命的有機體，空間包孕了在其中活動的人，人與空間融為一體。遭遇外力襲擊、改變之際，人與空間所構成的有機體會因此一齊震動、變化，會一同歡愉、悲傷。作家特別將這些以「空間」為名的章節置於小說的前位，讓讀者先熟悉東北大地的面貌與民眾的生活場景，使讀者更容易融入故事情境之中。

　　小說一開始，首先呈現東北農村充滿活力與生機的熱鬧景象：

> 毗連著菜田的南端生著青穗的高粱的林。小孩鑽入高粱之群裡，許
> 多穗子被撞著，從頭頂墜下來。有時也打在臉上。葉子們交結著響，
> 有時刺痛著皮膚。那裡是綠色的甜味的世界，顯然涼爽一些。時間
> 不久，小孩爭鬥著又走出最末的那棵植物。立刻太陽燒著他的頭髮，
> 急靈的他把帽子扣起來。高空的藍天，遮覆住菜田上閃耀著的陽光，
> 沒有一塊行雲。〔註52〕

在作家生動且細膩的敘述中，有著暖陽照耀及充斥著孩童們嬉戲笑語的東北農村，彷若立體的呈現在讀者面前，讓讀者得以感受東北大地「生」之氣息與「生」之愉悅。又另如描寫菜圃中「小姑娘們摘取著柿子，大紅大紅的柿子，盛滿她們的筐籃；也有的在拔青蘿蔔、紅蘿蔔」〔註53〕、「柿秧最高的的有兩尺高，在枝間掛著金紅色的果實。每棵，每棵掛著許多，也掛著綠色或是半綠色的一些」〔註54〕，或是「八月裡人們忙著扒『土豆』；也有著砍著白菜，裝好車子進城去賣」〔註55〕，東北大地呈現一片生機盎然的景象。畫面中靜態的茂盛農作與動態的人們交織成黑土地的一幅「生」之美景。

　　誠如小說篇名「生死場」，在東北農村中除了有著前述充滿生之氣息的景象外，同時「死亡」也不可免的在人們生活中出現。就像是小說中描繪王婆欲將年邁老馬宰殺變賣，『私宰場』就在城門的東邊。那裡的屠刀正張著，在等待這個殘老的動物」〔註56〕，她在途經屠場的街上看見「就在短街的盡

〔註52〕同註48，171～172。
〔註53〕同註48，頁183。
〔註54〕同註48，頁185。
〔註55〕同註48，頁185。
〔註56〕同註48，頁194。

頭，張開兩張黑色的門扇。再走進一點，可以發見門扇斑斑點點的血印。被血痕所恐嚇的老太婆好像自己踏在刑場了！」〔註57〕縱使內心百般糾結、不捨，王婆最終仍將陪伴自己許久的殘弱老馬留在屠場。然而屠場中牲畜被肢解的殘忍畫面卻不斷浮現在她眼前，霎那間「滿院在蒸發腥氣，在這腥味的人間，王婆快要變做一塊鉛了！沉重而沒有感覺了！」〔註58〕死亡沉重的壓力逼迫著人們無法呼吸。作者在小說中創造了一個特殊的場域，人們在這個有如大世界凝縮而成的空間中生死輪迴。

特別的是，小說中「刑罰的日子」一節，作家以輕快的筆調描寫「房後的草堆上，溫暖在哪裡蒸騰起了。全個農村跳躍著氾濫的陽光。小風開始溫漾田禾，夏天又來到人間，葉子上樹了！假使樹會開花，那麼花也上樹了！」〔註59〕作家首先透過描繪空間中大自然呈現欣欣向榮之氣象，帶出此時此刻村中的人們與萬物齊「生產」，處處瀰漫生之喜悅的景象。像是文中描寫「屋內婦人為了生產疲乏著」〔註60〕、「房後草堆上，狗在那裡生產」〔註61〕或是「大豬帶著成群的小豬喳喳的跑過，也有的母豬肚子那樣大，走路時快要接觸著地面，它多數的乳房有什麼在充實起來。」〔註62〕……皆在在顯示生命活力正流竄在村莊之中。然而，生命的誕生同時也伴隨著陣痛的磨難，對產婦與幼子而言，「生」與「死」僅只一線之隔，「在鄉村，人和動物一起忙著生，忙著死……」〔註63〕。學者孟悅認為，作家女性特有的經驗成為了蕭紅洞視鄉土生活和鄉土歷史本質的起點，也構成了她想像的方式〔註64〕。蕭紅筆下的女性生育，也如同劉人鵬所言，「往往被再現為一種純粹而徒勞的肉體苦難，新生命總是輕率地死去」〔註65〕。筆者以為，蕭紅對「生產」的描寫是欲以描寫農村中母體生產所經歷的喜悅與苦痛，來象徵孕育萬物的大地之母因子民生死而喜而悲，呈現大地與人們一同經歷陣痛、一齊喜悲的共感；

〔註57〕同註48，頁196。
〔註58〕同註48，頁196。
〔註59〕同註48，頁214。
〔註60〕同註48，頁216。
〔註61〕同註48，頁214。
〔註62〕同註48，頁214。
〔註63〕同註48，頁217。
〔註64〕孟悅，《浮出歷史地表：現代婦女文學研究》（北京：中國人民大學，2004年），頁185。
〔註65〕劉人鵬，〈導讀〉，收錄於范銘如主編，《20世紀文學名家大賞：蕭紅》（台北：三民書局，2006年5月），頁6。

換言之，東北大地景致變換的書寫同時也可能是東北民眾心境的象徵隱喻。

在蕭紅的書寫中，「鄉土」是不可或缺的創作元素，或者可以說它就是作家筆下的主角之一。例如文中描寫五月節到來時，不僅人們滿懷喜悅，就連「菜田和麥地，無管什麼地方都是靜靜的，甜美的，蟲子們也彷彿比平日會唱了些」〔註66〕；當傳染病蔓延散怖村莊之際，病逝的人們被棄於墳場，「太陽血一般昏紅；從朝至暮蚊蟲混同著蒙霧充塞天空。高粱，玉米和一切菜類被人丟棄在田圃」〔註67〕，全村被死亡的陰翳所壟罩，沉浸於死寂之中；或是當「滿洲國」成立之際「在『王道』之下，村中的廢田多起來，人們在廣場上憂鬱著徘徊」〔註68〕等等，說明了在小說裡沒有誰是主角、誰是配角的主從關係，作家注重的並不是人物個性的突出表現，而是透過所有生物的群體形象與鄉土大地的變貌共同呈現世間萬物在「生死場」中真實的生活景象。

學者張泉泉曾論述雖然蕭紅於 1934 年便離開東北，但她的創作並沒有因此枯竭，「反而形成一種張力，使她的文學創作逐步走向高峰」〔註69〕。筆者以為蕭紅能夠在離鄉後寫出如《生死場》深具藝術高度的作品，是由於作家透過書寫創造一個與東北人民共感的有機空間，將自己對故鄉的思念與依戀透射於其中；她藉由書寫，將東北民眾在日本帝國箝控下的苦難呈現予眾人知曉，並將個人往昔的生命痛感與生活體驗作為創作基底，在寫作的同時紓發思鄉之情，亦讓愛鄉精神存於創作之中。於是作家與由小說人物、萬物所組成的有機體融混合一，蕭紅就在離鄉的情況下藉由書寫原鄉而與家鄉連結。

（二）荒野的生命力──《八月的鄉村》中「鄉土空間」的特色

蕭軍（1907～1988 年）原名劉鴻霖，遼寧省義縣（現屬錦縣）沈家臺鎮下碾盤溝村大碾鄉人，其筆名有三郎、田軍、蕭軍等。1931 年「九一八」事變後與友人組織抗日義勇軍，以「三郎」為筆名開始寫作生活。蕭軍於 1932 年在哈爾濱結識蕭紅，從此兩人成為共患難的文學伴侶。1933 年他與蕭紅共同出版首部小說合集《跋涉》，後卻因「滿洲國」政府日益加深統治壓力，在生存環境緊縮的情況下，1934 年二蕭被迫離開哈爾濱，赴青島躲避「滿洲國」官方追查，同年 10 月創作了著名的《八月的鄉村》，11 月在上海會見魯迅，

〔註66〕同註48，頁 225。
〔註67〕同註48，頁 230。
〔註68〕同註48，頁 236。
〔註69〕張泉泉，〈論蕭紅創作的雙重空間〉，《滁州學院學報》第 7 卷 2 期，2005 年 4 月，頁 38。

魯迅閱後親筆爲此文作序，翌年 7 月《八月的鄉村》作爲奴隸叢書之一出版問世〔註70〕，並引起了關內文壇高度注目。

　　《八月的鄉村》（1934）主要敘述一群由民眾集結而成的抗日游擊隊，爲了反抗日軍侵略家園，男女老少皆投入抗爭隊伍。作者透過描寫民眾遭逢戰亂之際家破人亡、流離失所呈現戰火的無情及日軍的殘暴，同時也藉此反映東北民眾寧死不屈、誓死保衛家園的抵抗精神。其中，在《八月的鄉村》一文中，蕭軍將小說的空間場景隨著蕭明等人所組織的游擊隊的移動路線，從有著茂草、密林、野藤、流水、蛙、蟲、老鴉的山林野外轉爲貧困、純樸的東北小鄉村。

　　小說一開始，作者描寫蕭明一行人欲穿越茂密的樺木林、前往王家堡子與本部隊會合。由於樺木林叢密茂盛，其中還雜生著野草與野蒿，「在茂草間，在有水聲流動的近邊，人可以聽到蛙，蟲子……諸多種的聲音，起著無目的的交組，和諧地伴隨著黃昏，伴隨著夜，廣茫地爬行。」〔註71〕幅員廣闊且茂密的樺木林有如一個神祕的小世界，雖然密林的枝椏與茂草使得隊伍窒礙難行，但這卻也是逃難者的最佳保護色，這個似與外界隔絕的空間成爲隊伍擺脫敵軍追捕、隱匿藏身的最佳避所。作者更透過描寫人們能夠於密林中「不見萬物之影，卻得以聞其聲」的狀況，營造出密林充斥著詭譎氣氛卻又蘊藏生機的神祕感。其中，文中以描寫「多少挾著威脅意味的樹葉嘈聲，一直在人們的頂空上流動著……」〔註72〕爲小說拉開序幕，似乎隱藏著「風雨欲來」之感，同時也爲隊伍一行人即將踏上危機之途預作伏筆。

　　隊伍從樹林移至鄉村時，小說的場景也隨之轉移至偏僻的小鄉村內部。在空間場景轉移至鄉村之際，蕭軍先將焦點投於一戶農家，藉由描寫具體、細瑣的人事物，呈顯鄉村空間的眞實感與立體感：

　　　高梁葉顯著軟弱；草葉也顯著軟弱。除開蟈蟈在叫得特別響亮以外，
　　　再也聽不到蟲子的吟鳴，豬和小豬仔在村頭的泥沼裡洗浴。狗的舌

〔註70〕蕭軍在《八月的鄉村》〈重版前記〉中特記說明《八月的鄉村》初版的眞實日期應是 1935 年 7 月初，而非 8 月。蕭軍自述，此篇小說的眞實出版日期與魯迅於《日記》中記載的出版日期有所出入，其原因爲「當是爲了對付敵人，使他們有所『錯覺』，施了一個小小『策略』而已」。蕭軍，〈重版前記〉，寫于 1978 年 12 月，收於蕭軍，《八月的鄉村》（北京：人民，2009 年 1 月，頁 4。

〔註71〕同註70，頁 3。

〔註72〕同註70，頁 13。

頭軟垂到嘴外，喘息在每個地方的牆陰，任狗蠅的叮咬，它也不再
去驅逐。孩子們脫光了身子，肚子鼓著，趁了大人睡下的時候，偷
了園子地黃瓜在大嘴啃吃著。(頁27)

雖然文中對牲畜、孩童活動情景的敘述使農舍看似寂靜、和諧，「好像幾百年
前太平的鄉村」〔註73〕，但空間的潮濕、悶熱卻同時予人產生一種沉重、緩
慢的鬱悶之感，鄉村瀰漫過於寧靜平和的氣氛似乎也反襯出未來充滿未知、
太平可能不再的不確定感。此外，作家亦透過描述此刻近逢收成時節的鄉村
卻出現「田野上，高粱紅著穗頭，在太陽下面沒有搖曳。收割的日子雖然一
天迫近一天，今年卻不被人們怎樣重視」〔註74〕的情景，點出鄉村業已產生
變化的狀況。「收成」可謂是莊稼人一年中最重要也最歡欣的時刻，付出一年
的辛勞終將有所收穫，但此時高粱田地竟出現成熟的農作無人採收，農民們
全迫切的專注於巡邏、守望的狀況，透露出鄉村非同往昔、危機四伏的訊息。
寧靜、有著烈陽熾曬且悶熱無風的鄉村呈現出令人胸悶窒息的高度壓迫感與
緊張感。

　　隨著戰火蔓延至鄉村中，在兩方交戰之下農舍家園傾頹倒塌，村民死傷
慘重，「沒有死盡的狗，尾巴垂下沿著牆根跑，尋食著孩子或是大人們地屍身。
到午間再也聽不到山羊們帶著顫動的鳴叫，也沒有了一只雄雞，麻雀子們很
寂寞地飛到這裡又飛到那裡」〔註75〕，空間中彌漫著死亡與哀傷的氣息。此
外，經由文中描寫「村東山頭上幾十尺高飄著的紅旗，現在不見了！代替的
是日本旗」〔註76〕，透露出日軍佔領村落的訊息，同時也藉由李七嫂回憶往
昔鄉村的美好記憶，呈現鄉村發生驟變、人事已非的滄桑。

　　在李七嫂的記憶中，從前這個時節純樸的鄉村小鎮中本該是村民趕忙收穫
的時候，鄉村應當出現「在田野上笑著的男人和女人，忙著工作著」的熱鬧景
致，空氣中理應「時時夾雜的飄送著各種糧食半成熟的香氣」〔註77〕，牲口拖
著滿載的作物，不時的拾取地上的遺穗嚼食的歡樂情境。然而，由於外力所致，
「今年是什麼也不同了。田野上的莊稼，不被注意地留置著」〔註78〕，青年投

〔註73〕同註70，頁27。
〔註74〕同註70，頁26。
〔註75〕同註70，頁62。
〔註76〕同註70，頁62。
〔註77〕同註70，頁69。
〔註78〕同註70，頁69。

身於戰爭，年邁的老人們只能無助的待在家中，讓恐懼與憂愁洞蝕自己的心靈、逼迫自己坦然面對未來可預見的死亡，老人們就在等待死亡的過程中如同無人收採的作物般逐漸枯朽敗壞。作家藉由李七嫂回溯往昔記憶中的歡樂景象對比今日因戰亂而哀鴻遍野的悽慘畫面，令人不禁唏噓。

歷經無情戰火洗禮過後的鄉村已然殘破不堪，民眾在硝煙中被迫離開自己的家園，隨著抗日隊伍前往他地尋求救援，此時小說的場景又再度由村落轉向森林之中：

> 從每處樹葉的間隙，有清冷的月光投射下來。草葉輕妙的搖曳著，
> 處處是蟲子的吟鳴……一股黃蒿的香味，雜著夜的露溼氣，很醇厚，
> 又似近乎一點憂鬱感地飄散著。蟋蟀常常會跳出來，無顧忌的叫。
> 草里的蟲子們也是一樣。（頁82）

森林中呈現了與被戰火侵襲的鄉村不同的氛圍。在廣袤的山林中四處靜悄，不停的蟲鳴鳥叫就像是大地替飽受苦難的民眾發出不平之鳴。斷裂、掉落的樹枝「那上面的葉子看起來還沒有什麼改變」〔註79〕，隱喻了這場突來的戰爭，在一夕間摧毀了民眾的家園，使得他們的生活驟然變調。當負傷且疲累的一行人逃至森林中時，彷彿進入了一個安適的空間，山林的屏障讓民眾暫時得以遠離硝煙。文中描寫「樹葉靜著，各樣植物的葉子也靜著。人們是縱橫的睡在這山環裡一塊小草原上。這是在一個山腰，腳底下有著不可測的樹木和溪流。水流動的聲音，還能聽得到。」〔註80〕歷經顛沛流離，從戰亂中脫逃的民眾好不容易尋得可以休憩的處所，此時此刻，大地之母敞開了懷抱，安撫著身心俱疲的子民，讓他們在她溫暖舒適的懷中睡去、在靜謐中修身養息，重新獲得繼續與外力抗爭的氣力與能量。作者於文末描寫隊伍「無止盡的穿行著森林、田野、山谷……殘落的人家……」〔註81〕，長曳的隊伍宛如「一條固執的蛇」，暗隱著民眾得以透過沉浸於自然及擁抱大地來平撫在戰亂中受傷的心靈，進而聚集來自諸方受難者的力量，讓抵抗不屈的精神得以延續。

魯迅曾於《八月的鄉村》的序言中提及：「作者的心血和失去的天空、土地，受難的人民，以致失去的茂草，高粱，蝈蝈，蚊子，攪成一團，鮮紅的在讀者眼前展開，顯示著中國的一份和全部，現在和未來，死路與活路」

〔註79〕同註70，頁82。
〔註80〕同註70，頁93。
〔註81〕同註70，頁161。

〔註82〕。魯迅之言指出了東北的「鄉土」面貌與被日軍侵略的歷史是構成此部小說的兩大重點。筆者以爲，在《八月的鄉村》一文中，蕭軍筆下原始、蓊鬱且荒涼的「自然山林」與被日軍摧殘、硝煙四起的「鄉村」形成明顯的對比空間，山林充滿源源不絕的生機，被猛烈砲火攻擊的鄉村則宛若一座死城。然而，逃難的民眾最終仍從自然山林中滿獲「生」的能量，從苦難中砥礪出堅定的反抗精神。如同文末作者描寫「可以看到在田野裡，開始有收割的人了」〔註83〕，象徵著「生」的氣息再度於鄉村中生發，鄉土的生命力如永不乾涸的溪水緩緩的於黑土地上湧動著。

（三）冷眼看家鄉——舒群的〈沒有祖國的孩子〉中的「家鄉」意涵

舒群（1913～1989），黑龍江省阿城縣人，原名李書堂，筆名黑人。1927年至 1930 年間，曾在哈爾濱一中、蘇聯子弟中學就讀，「九一八」事變後在哈爾濱參加抗日義勇軍。1934 年 3 月，哈爾濱處在一片白色恐怖之中，當局四處迫害參與地下抗日組織的知識份子，爲了擺脫這種惡劣的環境，舒群在友人的幫助下，離開了哈爾濱，經大連前往青島，抵達青島後，卻於同年秋季被捕，此事迫使二蕭即刻離開青島、前往上海。1935 年舒群抵達上海，參加「左聯」，1936 年 5 月在《文學》雜誌上發表代表作——《沒有祖國的孩子》此一短篇小說集，亦在文壇上引起

舒群的〈沒有祖國的孩子〉〔註84〕（1936）一文，主要藉由一位失去祖國的朝鮮孩子流亡東北、因喪國飽受眾人嘲笑、欺侮的故事，以「他者」命運爲己代言的方式〔註85〕，將東北民眾喪國的痛苦呈顯而出。舒群在描寫「家鄉」——東北時，不同於其他流亡關內的東北作家，他並非直接描寫東北民眾如何因家鄉發生「變異」而對生活在其中的人產生影響，而著重在對於「家」、「國」的定義。雖然「滿洲國」以「五族協和」之名號召多民族共存的意識，實際上，作家筆下的東北現實，卻處處是流離在「滿洲國」的異族：

〔註82〕魯迅，〈序言〉，《八月的鄉村》（北京：人民文學，1954 年 9 月），頁 2。
〔註83〕同註 70，頁 161。
〔註84〕舒群，〈沒有祖國的孩子〉，原載《文學》第 6 卷第 5 號，1936 年 5 月，選自短篇小說集《沒有祖國的孩子》（上海：上海生活書店，1936 年 9 月）。收錄於張毓茂主編，《東北現代文學大系》（遼寧：瀋陽，1996 年 12 月）。
〔註85〕詳情參考柳書琴，〈「滿洲他者」寓言網絡中的新朝鮮人形象：以舒群〈沒有祖國的孩子〉爲中心〉，收錄於韓國現代中國研究會編，《韓中言語文化研究》21 輯（韓國：韓國現代中國研究會，2009 年 10 月），頁 187～216。

朝鮮、俄羅斯，這其中所暗指的，更是原為東北人的漢民族被迫因為統治者
的政策而改而為「滿洲國人」的「空間」的喪失。如同文中描述：

> 校役給我們看了一面新做的旗，一半是蘇聯的，黃色的小斧頭，鐮
> 刀，五角的小星星，在旗面上沒有錯放一點的位置；但是，另半面
> 卻不是屬於中國的了。〔註86〕

作家安排以孩童的眼光述說「滿洲國」的空間變化，無論是所見之人、所遇
之事，都悉數發生了與原本所熟悉的事物相去甚遠的改變。這種陌生化，卻
是由孩童的視角出發，一方面表現出作家不願以成人之眼面對的迴避，同時
也可能摻雜有通過童稚的語氣，對這種因為「國族」統治變化而對原本熟悉
的「家」進行質疑的意圖。從文中敘述「不過我們學校的旗子，仍是同從前
一樣──一半中國的，一半蘇聯的」〔註87〕直到「不久，更有驚人的消息傳
來，我們學校的旗子快完全換新樣的了。」〔註88〕，孩子們見證了東北易幟
迅速的政情變化，卻是以近乎童趣的方式直白地表現，這種以孩童視角對鄉
土空間進行述說與評價的書寫策略，反而突顯出一種不帶感情與異常冷靜與
平淡的荒謬感受。這毋寧是作家舒群與其他東北作家在描寫「鄉土空間」時
的一大特色。

小　結

　　綜上所論，殖民地台灣的旅日離鄉作家如楊逵、張文環、翁鬧等人，他
們在書寫作品裡的「空間」時的特色，大抵如下：

　　1. 多半呈現出陰翳、重擔之感。

　　2. 富涵生命力。

　　3. 以黑、暗為基調建構。

　　而「滿洲國」之離地「東北作家群」如蕭紅、蕭軍及舒群等人，他們筆
下的「鄉土空間」，則又有一番不同的書寫特色：

　　1. 以共感生死的東北大地為基調。

　　2. 充滿荒野的生命力。

　　3. 冷靜而充滿距離感的家鄉。

〔註86〕同註84，頁1187。
〔註87〕同註84，頁1187。
〔註88〕同註84，頁1187。

如此一經對比，便可以充份看到，兩地「離地」作家各自在書寫其記憶裡、想像中的「故鄉」時，並不似我們所推想，時時充滿感懷或思鄉的情緒，除了以「故鄉」托喻特意表現的批判與指涉，實際上，故鄉的形象在他們的心中，亦承載了不同的文化意涵，這其中當然也包括了影響作家創作的生活背景與經歷。然而，就作品的相同點來說，兩地作家皆不約而同採取將「故鄉」描寫與豐沛的生命力連結的書寫策略，作為離鄉背景而進行創作的「離鄉作家」來說，或許是某種藉由記憶，進而意圖喚醒的「故鄉」在統治者壓迫之餘，企圖通過文學創作所賦予其在地的、傳統的，能與統治者變異力量相抗衡的力量。

而兩地亦有呈現出差異的故鄉空間書寫情形，如楊逵筆下的家鄉，被以「書信」的方式，通過延遲的時差式的，以及被「召喚」的方式，呈現出對旅日青年來說是一種負擔、陰翳、魅影般存在的形象；而「滿洲國」作家舒群筆下的家鄉，則被以通過童稚之眼，冷靜而置身事外的筆調，書寫從「東北」到「滿洲國」的空間認同的變化。可說兩地作家在這個方面，仍舊各自通過其文學的手法，對其記憶中的「鄉土空間」進行描摹與刻畫，因此所展現出來的力道，也就層次不同地表現出「離地作家」透過創作與「鄉土空間」之間的辨證關係。

第二節　「在地」／「離鄉」視線與文學創作之關係

筆者欲於本節處理兩大問題，一是承接上一節對曾旅日的台灣作家楊逵，以及《福爾摩沙》集團中張文環、翁鬧及「滿洲國」之「東北作家群」中蕭軍、蕭紅作品的分析，欲在本節第一部分進階比較兩地「離鄉」作家作品特色的差異點。二則欲藉由對「在地」、「離鄉」作家作品中「鄉土空間」呈現不同特色的觀察，試圖進一步闡釋台、滿「在地」、「離鄉」作家各自視線下的鄉土呈現何種樣貌的文化意涵，以及其視線交會共構出的鄉土呈現何種面貌。

一、台、滿「離鄉」作家「鄉土空間」書寫特色之異同

（一）原鄉生活的深刻印記

經由考察台灣、「滿洲國」兩地的離鄉作家在外地的文學創作，筆者發現兩地離鄉作家的作品中皆出現將作者之「故鄉」作為小說場景，將記憶中故

鄉的人事物投射於創作中的書寫現象。台灣方面，楊逵〈送報伕〉中的故鄉，沒有記憶、沒有幸福，也沒有可供心靈依歸的平靜，而是在殖民統治與資本入侵下，逐步凋零而破碎的「故鄉」。對旅日知識青年來說，「故鄉」並無法提供他們動力與能量，亦無法讓他們在現實敗北時得以寄託，而是恍如魅影與陰翳般，在他們遭受現實挫敗的同時，更加乘地將重擔與無法喘息的命運之乖舛加諸於知識份子的內在世界。

　　而張文環筆下的「故鄉」，則多以故鄉「嘉義小梅庄」作為小說的場景原型，將小說人物的家鄉與活動範圍設定在「山村」，像是前一小節所分析的〈早凋的蓓蕾〉、〈重荷〉，張文環在作品中所呈現的「鄉土空間」，就是依照自己孩提時在小梅庄的生活經驗與對故鄉的記憶塑造而成。另外又如出生於彰化農村的翁鬧，赴日後的故鄉書寫當中，如同憨伯仔居住、活動於不見天日、被陰翳所遮蔽而日漸凋敝的農村，貧窮、破敗、黑暗的台灣農村幾乎成為翁鬧在創作以台人為故事要角之際的唯一場景。這與翁鬧在離鄉之前，曾經親眼看見且感受自己所居住的農村日漸凋敝、殘破的生活經驗與深刻體悟息息相關。

　　在「滿洲國」的離鄉作家書寫方面，「東北作家群」中最為人知曉的蕭軍、蕭紅，兩人於 1934 年離開哈爾濱後所作的〈八月的鄉村〉與〈生死場〉，作品中的故事場景同樣地以故鄉東北的農村作為參照、甚至是重塑的根本。出生於東北沈家臺鎮下碾盤溝村大碾鄉的蕭軍與是為東北呼蘭河鎮人的蕭紅，兩人都生長於東北的小農村，亦皆熱愛故鄉肥沃、豐饒的黑土地，二蕭秉著對故鄉的依戀與往昔在東北生活的美好記憶，將東北農村設定為自己創作的故事場景，因而諸如高粱、麥田、白山黑水、嚴寒氣候等東北農村的特殊景象便成為兩人小說中重要的創作元素。

　　筆者認為，兩地皆出現離鄉作家以原鄉作為形塑小說「鄉土空間」的原型現象，應與兩地作家在離鄉（或出走）之際正值青壯年有關。誠如楊逵、張文環兩人，在前往日本留學之際，多僅弱冠之年，張文環則是直至他 30 歲時才返台。對於一個出生淳樸鄉鎮、未經歷大風大浪的單純青年而言，原鄉的樣貌與生活經驗勢必成為他們離鄉後最熟稔、記憶最深刻且得以運用自如的創作材料。而 27 歲才離開故鄉前往日本的翁鬧，雖然赴日時的年齡相較張文環、巫永福、王白淵等《福爾摩沙》同人於離鄉時的年齡稍長，但由於翁鬧在赴日後便一直待在日本、最後甚至客死異鄉的緣故，20 多年的原鄉經驗，

理所當然成為英年早逝的翁鬧最清晰且深刻的記憶之一。此外，翁鬧由於在赴日之前曾有於員林國小、田中國小任教的工作經驗，並非如其他多數的台灣旅日作家赴日時僅是學生的身分，翁鬧在具備稍長年齡、天生敏感性格與畢業於師範學校的條件下，使他擁有較豐富的社會經驗以及對社會有較敏銳且深刻的觀察與見解。正因如此，身為窮苦農村子弟的翁鬧對於台灣農村如何在殖民者與資本主義聯合壓迫下逐漸凋敝的情況是極為清楚且痛惡的。又由於翁鬧在赴日後生活並不順遂，現實中的困境使原本欲逃離陰暗故鄉的他不得不去面對帝都並非如想像中美好，飽受生活與精神磨難的他，雖然始終沒有重返故鄉，但故鄉卻是他創作中重要的基底。

　　蕭軍、蕭紅在離開東北之際正值 28 歲與 24 歲，雖然頗為年輕，但兩人卻已經歷過許多大風大浪，有過一般人不常有的生活體驗。由於兩人皆出生於東北農村，在東北幅員遼闊的環境下，生長於偏僻農村的人們鮮少有機會能夠離開故鄉或任意移動。蕭軍由於年幼喪母，10 歲時隨父從小村莊遷移至長春，1925 年他曾投身軍旅，任陸軍 34 團步兵營見習文書，其後參加共產黨地下抗日組織。兒時遷徙、生活於小村莊的記憶與參加軍旅、抗日組織的經驗，使得蕭軍對於東北鄉村有著深厚的情感，同時也造就他擅寫抗日組織隊伍與軍旅生活的特長。而蕭紅則是於 1927 年就讀哈爾濱女中前皆未離開過呼蘭河鎮，由於蕭紅自幼喪母，與繼母感情疏離，因此她的童年記憶幾乎皆與寵愛自己的祖父相關，因此呼蘭河這個小鎮與家中的後花園便成為她創作中一再出現的小說場景。

　　綜上所述，台、滿離鄉作家在以「原鄉」作為塑造小說「鄉土空間」原型的描寫敘述中，作品中的「鄉土空間」不誠然只是原鄉景象的複製或改寫，它還包含著作家個人由生活經驗中淘選、凝煉而成的生命情感與銘刻體驗。由於作家因為各種個人因素而離開了故鄉，然而「不在場」並沒有使他們與故鄉的連結產生斷裂（rupture），相反的，他們在異地進行創作之際，其作品中皆大量出現了以個人原鄉記憶作為塑造小說「鄉土空間」的樣板的現象，原鄉記憶與原鄉經驗非但成為離鄉作家創作的厚實養分，也成為他們投射想望或者批判的媒介。作家們於異地回看故鄉的眼光，夾藏著兒時的原鄉記憶與對遊子對家鄉的思念憂情；也因為離鄉作家們與故鄉保持一定的現實距離，使他們在描繪鄉土、塑造「鄉土空間」之際，賦予了鄉土多面向的意義，它既是現實中同胞真實的生活空間樣貌，也可能是作家以回憶、想像搭建而

成，能夠寄予游子漂流心靈的所在。

（二）主動旅日或被迫出走？──作家主／被動離鄉姿態下的差異書寫

即便台、滿作家皆以原鄉印象作爲描寫小說中「鄉土空間」的參照原型，但兩地作家由於政治、文化背景的殊異，因而彼此間也存在著作家離鄉緣由與創作動機的差異。台灣新文學自 1920 年代發軔，30 年代開始展枝生花，由於當時台灣的學習環境不甚理想，及正值日本大力於台推動殖民現代化的因素，使得一群年約 20 歲的台灣青年在經濟條件許可的情況下，懷著高度的求知慾望赴日取經學習，並在日本組織文化團體並從事文藝活動。這群自詡肩負台灣文藝發展使命感的留日青年，由於在日從事社會運動的碰壁，以及彼此皆有欲提升台灣文藝水平共識之緣故，使他們改以用文藝創作、文藝活動的方式來關懷社會，因而籌組、創辦了集結台灣留日生創作的文藝刊物《福爾摩沙》，同時在赴日期間創作、發表了許多關懷鄉土現實的作品。由於這群台灣旅日作家在赴日之際年紀尙輕、生活單純，因此對改革社會懷抱著強烈的熱情與理想。

因此，以身爲《福爾摩沙》中堅的張文環爲例，在他旅日時期的作品中，處處可見他對故鄉台灣充滿熱切關懷的痕跡。對張文環而言，創作初期的鄉土書寫，是他關懷家鄉社會現實的體現與實踐，也是他身爲異鄉遊子以文字呈現思鄉情懷與離返故鄉矛盾情緒的反映，諸如在他〈早凋的蓓蕾〉、〈貞操〉、〈重荷〉、〈部落的元老〉等早期作品中，多出現以台灣農村作爲小說主要場景。在這些作品中以台灣農村爲樣板的「鄉土空間」描寫，除了作爲反映現實中台灣農村在殖民統治下農民生活日益貧苦的故事背景，張文環筆下的「鄉土空間」多呈現富涵自然生命力與充斥野性魅力的樣貌。筆者以爲，這正反映了作家亟欲藉由書寫故鄉黑暗面、被統治者的悲悽與無奈來達到對殖民主義的控訴。此外，由於作家生於嘉義梅山鄉村的小康之家，家境尙可的張文環不必憂煩留學的經濟來源，因而自願赴日留學的他在塑造文本「鄉土空間」之際，時常對其投射兒時記憶中的家鄉印象，使其初期小說中的「鄉土空間」永遠都存在「生」之能量。至於出生於貧困農村家庭的翁鬧，其經濟環境與生活境遇並不如張文環般良好、順遂。如前所述，由於翁鬧自幼家境貧困，使他從小便對現實社會中的陰暗有深刻的感受，也造就他敏感憂鬱的纖細心靈。在翁鬧的書寫中，「鄉土空間」往往是蒙翳的黑灰世界，是被死亡低氣壓

所壟罩包圍的地方,是因貧病過度勞累猝死農民的亂葬崗,作家筆下小說的人物似乎最終只能走向死途。

　　然而,由東北逃難至關內的「東北作家群」之鄉土書寫與台灣旅日作家的鄉土書寫,除了在創作風格有所不同之外,彼此間最大的差異在於作家的生命歷程與主、被動「離鄉」對其書寫鄉土的影響。蕭軍、蕭紅本是北滿作家群的成員,在 1932～1934 年間曾在哈爾濱與一些文學青年聚集在「牽牛房」談論文學、寫詩畫作、排演戲劇等,共同從事文藝活動與交流〔註89〕。由於成員多是感時憂國、勇於指摘現實黑暗面的知識份子,因此引起「滿洲國」政府與日本的關注,在政治高壓的脅迫下,這群文學青年紛紛逃離東北,開始流亡關內的生活。由此可知,因為台、滿兩地的政治環境與歷史條件不同,台灣作家是懷有既欲向日學習又痛恨殖民壓迫的矛盾心態「主動的」離鄉赴日;而東北作家群則是在政治力的脅迫、威逼下「被動」倉皇逃離故鄉。

　　由於關內的言說環境相較於「滿洲國」較為寬鬆,因此這群懷有強烈愛國意識的作家們,皆以直白的寫作方式,將心中對日本帝國殘暴行徑的不滿藉由創作而傾吐,期望藉由作品的發表能將東北民眾所受的苦難傳達給關內同胞知曉,因而他們的作品顯露出強烈的批判力道。他們將這種不得不與現實妥協、被迫離鄉且無法返鄉的傷痛都化作文字,用創作表達憤怒,也藉由書寫原鄉搭建起自己與故鄉的連結,以抒對故鄉的思念情感與無法歸返的遺憾。如同學者孫中田提出的見解:當蕭紅建構《生死場》的藝術世界時,執著的透視力,已經越過了一向的寫實表層,伸延到歷史的和民眾的心態的淵源中去,於是民俗社會中群體無意識的深層結構,被歷史所扭曲的病態化入到作品中來,突破時空的範圍,可以觀照淪陷時期的近景,可以遠視關東蠻荒大野駭人聽聞的民情世態。社會的、歷史的、心理的圖譜揉合膠契,形成藝術的力度〔註90〕。正是二蕭將因「被迫出走」所生發濃郁思鄉之情投注於其充滿特殊東北風情及感染力的文字中,才得以使他們兼備時代精神與藝術價值的作品永垂不朽。

〔註89〕「牽牛房」地址位於哈爾濱道里水道街（今尚志大街）公園附近一座俄式院落裡。其中蕭軍、蕭紅、舒群、金劍嘯、羅烽、白朗、劉昨非、王關石、方未艾、唐達秋、白濤等人經常聚集於此商討時事與進行文藝交流。「牽牛房」的文藝活動也隨著這群文學青年紛紛因政治壓力逃至關內而停擺結束。參見劉慧娟,《東北淪陷時期文學史料》（長春:吉林人民,2008 年 7 月）,頁 13。

〔註90〕孫中田,《歷史的解讀與審美取向》（長春:東北師範大學,1996 年）,頁 44。

二、「在地」與「離鄉」視線的共構與分屬

（一）「在地」與「離鄉」視線交疊而成的故鄉形影

透過對「在地」作家作品與「離鄉」作家作品的觀察，筆者認爲若欲分析不同類群的作家如何描述「鄉土空間」的特點，那麼作家的「在場」與「不在場」便是十分重要的觀察重點。如同台灣旅日青年與「東北作家群」的書寫，他們在書寫「故鄉」之際，僅能依憑記憶中的故鄉印象，隨著「離鄉」時自己的心境變換，故鄉在他們的記憶中亦可能扭曲變形或被作家賦予特別的重要涵義。由於人往往在離開某地後才會認眞思考某地之於自己的意義，因此諸如台灣旅日青年與「東北作家群」的「離鄉」作家們因主、被動的緣故離開家鄉後，在異地因不同文化相遇時所生發的隔閡感，亦是激發其思鄉情緒的原因之一。然而，「離地」作家「回望」鄉土的視線中卻可能參雜著因作家個人情緒而刻意放大某些重點的失眞情形。但相對的，文學本非追求眞實。文學之所以爲文學而非報導，是因爲它是作家經過轉化感受而以藝術包裝呈現的創作，作家對事物的感受可謂是形構創作最基本也是最核心的要件。因此當「離鄉」作家以挾帶濃厚情感的視線觀看故鄉之際，其作品除隱涵著作家個人的生命經驗外，它同時也呈現了故鄉的某一面向。此外，「離地」作家相較於「在地」作家有較大的言說空間。身處於日本帝國以殖民高壓箝制人民的台、滿兩地，作家若欲直言道出社會黑暗面恐會引起官方政府的注意；但「離地」作家由於身處異地，較不受故鄉政治現實與檢閱制度的限制、干涉，因此他們較能夠將欲傳達的要旨與個人感受直書胸臆。誠如學者尾崎秀樹指出離鄉、逃往中國內地的東北作家與滯留在「滿洲國」的作家之間，在作品傾向上呈現明顯的差異，「一種是向外表達抵抗之聲，而另一種則潛心向內走向抑鬱。分爲明、暗兩條道路」〔註91〕。在一則「抵抗、明亮」，一則「抑鬱、黑暗」之間，對比出「離鄉」與「現地」作家作品的書寫特色。

承上所述，縱使「在地」作家以文學創作抒發生活中的所見所感本是理所當然，但由於「在地」的諸多限制，時常使這群身處於故鄉中的作家無法直白的表達感受或是論及政府當局介意的敏感話題。作家爲了迴避當局禁忌，多會以藝術包裝創作，以譬喻、象徵替代批評、直述。因此在解讀「在地」作家作品之際就必須關注文本空間中的細節；「空間」的變與不變，都可

〔註91〕尾崎秀樹著，陸平舟、間ふさ子共譯，《舊殖民地文學的研究》（台北：人間，2004 年 11 月），頁 98。

能暗藏喻意。對「在地」作家而言,「鄉土」不需要被特別定義,或是藉由「離開／存在」的對比突顯「鄉土」的概念。在他們的創作中,「鄉土」即是人們的生活環境與活動空間,「鄉土」自然地和個人活動與經驗感受融合爲一。

　　筆者認爲,透過對「在地」作家、「離鄉」作家作品的分析,在「在地」與「離鄉」視線的散射、交會下,呈現了故鄉多元面向的樣貌,同時也呈現了「故鄉」意義並非固定僵化的現象。作家們於生長環境、心路歷程與創作環境等條件上的差異,對故鄉便可能產生不同的認知與感受,因此關照「離鄉」、「在地」作家視線方向及考察「離鄉」、「在地」作品中「故鄉空間」之特色是必要的。相信藉由結合「內」、「外」觀看視角各自所呈現的鄉土景象,多角度的視角必定能拼組出更爲立體的故鄉樣貌。

（二）是明亮的原鄉記憶亦或黑暗的現實？
──「離鄉」與「在地」視線下「鄉土」樣貌的差異

　　本文曾在第三、四章觀察台、滿「在地」作家作品中「空間」各自呈現何種樣貌,探討「空間」的變與未變如何影響生活於其中的人。在本章提出「離鄉」作家視線的概念,試圖以「離鄉」的台灣旅日青年與「東北作家群」之文學創作作爲「現地」作家作品的參照,比對不同觀看視角下「鄉土」如何於作品中被呈現形構。

　　經由觀察,筆者發現在「在地」作家的作品中「空間」的變異與不變反映了殖民外力入侵地方之際所造成的影響。因而於台、滿「在地」作家的創作中,時常以描寫殖民空間中出現高聳建築物、秩序街道、現代化工廠、農民喪失土地等細節,反映出地方空間在殖民者的介入下,改變了既有的樣貌而成爲符合殖民者期待與想像的理想狀態。此外,「在地」作家還透過描寫殖民空間中被統治者所居住的陰暗家屋、香火鼎盛的宗教殿堂或夜間人聲鼎沸的妓院來呈現殖民政策將帶予民眾美好生活的虛假。爲了呈現殖民者想像殖民地與被統治者生活實境的反差,「在地」作家多以「黑暗」色調來描寫被統治者所活動的空間,藉由描繪空間中彌漫霧、雲、雪的景象來暗喻「殖民陰翳」壟罩地方、無所不在的巨大覆蓋力。相較於「離鄉」作家筆下「鄉土空間」的特色,「在地」作家作品中的「鄉土空間」彷若一無語的靜態物,被動地接受外力予之的改變。筆者認爲,「在地」作家作品呈現「黑暗」、「被動」的特色與作家受限於殖民壓力、無法自主的現實情境息息相關,作家往往將自己的心境感受投射在作品中「空間」的呈現上。

　　關於小說中「鄉土空間」的特色與隱含象徵,「離鄉」作家創作中的「鄉土空間」則與「在地」作家作品中的「鄉土空間」呈現不同的樣貌。其中,台灣旅日青年在異地求學之際所寫的小說,以作家故鄉的情勢現況作為書寫主題,並將其記憶中的故鄉印象設為小說場景的作品為數頗多。例如張文環屢屢以「山村」作為小說主要場景、翁鬧作品中的小說主角總是難以脫逃於貧困、破敗的農村等。與台灣「現地」作家不同的是,台灣旅日青年在異地創作故鄉相關作品之際,作家如何於小說中塑造「鄉土空間」便牽涉到作家社會經驗多寡與生命體驗的差異。年輕熱情如張文環,其小說中的「鄉土空間」是他記憶中故鄉印象的投影,充滿了蓬勃的生機與野性美;成熟憂鬱如翁鬧,由於赴日之際已有豐富的社會經驗,在他的作品中「鄉土空間」始終呈現陰翳未散的情境。若將台灣「在地」作家與旅日青年之作並置相較,以小說空間所呈現之「明暗」、「活力」程度作為判斷標準,筆者發現「在地」作家作品中的「鄉土空間」多呈現黑暗、髒亂、死亡三大特點,整體而言空間明度最低。次之則為諸如曾有豐富殖民地生活體驗且懷有文人憂鬱性格的翁鬧之作,在他的小說中,「鄉土空間」彷若被蒙上一層薄膜,呈現灰濛、混濁的狀態。最後則如張文環對社會充滿熱情的旅日青年,其作品雖然亦以反映殖民地現實為主題,但在他筆下的「鄉土空間」卻多散發著蓬勃的生機與野性魅力,同時也是有著熾陽照耀的明亮所在。

　　然而東北「離鄉」作家與「在地」作家對鄉土觀看視線的差異則反映在小說中「鄉土空間」如何因情節發展而呈現主、被動狀態的差異之上。由於「東北作家群」的作家們無法歸返家鄉,因此他們對於鄉土的關照與回視帶有濃厚的個人情緒。誠如逄增玉所言,「當東北作家以這種充滿激情的浪漫傾向去關照和描繪東北故鄉的大野山川、人民的奮勇抗爭時,『浪漫化』的特色便自然地產生了。」〔註92〕在他們的書寫中,「鄉土空間」瀰漫著東北黑土地與山林原始的、野性的生之氣息,如同趙園提出「東北作家群」的創作「通常帶有一種原始性的荒蕪、朦朧,像是未經修剪過的」〔註93〕的書寫特色,與「滿洲國」「在地」作家以突顯社會黑暗面來描繪「鄉土空間」不同,二蕭

〔註92〕逄增玉認同勃藍兌斯在分析波蘭文學之際提出「共同的民族惡運更使人產生一種浪漫的傾向」此一看法,並指出東北作家亦有雷同的書寫特色。逄增玉,〈東北作家群的藝術取向〉,收錄於孫中田等著,《鐐銬下的繆斯——東北淪陷區文學史綱》(長春:吉林大學,1999年11月),頁201。

〔註93〕趙園,《艱難的選擇》,(上海:上海文藝出版社),1986年,頁152。

作品中的「鄉土空間」充滿著生命力，它不僅是一個會與萬物共感的有機體，還是供給人們修生養息所在的大地之母的象徵。

小　結

　　綜觀台、滿「在地」作家與「離鄉」作家創作中「鄉土空間」所呈現的書寫特色，筆者發現，由於日益加重的殖民下壓力讓的現地作家難以脫出被殖民陰翳的覆蓋，加上現實中政治環境對兩地「在地」作家的圍限，因而使得他們筆下的「鄉土空間」多以象徵、隱喻等藝術手法來呈現被黑暗、髒亂、貧困環繞的鄉土樣貌，以及被迫接受外力改變來達到對統治者的指摘批判，如蔡秋桐與楊守愚對於殖民地黑暗的描寫，或是田兵、秋螢等人筆下的「滿洲國」社會。

　　而在「離鄉」作家作品中，縱然亦有對於殖民地黑暗的描寫，然而，較多的作家作品中則更將「鄉土空間」，書寫呈現出明亮、充滿原始生命力且富有主動共感的特色。這除了顯現了作家融個人生命經歷及原鄉記憶於創作關聯密切外，同時也隱藏著「離鄉」作家欲以原鄉樣貌為基底，在作品中重塑且複製與原鄉相似「鄉土空間」，藉此呈現殖民空間的實景及作為異鄉游子思鄉情感的宣洩出口。

結　語

　　透過分析「離地」作家與「在地」作家觀看鄉土的視線差異，筆者發現一「內」一「外」觀看故鄉的視線不僅共構出多面向的故鄉樣貌，同時「在地」／「離鄉」作家「內」／「外」各別的觀看視線下的故鄉也呈現不同的風景。整體而言，「在地」作家作品中的「鄉土空間」呈現黑暗、髒亂、瀰漫死亡氣息的樣態，而「離鄉」作家筆下的「鄉土空間」則呈現光明、富饒生機、野性魅力的形貌。但台灣、「滿洲國」的「在地」／「離鄉」作家作品中又彼此存在著差異性。

　　由於台灣作家如張文環與翁鬧等旅日青年赴日留學皆是出自個人意願而「主動」離鄉，蕭軍、蕭紅則是「被迫」逃離出走、前往關內尋求僻護。由於「離鄉」動機、背景的差異，彼此的文學創作也呈現出不同的樣貌。即便兩地「離鄉」作家都以原鄉記憶作為創作基底，但「東北作家群」的作家因為無法返鄉的緣故，因此他們以直白的方式呈現東北大地與東北人民在日本

帝國壓迫下的生活實景，描寫東北人民群起反抗的行為舉措，透過書寫將東北人民所受苦難傳遞給關內讀者知曉，以及藉由書寫富有生氣且會與萬物共感的故鄉，以牽繫作家個人與故鄉的連結。

此外，「離鄉」作家亦可能因為個人生命體驗與對原鄉印象的不同而於作品中描繪不同面向的「鄉土空間」。例如同為台灣旅日青年的張文環與翁鬧便因為各自的生命經驗與原鄉特色的差異，而呈現風格不一的鄉土書寫。「現地」作家與「離地」作家於作品中所呈現各有特色的「鄉土空間」中，其實皆隱藏著作家們各自的生命情懷與生活感受，同時也呈顯出「鄉土」在不同視線下與歷史進程中的多樣變貌。

第六章　結　論

第一節　「空間」作爲閱讀視角的可能

　　台灣與「滿洲國」，分別於 1895 年、1932 年成爲了日本帝國之殖民地與統治區，同時兩地更被迫必須依照帝國東亞擴張的戰略及經濟拓殖考量，進行與原有社會結構差異劇烈的政治、文化、經濟、語言、教育等方面的全面性改造。

　　通過爬梳帝國以「外地機能」爲核心價值在台、滿所實施的殖民政策，以及改造殖民空間等相關論述、被統治者回應殖民政策之社論，筆者認爲，日本對在兩地所分別推動的殖民政策，諸如：設立模範村、美化作業、勤勞奉公工作等，地方行政方面的統治技術等，都對原有的殖民地社會環境，以及生活於其中的被統治者的傳統生活，造成了極大的干擾；而這些肇因於殖民政策所變異的空間，不僅反應在殖民地時期的相關社會文化論述之中，亦可以在兩地作家的創作之中觀察到相應的軌跡。

　　當我們將文學文本中的「空間」視爲一種有機物件，並安置在殖民地文學結構中時，「空間」所可能展現的各種型態，小至由被統治者的個人活動、範圍所延伸出的生存空間、大至反應殖民政權的政策推展、改造及變異，都可能承載有作家所賦予的特殊意涵。因此，本文乃以閱讀殖民地文學作品中的「空間」作爲比較殖民地時期的台、滿兩地小說的視角，觀察並分析兩地小說作品中，皆有描寫殖民地「空間」產生「變異」與「未變異」的書寫現象。

　　本文共分為六大章：第一章緒論、第二章「帝國戰略地理下外地機能設定與空間配置」、第三章「變異的風景──台灣、『滿洲國』文學中展現的殖民地空間」、第四章「『地改』而『人變』──台灣、『滿洲國』文學中多重空間下的人物形象變化之比較」、第五章「視線的差異──『在地』與『離鄉』作家作品中『鄉土空間』之意涵」、第六章結論。筆者在進行台、滿兩地文學比較前，先從史料爬梳做起，以了解兩地的歷史背景、統治狀況及社會氛圍，此後再接續進行比較兩地文學作品之創作特點。

　　本文以「空間」作為閱讀之切入視角，筆者發現到，台灣作家透過描寫高聳的建築、村莊的「美化工程」、秩序的街道、現代化工廠進駐農村、土地喪失等形象，對殖民地空間產生變化的現象進行文學再現，表面上如實呈現出日本帝國欲將台灣打造為「理想鄉」的殖民策略，及殖民資本進入農村對民眾所造成的深遠影響，實際上，則是通過描述「現代性」的外衣，突顯出內在「異文化介入」所發生在空間中的衝突、不適，殖民者與被統治者雙方對於進步概念的參差認知。

　　「滿洲國」作家則透過描寫受帝國政策與需求左右而實施的動員令如：民眾築圍修道、建設王道樂土的新滿洲、設立現代化工廠及交通網等形象，反映「滿洲國」內因殖民政策而發生的「空間」變異，以及其對現地與被統治者所產生的嚴重內在、文化上的干擾情形。簡言之，台、滿作家在其小說創作中，皆呈現出兩地因外來統治者的介入與干預而使地方空間產生「單點的空間變異」、「由單點向面擴散的面的空間變異」與「概念性的空間變異」之變異情況。

　　兩地作品中除了集中描寫「變異」空間的文本特色外，另外還同時於文本中存在著未被統治者所改變的空間。這些未被改變的空間不僅可視為殖民地文學刻意突顯被「殖民政權」所改變的空間的對照組，甚至也可視為作家藉由描繪文學中的「未變空間」，進行刻意保留殖民地文化面貌，隱藏其文化存續，以具有精神性象徵意涵的「不變」與「維持」，「偷渡」被統治者的文化傳統，在殖民社會的高壓的被統治環境中，極力尋求對傳統文化精神寓所的積極保存意涵。

　　然而，由於台、滿在統治政策與文化地緣等關係的差異，使得兩地文學文本中的「未變空間」也各自產生有不同的詮釋意義。台灣方面，作家以保留殖民地陰暗、潮濕、髒亂的傳統環境，作為相對於殖民當局企圖積極有效

地改善殖民地之陋，帶領殖民地脫離黑暗步向光明、進步之途的對立論述。
而在「滿洲國」方面，作家群除了同樣書寫傳統空間的變化，隱喻殖民高壓
的普遍性與統治者無所不在的情形，也有描繪傳統農村空間的書寫策略，作
為作家們藉由描摹文本中「空間」充斥低迷、昏黑的氣氛，與帝國積極介入、
操作的改造手段進行對話。

　　兩地作品中的「未變空間」，則呈現出以下的相似性：台灣作家往往透過
書寫台灣民眾居住於「暗黑、髒亂的住所」中，呈現台、日人生活差異的現
實面，以達到批判統治者宣稱統治帶來「進步」的虛妄謊言；或者藉由書寫
民眾於私領域保留「傳統廳堂與神龕」、虔誠拜神祭祖的儀式，表現被統治者
在已變異的大環境中仍試圖以維持舊有生活空間存續傳統文化。而於「滿洲
國」作品亦不乏這種類似的「空間」結構。「滿洲國」作家同樣也藉由書寫東
北民眾保留「傳統街道」或「謹守過節傳統」，呈現東北民眾即便身處於因統
治者與殖民資本入侵而產生變異的環境中，仍舊藉由保存傳統空間使文化得
以被承續。而正是在這些被藉由文學所保留的空間中，作家們所書寫殖民地
的「不變」，以及被隱藏進作家藉文學創作「保留」的殖民地原貌，成為了一
種存續傳統文化的精神性象徵空間。

　　然而，兩地作品中的「未變空間」亦有其差異存在：當台灣作家書寫小
說人物徘徊酒樓、妓館尋歡縱慾，以反映台灣民眾以叛逆行徑展現反社會、
不願被統治者收編的情緒之際，「滿洲國」作家則書寫小說人物在「聲色場所」
中重獲反省、觀察、批判能力。

　　在以「空間」作為閱讀兩地小說的觀看視角下，筆者觀察到地方「空間」
因政策、外力所致而產生的變異或未變的情形，皆會深刻影響生活於其中的
「人」的行為及心理狀態。

　　在台、滿小說中的「變異空間」裡，人物多以「徘徊於城鄉間的轉業者」、
「倚賴『賣子』、『賣性』求生」、「死胎與夭折的孩童」、「『瘋』與『狂』的人
們」、「殘缺者」、「認同矛盾者」的形象出現；「未變空間」中相似的人物相似
的形象則約有「不忘傳統的虔誠信徒」、「寄情酒色、麻痺自我者」。整體而言，
這些人物形象呈現出「地改」而「人變」的殖民地現象。被統治者力圖在「已
變異」的空間中自我調整、改變，試圖在「變異空間」中尋找保有傳統文化
的「未變空間」，並嘗試在日益緊縮的殖民環境中開拓「生存空間」。

　　最後，本文亦並置「離鄉」視線與「在地」視線進行參照，通過比較台、

滿兩地的「在地」作家作品與「離鄉」作家作品，呈現出「在地」、「離鄉」
作家作品呈現同中有異、異中有同的現象。整體而言，兩地的「在地」作家
作品中的「鄉土空間」，所呈現的大致是黑暗、髒亂、瀰漫死亡氣息的樣態；
而「離鄉」作家筆下的「鄉土空間」，則多呈現光明、富饒生機、野性魅力的
形貌。即便兩地「離鄉」作家都以「原鄉記憶」作為創作基底，但由於台、
滿兩地政治環境與歷史背景的不同、作家主／被動離鄉的動機差異以及個人
生命體驗迥異等緣故，使得彼此在創作表現上，仍有一定的差異存在。正是
在兩地「在地」、「離地」作家分別以「內／外」的視線觀看故鄉，在不同的
觀看視線中，故鄉呈現出了不同於殖民者所企圖改造的風景，故鄉的形影也
因此在不同視線疊合與交錯下，愈益立體清晰地保留了被統治者精神寄託。

　　作家在透過書寫表達其意識與思想的過程中，往往在書寫中有意識或無
意識、或顯或隱地夾帶著其政治性企圖與目的，這些書寫可謂是殖民地（統
治區）作家希冀能與殖民統治的權力運作展開對話的文化文本，亦可視為是
一種「政治話語」。

第二節　帝國統治下各殖民地文學所輻射、交會的「東亞」顯影

　　本文以「空間」作為探討文學創作的研究切點，選擇以台灣、「滿洲國」
為相互比較的對象，旨在期望能夠透過比較同時代、不同地區各自的歷史背
景及文學創作，能夠更貼近當時的歷史現場。

　　然而，由於本文研究範圍極為廣闊，包含台、滿兩地的歷史資料及文學
作品，在鎖定特定的觀察視角及關懷對象之下，筆者僅能粗略的論述兩地文
學作品特色及異同性，藉此提出一個觀看殖民地時期文學創作的初淺觀察。

　　在以日本為統治中心的考量及統籌下，「東亞」各日本統治下的殖民地，
實際上存在著宛如一生命共同體般相互牽引的關係。若欲更清楚的理解日據
時期「東亞」的概念與樣貌，就必須參照同時代其他殖民地的政治、經濟與
文化的發展情況，藉由連結殖民地與日本帝國關係及殖民地與殖民地之間的
從屬關係，釐清因帝國擴張而被納入「東亞」版圖的殖民地如何因帝國戰略
需求而被重新配置，透過連結台灣與其他東亞殖民地的關係，突破現地研究
的局限，由比較拓展研究視野，並於此尋求反身思考在地的可能性。

　　由於筆者能力有限，於本文僅選擇以台灣、「滿洲國」兩地文學作品中與本論題「空間」有關的文學作品進行比較研究。當我們能以「空間」作為觀察台、滿文學作品中所呈現空間、地方之於被統治者的意義時，是否意味著「空間」亦可作為觀看台、滿、中、日、朝等各地文學創作的研究切入點？尚有待學界共同經營和檢證。然而，誠如王德威所述，「有關空間的描述，從來不是純屬自然的事件。地理景觀和敘述的形成，總已折射出某一歷史時刻的文化、政治，乃至審美動機。」〔註1〕，藉由觀看各地殖民地時期文學作品中所呈現空間描寫，思考作家營造文學空間的深層涵義，必能從各方視線的幅射、交織中，呈現多面向的殖民地時期「東亞」顯影。

〔註 1〕 王德威編選，《台灣：從文學看歷史》（台北：城邦，2005 年 9 月），頁 37。

參考書目

戰前資料：

（一）報紙

1. 《台灣民報》，台灣民報社，大正 14 年～昭和 5 年。

2. 《台灣新民報》，台灣新民報社，昭和 5 年～昭和 8 年。

3. 《台灣日日新報》，台灣日日新報社，明治 31 年 1 月～昭和 19 年 3 月。

（二）專書

1. 竹越與三郎，《臺灣統治志》（東京：博文館，1905 年）。

2. 泉哲，《植民地統治論》（東京：有斐閣，1924 年）。

3. 許興凱，《日本帝國主義與東三省》（上海：崑崙書店，1930 年）。

4. 譚衛中，《今日之滿洲問題》（廣州：世界情勢社，1932 年 6 月）。

5. 上野雄次郎，《明治製糖株式會社三十年史》（東京：明治製糖株式會社東京事務所，1936 年）。

6. 東京朝日新聞東亞問題調查彙編，《植民地の再分割》（東京：朝日新聞，1937 年）。

7. 宋斐如，《日本鐵蹄下的東北》（上海：戰時讀物編譯社，1938 年 1 月）。

8. 信夫清三郎，《後藤新平——科學政治家的生涯》（東京：博文館，1941 年）。

9. 中村繁編，《滿洲と開拓》（新京：滿洲建設勤勞奉仕隊實踐本部，1942 年）。

10. 山丁，《新進作家集 7 豐年》（北京：新民印書館，1944 年）。

11. 南滿洲鐵道株式會社調查部編，《北滿農業機構動態調查報告》（東京：博文館，1942 年）。

12. 台灣總督府，《臺灣統治概要》（台北：南天，1997 年復刻）。

13. 持地六三郎，《台灣殖民政策》（台北：南天書局，1998 年複刻）。

戰後資料：

二、中文書目

（一）台灣部分

1. 周憲文，《日據時代臺灣經濟史》（台北：臺灣銀行，1957 年）。

2. 鍾肇政、葉石濤主編，《光復前台灣文學全集 1——一桿秤仔》（台北：遠景，1979 年 7 月）。

3. 鍾肇政、葉石濤主編，《光復前台灣文學全集 2——一群失業的人》（台北：遠景，1979 年 7 月）。

4. 鍾肇政、葉石濤主編，《光復前台灣文學全集 3——豚》（台北：遠景，1979 年 7 月）。

5. 鍾肇政、葉石濤主編，《光復前台灣文學全集 4——薄命》（台北：遠景，1979 年 7 月）。

6. 鍾肇政、葉石濤主編，《光復前台灣文學全集 5——牛車》（台北：遠景，1979 年 7 月）。

7. 鍾肇政、葉石濤主編，《光復前台灣文學全集 6——送報伕》（台北：遠景，1979 年 7 月）。

8. 鍾肇政、葉石濤主編，《光復前台灣文學全集 7——植有木瓜樹的小鎮》（台北：遠景，1979 年 7 月）。

9. 鍾肇政、葉石濤主編，《光復前台灣文學全集 8——閹雞》（台北：遠景，1979 年 7 月）。

10. 馬若孟著，陳其南、陳秋坤編譯，《台灣農村社會經濟發展》（台北：牧童出版，1979 年）。

11. 張宗漢，《光復前臺灣之工業化》（台北：聯經出版，1980 年）。

12. 黃武忠著，《日據時期台灣新文學作家小傳》（台北：時報文化，1980 年）。

13. 王詩琅著，《日本殖民地體制下的台灣》（台北：眾文圖書公司，1980 年）。

14. 黃武忠著，《台灣作家印象記》（台北：眾文圖書，1984 年）。

15. 王詩琅譯，《台灣社會運動史》（台北：稻鄉，1988 年）。

16. 台灣文學研究會主編，《先人之血，土地之花：台灣文學研究論文精選集》（台北：前衛，1989 年 8 月）。

17. 葉石濤，《台灣文學史綱》（高雄：春暉，1998 年）。

18. 張恆豪主編，《台灣作家全集・賴和集》（台北：前衛，1991 年 2 月）。

19. 張恆豪主編，《台灣作家全集・楊雲萍、張我軍、蔡秋桐合集》（台北：前衛，1991 年 2 月）。

20. 張恆豪主編，《台灣作家全集‧楊守愚集》（台北：前衛，1991 年 2 月）。

21. 張恆豪主編，《台灣作家全集‧陳盧谷、張慶堂、林越峰合集》（台北：前衛，1991 年 2 月）。

22. 張恆豪主編，《台灣作家全集‧王詩琅、朱點人合集》（台北：前衛，1991 年 2 月）。

23. 張恆豪主編，《台灣作家全集‧翁鬧、吳永福、王昶雄合集》（台北：前衛，1991 年 2 月）。

24. 張恆豪主編，《台灣作家全集‧楊逵集》（台北：前衛，1991 年 2 月）。

25. 張恆豪主編，《台灣作家全集‧張文環集》（台北：前衛，1991 年 2 月）。

26. 吳文星，《日據時期臺灣社會領導階層之研究》（台北：正中，1992 年）。

27. 黃世孟編譯，《台灣都市計劃講習錄》（台北：胡氏，1992 年）。

28. 康原編《彰化縣新文學作家小傳》〈文學的彰化〉（彰化：彰化縣立文化中心，1992 年）。

29. 葉肅科，《日落台北城──日治時代台北都市發展與台人日常生活（1895～1945）》（台北：自立晚報文化，1993 年 9 月）。

30. 許俊雅著，《台灣文學散論》（台北：文史哲出版社，1994 年 11 月）。

31. 廖炳惠編，《回顧現代文化想像》（台北，時報，1995 年）。

32. 許俊雅著，《日據時期台灣小說研究》（台北：文史哲出版社，1995 年 2 月）。

33. 楊威理，《葉勝吉傳──台灣知識份子之青春、徬徨、探索、實踐與悲劇》（台北：人間出版社，1995 年 3 月）。

34. 中島利郎編，《日據時期台灣文學雜誌》（台北，前衛出版社，1995 年 3 月）。

35. 林載爵著，《台灣文學的兩種精神》（台南：台南市立文化中心，1996 年 5 月）。

36. 林瑞明著，《台灣文學的歷史考察》（台北：允晨叢刊，1996 年 7 月）。

37. 楊碧川，《後藤新平傳──台灣現代化奠基者》（台北：一橋出版社，1996 年 9 月）。

38. 游勝冠，《臺灣本土論的興起與發展》（台北：前衛，1996 年）。

39. 施淑，《兩岸文學論集》（台北：新地文學，1997 年 6 月）。

40. 蘇香、許俊雅編，《翁鬧作品選集》（彰化：彰化縣立文化中心，1997 年 7 月）。

41. 陳慈玉，《初論日本南進政策下台灣與東南亞的經濟關係》（台北：中央研究院東南亞區域研究計劃，1997 年）。

42. 後藤乾一、李季樺譯，〈台灣與東南亞（1930～1945）〉，《台灣史研究一百

年：回顧與研究》，台北：中央研究院台灣史研究所籌備處，1997 年。

43. 台灣總督府編，《台灣統治概要》（台北：南天書局，1997 年）。

44. 呂紹理，《水螺響起──日治時期臺灣社會的生活作息》（台北：遠流，1998 年）。

45. Elleke Boehmer 著，盛寧譯，《殖民與後殖民文學》（香港：牛津大學出版社，1998 年 11 月）。

46. 陳芳明，《左翼台灣》（台北：麥田出版社，1998 年 10 月）。

47. 向山寬夫著，楊鴻儒等譯，《日本統治下的台灣民族運動史》（台北：福祿壽，1999 年 12 月）。

48. 若林正丈、、吳密察編《台灣重層近代性論文集》（台北：播種者，2000 年）。

49. 江自得主編，《殖民地經驗與台灣文學》（台北：遠流出版社，2000 年 2 月）。

50. 吳密察監修，《臺灣史小事典》（台北：遠流，2000 年 9 月）。

51. 沙永杰，《「西化」的歷程：中日建築近代化過程比較研究》（台北：田園城市，2001 年）。

52. 包亞明主編，《後現代性與地理學的政治》（上海：上海教育，2001 年）。

53. 林正珍，《近代日本的國族敘事──福澤諭吉的文明論》（台北：桂冠圖書，2002 年 7 月）。

54. 王曉波編，《台灣的殖民地傷痕新編》（台北：海峽學術，2002 年 8 月）。

55. 周婉窈，《海行分的年代──日本殖民統治末期台灣史論集》（台北：允晨，2003 年）。

56. 包亞明主編，《現代性與空間的生產》（上海：上海教育，2003 年）。

57. 矢內原忠雄著，林明德譯《日本帝國主義下的臺灣》（台北：吳氏圖書總經銷，2004 年）。

58. 若林正丈、吳密察編，《跨界的臺灣史研究──與東亞史的交錯》（台北：播種者，2004 年）。

59. 尾崎秀樹著，陸平舟、間ふさ子譯，《舊殖民地文學研究》（台北：人間，2004 年 11 月）。

60. 王德威編著，《臺灣：從文學看歷史》（台北：麥田，2005 年 9 月）。

61. 呂紹理，《展示臺灣：權力、空間與殖民統治的形象表述》（台北：麥田，2005 年）。

62. 黃英哲主編，《日治時期台灣文藝評論集・雜誌篇（一至四冊）》（台南：國家臺灣文學館籌備處，2006 年）。

63. 柯志明，《米糖相剋：日本殖民主義下台灣的發展與從屬》（台北：群學，

2006 年）。

64. 汪民安，《身體、空間與後現代性》（南京：江蘇人民，2006 年）。

65. 呂赫若著、林至潔譯，《呂赫若小說全集（上）（下）》（台北：印刻，2006 年 3 月）。

66. 陳培豐，《「同化」的同床異夢》（台北：麥田，2006 年 11 月）。

67. 若林正丈著，台灣史日文史料典籍研讀會譯，《台灣抗日運動史研究》（台北：播種者，2007 年）。

68. 涂照彥，《日本帝國主義下的台灣》（台北：人間，2008 年）。

69. 堀和生、中村哲編，《日本資本主義與台灣、朝鮮──帝國主義下的經濟變動》（台北：博揚文化，2010 年 1 月）。

70. 東北淪陷十四年史總編室、日本殖民地文化研究會編，《偽滿洲國的真相──中日學者共同研究》（北京：社會科學文獻，2010 年 1 月）。

（二）滿洲部分

1. 駱賓基，《蕭紅小傳》（哈爾濱：北方文藝，1987 年 6 月）。

2. 解學詩，《滿鐵史資料》（北京：中華書局，1987 年）。

3. 山丁，《綠色的谷》（遼寧：春風文藝，1987 年）。

4. 蘇崇民，《滿鐵史資料》（北京：中華書局，1990 年 12 月）。

5. 岡部牧夫著、鄭毅譯，《偽滿洲國》（吉林：吉林文史，1990 年 9 月）。

6. 中央檔案館等編，《日本帝國主義侵華檔案資料選編 14──東北經濟掠奪》（北京：中華書局，1991 年）。

7. 滕利貴，《偽滿經濟統治》（吉林：吉林教育，1992 年）。

8. 中央檔案館、中國第二歷史檔案館、吉林省社會科學院合編，《日本帝國主義侵華檔案資料選編：偽滿憲警統治》（北京：中華書局，1993 年）。

9. 中央檔案館等編，《日本帝國主義侵華檔案資料選編 3──偽滿傀儡政權》（北京：中華書局，1994 年）。

10. 李濤主編，《蕭紅蕭軍文集‧蕭軍卷》（成都：天地，1995 年 12 月）。

11. 解學詩，《偽滿洲國史新編》（北京：人民，1994 年 2 月）。

12. 孫中田，《歷史的解讀與審美取向》（長春：東北師範大學，1996 年）

13. 張毓茂主編，《東北現代文學大系‧第一集評論卷》（瀋陽：瀋陽，1996 年）。

14. 張毓茂主編，《東北現代文學大系‧第二集短篇小說卷（上）》（瀋陽：瀋陽，1996 年）。

15. 張毓茂主編，《東北現代文學大系‧第三集短篇小說卷（中）》（瀋陽：瀋陽，1996 年）。

16. 張毓茂主編,《東北現代文學大系·第四集短篇小說卷（下）》（瀋陽：瀋陽,1996 年）。

17. 張毓茂主編,《東北現代文學大系·第五集中篇小說卷》（瀋陽：瀋陽,1996 年）。

18. 張毓茂主編,《東北現代文學大系·第六集長篇小說卷（上）》（瀋陽：瀋陽,1996 年）。

19. 張毓茂主編,《東北現代文學大系·第七集長篇小說卷（中）》（瀋陽：瀋陽,1996 年）。

20. 張毓茂主編,《東北現代文學大系·第八集長篇小説卷（下）》（瀋陽：瀋陽,1996 年）。

21. 劉中樹等主編,《鐐銬下的繆斯——東北淪陷區文學史綱》（吉林：吉林大學,1999 年 11 月）。

22. 吉林省圖書館偽滿洲国史料編委會編,《偽滿洲国史料》（北京：全国圖書館文獻縮微複制中心,2002 年）。

23. 焦潤明等著,《近代東北社會諸問題研究》（北京：中國社會科學,2004 年）。

24. 孟悅,《浮出歷史地表：現代婦女文學研究》（北京：中國人民大學,2004 年）。

25. 范銘如主編,《20 世紀文學名家大賞：蕭紅》（台北：三民書局,2006 年 5 月）。

26. 上官纓,〈梁山丁及其作品〉,《東北淪陷區文學史話》（吉林：長春市政協文史資料委員會,2006 年 6 月）。

27. 高翔,《現代東北的文學世界》（瀋陽：春風文藝,2007 年 12 月）。

28. 劉曉麗,《異態時空中的精神世界：偽滿洲國文學研究》（上海：華東師範大學,2008 年）。

29. 蕭軍,《八月的鄉村》（北京：人民,2009 年 1 月）。

30. 鄭麗娜、王科著,《文學審美與語體風格——多維視野中的東北書寫》,（北京：中國社會出版社,2009 年 6 月）。

31. 蕭紅,《蕭紅精品集：生死場》（台北：風雲時代,2010 年 10 月）。

三、日文書目

1. 鶴見祐輔,《後藤新平》（東京：勁草書房,1965 年再版）。

2. 山本有造,《滿洲国の研究》（東京：綠蔭書房,1955 年）。

3. 遠山茂樹、公井清一、藤原彰,《昭和史》（東京：岩波書局,1959 年 8 月）。

4. 滿洲帝國政府編,《滿洲建國十年史》（東京：原書房,1969 年）。

5. 滿洲国史編纂刊行会編《滿洲國史》（東京：滿蒙同胞援護会，1970 年）。

6. 福澤諭吉，《福澤諭吉全集》（東京：岩波書店，1970 年）。

7. 田中義一傳記刊行會編，《田中義一傳記》（東京：原書房，1981 年）。

8. 山浦貫一，《森恪傳》（東京：原書房，1982 年）。

9. 山本有造，《日本植民地經濟史研究》（名古屋：名古屋大學出版會，1992 年）。

10. 高橋泰隆，《日本植民地鉄道史論》（東京：日本經濟評論社，1995 年）。

11. 小林道彦，《日本の大陸政策 1895～19141：桂太郎と後藤新平》（東京：南窓社，1996 年 10 月）。

12. 久保文克，《植民地企業經営史論——「準国策会社」の実証的研究——》，東京：日本經濟新聞社，1997 年。

13. 高成鳳，《植民地の鉄道》，東京：法政大學，1999 年。

14. 山本有造，《「滿洲国」經済史研究》，名古屋市：名古屋大学出版会，2003 年。

四、學位論文

1. 陳寶蓮，〈一九二七～一九三一年日本「滿洲政策」之探討〉（台北：中國文化學院日本研究所碩士論文，1979 年）。

2. 李文龍，〈僞「滿州國」前期的治安對策：一九三一年九月至一九三七年七月〉，（台北：台大政研所碩士論文，1988 年）。

3. 陳豐祥，〈近代日本大陸政策之研究：以「滿洲」爲中心〉（台北：台灣師大史研所博士論文，1988 年）。

4. 何鳳嬌，《日據時期台灣的糖業經營與農民爭議》（台北：政治大學歷史研究所碩士論文，1991 年）。

5. 葉金惠，〈日本殖民經濟體系下臺蕉問題研究〉（台北：國立師範大學歷史研究所碩士，1991 年）。

6. 洪鵬程，《戰前台灣小說所反映的農村社會》（台北：文化大學中國文學研究所，1991 年）。

7. 許俊雅，《日據時期台灣小說研究》（台北：國立臺灣師範大學中國文學研究所博士論文，1991）。

8. 柳書琴，《戰爭與文壇——日據末期台灣的文學活動》（台北：國立台灣大學歷史所碩士，1993 年）。

9. 廖偉程，〈日據台灣殖民發展中的工場工人（1905～1943 年）〉（新竹：清華大學歷史學系碩士，1993 年）。

10. 羅文國，《日本殖民政策與台灣農民運動的形成（1895~1931）》（台北：政治大學歷史研究所碩士論文，1993 年）。

11. 廖國峰，《日治時期台灣製糖產業之研究》（台中：國立中興大學經濟學系碩士，1995）。

12. 陳俊安，《後藤新平之研究 以擔任民政長官暨滿鐵總裁時期爲中心》（文化大學日本研究所碩士，1995 年）。

13. 石弘毅，《臺灣農民小說的歷史考察（二〇～八〇年代）》（台南：成功大學歷史研究所碩士論文，1996 年）。

14. 蕭采芳，《1930 年代後期的高雄港與軍需工業》（嘉義：中正大學歷史所碩士，1996 年）。

15. 楊光華，《日治時期台灣農民組合之研究》（台北：中國文化大學史學研究所碩士論文，1998 年）。

16. 高國平，《1622～1945 年臺灣對外貿易地理變遷之研究》（台北：中國文化大學地學研究所碩士，1999 年）。

17. 蕭明禮，〈戰爭與海運——戰時南進政策下台灣拓殖株式會社的海運事業〉（南投：暨南國際大學歷史學系，2003 年）。

18. 關口剛司，《三井財閥與日據時期台灣之關係》（台南：國立成大碩士論文，2003 年）。

19. 蔡鈺淩，《文學的救贖：龍瑛宗與爵青小說比較研究（1932～1945）》（新竹：清華大學台灣文學研究所碩士論文，2004）。

20. 遲延玲，《滿鐵附屬地對中國東北的影響》（吉林：吉林大學，2008 年）。

21. 范春玲，《論滿鐵煤礦系統壓迫下中國勞工的反抗鬥爭（1906～1945）》（長春：東北師範大學中國近現代史碩士，2008 年）。

五、期刊論文

（一）中文部份

1. 張勝宏，〈台灣的農業發展〉，《臺灣文獻》第 20 卷第 2 期，1969 年，頁 80～108。

2. 白長青，〈關於「東北作家群」創作的斷想〉，《社會科學輯刊》，1989 年第 4 期

3. 王世慶，〈皇民化運動前的台灣社會生活善運動——以海山地區爲例（一九一四～一九三七）〉，《史聯雜誌》第 19 期，1991 年 12 月。

4. 野間信幸著，涂翠花譯，〈張文環的文學活動及其特色〉，《台灣文藝》第 10 期，1992 年 5 月。

5. 小林英夫著、何義麟譯，〈1930 年代後半期以後的台灣「工業化」政策〉，《台灣史料研究》創刊號，台北：吳三連台灣史料基金會，1993 年 2 月。

6. 陳芳明，〈臺灣抗日運動史上的兩份重要刊物——《臺灣大眾時報》與《新臺灣大眾時報》〉，《臺灣史料研究》第 2 號，1993 年 8 月。

7. 施淑,〈書齋、城市與鄉村——日據時代小說中的左翼知識份子〉,發表於「賴和及其同時代的作家,日據時期臺灣文學國際學術會議」。文建會籌畫主辦,1994 年 11 月 25 日,新竹清大。

8. 黃蘭翔,《日據初期台北市的市區改正》,《台灣社會研究》第 18 期,1995 年 2 月,頁 189-213。

9. 黃瑞祺,〈現代性的省察:歷史社會學的一種詮釋〉,《臺灣社會學刊》,19 期,1996 年,頁 169-211。

10. 林崇仁、楊三和,〈臺灣糖業的發展與演變〉,《臺灣文獻》第 48 卷第 2 期,1997 年 6 月。

11. 缸根,〈台灣的工業政策:日治篇〉,《國家科學委員會研究彙刊:人文及社會科學》第 8 卷第 2 期,1998 年 4 月。

12. 游勝冠,〈帶著美麗人性重新登場的台灣庶民——論戰爭期台灣小說中庶民形象的反同化作用〉,台灣社會研究季刊主辦《1998 批判的新生代論文研討會》,台北:台灣大學工學院綜合大樓國際會議廳,1998 年 6 月 20-21 日。

13. 霍燎原,〈東北淪陷時期的「萬人坑」〉,收錄於東北淪陷十四年史編纂委員會編,《東北淪陷史研究》第 4 期,1999 年。

14. 葉彥邦,〈論日本糖業帝國主義下臺灣農民的經濟地位——以賴和筆下的蔗農爲例〉,《人文學報》24 期,2000 年 8 月。

15. 夏鑄九,〈後殖民的現代性營造——重寫日本殖民時期台灣建築與城市的歷史〉,《台灣社會研究季刊》第 40 期,2000 年 12 月,頁 55。

16. 黃福慶,〈一九三三年的滿鐵改組案爭議〉,《歷史學報》第 18 期,2001 年 5 月。

17. 姚人多,〈認識台灣:知識、權力與日本在台之殖民治理性〉,《台灣社會研究季刊》第 42 期,2001 年 6 月,頁 180～181。

18. 方孝謙,〈日據後期本島人的兩極認同:庶民小說與知青文本的分析〉,《台灣社會研究季刊》第 42 期,2001 年 6 月。

19. 張良澤,〈張文環的「父の顏」〉,《台灣文學評論》第 1 卷 2 期,2001 年 10 月。

20. 朴宣泠,〈體制內抵抗:滿洲國統治之下的秘密反日活動〉,載於《漢學研究》第 20 卷第 1 期,台北:漢學研究中心,2002 年 6 月。

21. 黃慧鳳,〈蔡秋桐小說之研究——日本殖民下的文本呈現〉,《問學集》第 11 期,2002 年 6 月。

22. 陳建忠,〈鄉土即救贖:沈從文與張文環鄉土小說中的烏托邦寓意(上)〉,《文學台灣》第 43 期,2002 年 7 月。

23. 柯喬文,〈講三〇年代故事的人(上)〉,《台灣文學評論》第 2 卷 4 期,2002

年 10 月。

24. 柳書琴,〈前進東京或逆轉歸鄉？論張文環轉向小說〈父之顏〉及其改作〉,《靜宜人文學報》第 17 期,2002 年 12 月。

25. 葉紘麟,〈形塑「現代化國家」的可能：滿洲國的國民動員與民族形塑〉,《中國大陸研究教學通訊》第 59 期,2003 年 11 月。

26. 張隆志,〈殖民現代性分析與台灣近代史研究——本土史學史與方法論芻議〉,刊載於若林正丈、吳密察主編,《跨界的台灣史研究——與東亞史的交錯》論文集,台北：播種者文化有限公司,2004 年。

27. 孟憲梅、李紅梅、王星華,〈滿洲國鐵道網計劃評析〉,《北京交通大學學報（社科版）》,2004 年 12 月。

28. 劉曉麗,〈被遮蔽的文學圖景——對 1932～1945 年東北地區作家群落的一種考察〉,《上海師範大學學報（哲學社會科學版）》第 34 卷 2 期,2005 年 3 月。

29. 張泉泉,〈論蕭紅創作的雙重空間〉,《滁州學院學報》第 7 卷 2 期,2005 年 4 月。

30. 蔡孟珂,〈蔡秋桐小說中的農民形象探析〉,《中國文化月刊》,298 期,2005 年 10 月。

31. 游勝冠,〈啓蒙者？還是殖民主義同路人？——論左翼啓蒙知識份子所刻板化的農民形象問題〉,收錄於《跨領域的台灣文學研就言討會論文集》,國家臺灣文學館籌備處出版,2006 年 3 月。

32. 柳書琴,〈殖民都市、文藝生產與地方知識：1930 年代台北與哈爾濱的比較〉發表於「日本台灣學會第 11 回學術大會」（東京：日本台灣學會主辦,2009 年 6 月）。

33. 柳書琴,〈「滿洲他者」寓言網絡中的新朝鮮人形象：以舒群〈沒有祖國的孩子〉爲中心〉,收錄於韓國現代中國研究會編,《韓中言語文化研究》21 輯（韓國：韓國現代中國研究會,2009 年 10 月）。

（二）英文部份

1. Bipan Chandra "Colonialism, Stages of Colonial State." Journal of Contemporary Asia, vol.10, no.3,1980.

2. Chou Wan-yao "The kominka Movement : Taiwan under artime Japan,1937～1945"（ph.D. diss,Yale University,1991）。

索　引